शरणकुमार लिंबाले

1 जून, 1956 को जन्मे डॉ. शरणकुमार लिंबाले ने एम.ए., पीएच.डी. की शिक्षा प्राप्त की है।

अक्करमाशी (आत्मकथा); *छुआछूत, देवता आदमी, दलित ब्राह्मण* (कहानी-संग्रह); *गैर-दलित, दलित साहित्य का सौन्दर्यशास्त्र* (आलोचना); *नरवानर, हिंदू, बहुजन, सनातन* (उपन्यास) आपकी हिन्दी में प्रकाशित कृतियाँ हैं।

आपको उपन्यास 'सनातन' के लिए 2020 के 'सरस्वती सम्मान' से सम्मानित किया गया है।

सम्पर्क : 1, सुयोगकुंज, समर्थ नगर, नई सांगवी, पुणे-411027 (महाराष्ट्र)।

निशिकान्त ठकार

जन्म : 11 जून, 1935; पंढरपुर।

शिक्षा : एम.ए. हिन्दी, संस्कृत, मराठी; फिल्म एप्रिसिएशन कोर्स (फिल्म एंड टेलीविजन संस्थान, पुणे)।

लगातार 39 वर्षों तक हिन्दी अध्यापन, 19 वर्षों तक स्नातकोत्तर अध्यापन। अनेक कृतियों का हिन्दी से मराठी और मराठी से हिन्दी में अनुवाद।

पुरस्कार : 'साहित्य अकादेमी अनुवाद पुरस्कार'; महाराष्ट्र राज्य हिन्दी अकादमी का 'मामा वरेरकर अनुवाद पुरस्कार' तथा अन्य सम्मान।

नरवानर

शरणकुमार लिंबाले

अनुवाद
निशिकांत ठकार

राधाकृष्ण पेपरबैक्स

पहला पुस्तकालय संस्करण
राधाकृष्ण प्रकाशन प्राइवेट लिमिटेड द्वारा
2003 में प्रकाशित

राधाकृष्ण पेपरबैक्स में
पहला संस्करण : 2010
दूसरा संस्करण : 2021

राधाकृष्ण पेपरबैक्स : उत्कृष्ट साहित्य के जनसुलभ संस्करण

राधाकृष्ण प्रकाशन प्राइवेट लिमिटेड
जी-17, जगतपुरी
दिल्ली-110 051
द्वारा प्रकाशित

शाखाएँ : अशोक राजपथ, साइंस कॉलेज के सामने, पटना-800 006
पहली मंजिल, दरबारी बिल्डिंग, महात्मा गांधी मार्ग, प्रयागराज-211 001
36 ए, शेक्सपियर सरणी, कोलकाता-700 017

वेबसाइट : www.radhakrishnaprakashan.com
ई-मेल : info@radhakrishnaprakashan.com

बी.के. ऑफसेट
नवीन शाहदरा, दिल्ली-110 032
द्वारा मुद्रित

मूल्य : ₹199

NARVANAR
Novel by Sharan Kumar Limbale
Translated by Nishikant Thakur

ISBN : 978-81-8361-223-4

आदरणीय
कांशीराम जी के लिए

भूमिका

'नरवानर' एक काल्पनिक रचना है। इसमें सत्य बिलकुल ही नहीं है। यदि है तो सत्य का आभासमात्र है। लिखना मेरे लिए एक लत के समान है। लिखना मेरी नितान्त व्यक्तिगत जरूरत है। मुझे जो लिखना था मैंने वह लिख दिया। क्या सामाजिक प्रतिबद्धता किसी कलाकार की व्यक्तिगत जरूरत हो सकती है ?

डॉ. बाबासाहब अम्बेडकर के महानिर्वाण के उपरान्त दलित आन्दोलन में उथल-पुथल मच गई। आन्दोलन कलह से ग्रस्त हो गया, कि बाबासाहब के निधनोपरान्त आन्दोलन की बागडोर किसके हाथ में हो। मात्र इसी विवाद ने विगत चार दशकों के इस आन्दोलन को तोड़ दिया। आन्दोलन के नेतृत्व के लिए होड़ मच गई। "असली नेता तो मैं ही हूँ। मेरा आन्दोलन ही सही आन्दोलन है" जैसी नारेबाजियाँ होने लगीं। कुछ लोगों ने आन्दोलन पर कब्जा करने की कोशिश की तो औरों ने अम्बेडकर के नाम पर कुछ नए आन्दोलन छेड़ दिए। आन्दोलनों की तादाद बढ़ गई। सही आन्दोलन किसका है, यह देखने की अपेक्षा 'बड़ा आन्दोलन किसका है' यह सवाल अहम हो गया। हर एक गुट अलग-अलग अम्बेडकर जयन्ती समारोह मनाने लगा। एक चौराहे पर चार-पाँच उत्सव होने लगे। होड़ इस स्तर पर पहुँच गई कि किसकी निधि ज्यादा है। कोई आन्दोलन बिना जनसमर्थन के जीवित नहीं रह सकता। लोगों को लुभाने के लिए नई-नई तरकीबें ढूँढी जाने लगीं। लोगों की भावनाओं के समीकरण बनाए गए। जन-भावना का निरन्तर आह्वान किया गया। रिपब्लिकन एकता, चैत्यभूमि, दीक्षाभूमि और मराठवाड़ा विश्वविद्यालय का नामान्तर भावुक प्रतीक बन गए। बाबासाहब अम्बेडकर समग्र दलित चेतना के प्रतीक हैं, अतः तमाम आन्दोलन बाबासाहब अम्बेडकर का नाम लेकर ही चलने लगे। दलितों से समर्थन प्राप्त करने के लिए कांग्रेस ने भी बाबासाहब की तस्वीर लगा दी। संघ परिवार ने भी डॉ. हेडगेवार के साथ बाबासाहब को सम्मान दिया। धीरे-धीरे बहस इस बात पर होने लगी कि असली अम्बेडकरवादी कौन है ? 'अम्बेडकर बनाम मार्क्सवाद,' 'अम्बेडकरवाद बनाम गांधीवाद,' 'अम्बेडकरवाद बनाम हिन्दुत्ववाद' जैसी बहसें जोर पकड़ने लगीं। किसी को मार्क्सवादी करार देकर, किसी को समाजवादी समझकर, किसी को हिन्दुत्ववादी बताकर समाज से अलगाने की राजनीति शुरू हो गई। असली वर्गशत्रु और वर्णशत्रु नजरअंदाज हो गए। दलितों में फूट पड़ गई। आन्दोलन टूट गया, गुट बन गए। समाज गुटों में बँट गया। इस प्रक्रिया में

कुछ लोगों ने अन्य कुछ लोगों को सचमुच ही मिटा दिया। कुछ स्वयं ही अपने अनुयायियों के साथ 'जलते घर' (कांग्रेस) में घुस गए। वानरों की एक जाति में टोली का नर नायक अपनी टोली में पैदा होनेवाले नर बच्चों को मार डालता है। मादा पैदा होती है तो वह खुश होता है। टोली में उसके अलावा बाकी सब मादाएँ हों। भोग में कोई और भागीदार न हो। यह प्रवृत्ति उन नेताओं की थी जो सत्ता के केन्द्र में थे, अतः आन्दोलन पर एकाधिकार चाहते थे। सत्ता का भोग स्वयं करें, उसमें किसी की हिस्सेदारी न हो।

इस उपन्यास की सच्चाई की जाँच करने की अपेक्षा, मैं सोचता हूँ कि इसे एक जातक कथा के रूप में देखा जाए। पहले अध्याय में सनातनी ब्राह्मण परिवार के युवक के दलितीकरण का चित्रण है। तीसरे प्रकरण में ऐसे ही परिवार की बेटी दलित की पत्नी बनकर नया जीवन शुरू करती है। स्वाधीनता प्राप्ति के बाद ब्राह्मणों के दलितीकरण की प्रक्रिया का संकेत इसमें है। इन्हीं दो प्रकरणों में दलितों के ब्राह्मणीकरण की ओर भी संकेत किया गया है। व्यवस्था चाहती है कि दलित ही दलित बनकर रहे। ब्राह्मण का दलित होना या दलित का ब्राह्मण बन जाना व्यवस्था को मंजूर नहीं होता। व्यक्ति और व्यवस्था के बीच का संघर्ष इसमें महत्त्वपूर्ण बन जाता है।

दूसरे दो अध्यायों में दलित आन्दोलन का अपनी शक्ति से उभरना दिखाया गया है। रिपब्लिकन पार्टी, दलित पैंथर, नामान्तर आदि का परिवेश है। वर्णसत्ता और शासन के साथ दलित आन्दोलन के संघर्ष का चित्रण हुआ है। संगठन और संघर्ष ही सत्तासूत्र हैं। चौथे अध्याय में संगठन का टूटना दर्शाया गया है। आन्दोलन प्रस्थापित व्यवस्था का अंग बन जाता है। व्यवस्था मजबूत है। उसने बुद्ध, चार्वाक, महावीर और बसवेन्धर को हजम किया है। अब उसने अपने पाश बाबासाहब अम्बेडकर की दिशा में बढ़ाए हैं। दलित आन्दोलन की सन्तान है दलित साहित्य और दलित राजनीति। इनका पूरा ब्यौरा दिया गया है।

देश को आजाद हुए पचास वर्ष हो गए, फिर भी आम आदमी की रोटी का सवाल हल नहीं हुआ है। गरीब और गरीब होता जा रहा है। अमीर और अमीर। देश का विकास पंचतारांकित होटलों की छाँव में हो रहा है और आम आदमी अंजुली-भर पानी के लिए इधर-उधर भटक रहा है। आम आदमी शोषण की पूँजी बन गया है। सत्ता और आम आदमी का ऑडिट करने की एक कोशिश मैंने इस पुस्तक में की है।

यूँ तो लिखना शत-प्रतिशत यथार्थ होता नहीं। डर लगा कि अपना लिखना यथार्थवादी पूँजी तो नहीं बन जाएगा, इसलिए पात्र-प्रसंग घटनाओं का काल्पनिक होना जरूरी हो गया। पूरी कल्पना और पूरे यथार्थ का एक रसायन बनाने में काफी समय लगा। कल्पना से रचना को साकार करना कठिन होता है। कल्पना की मुट्ठी से यथार्थ छूट गया तो कल्पना में बाकी क्या रह जाएगा ? देह और प्राण का जो रिश्ता है वही किसी रचना में कल्पना और यथार्थ का होता है।

कल्पना को यथार्थ का आधार देने की कमजोर कोशिश मैंने की है। मैं सोचता

हूँ कि रचना में कल्पना का अंश कितना है और यथार्थ का कितना, इस बात का हिसाब लगाना बेमानी होगा। रचना तो बस रचना होती है।

1956 से 1996 के चार दशकों के समय पर आधारित यह उपन्यास दरअसल आत्मचिन्तन है। समकालीन संवेदनशील विस्फोटक सन्दर्भ का यह साहित्यिक विश्लेषण है। इस आत्मचिन्तन या विश्लेषण के मूल में है रचनाकार का मनोराज्य। यथार्थ का साहित्यिक रूपान्तर। कुछ स्मृतियाँ, कुछ मित्रों के साथ हुई बहसें, कुछ समाचार, कुछ साहित्यपाठ, समाज की गतिविधियाँ और उनसे उत्पन्न प्रतिक्रियाएँ, बढ़ता हुआ भ्रष्टाचार और व्यभिचार की ओर उन्मुख दैनंदिन नैतिकता, दंगे और हिंसा, फिरौती के लिए दिन- दहाड़े होनेवाली हत्याएँ, राजनीति का अपराधीकरण, अपराधियों को प्राप्त प्रतिष्ठा, राष्ट्रीय नेतृत्व का भ्रष्टाचार, बढ़ती हुई बेरोजगारी, महँगाई, गरीबी और आबादी सब मिलकर एक रसायन बन गया जिसने मुझे यह उपन्यास लिखने के लिए उकसाया।

मराठी में 'उपल्या' नाम से इस उपन्यास के दो संस्करण प्रकाशित हो चुके हैं। श्री निशिकांत ठकार जी ने मेरी कहानियों के अनुवाद किए हैं और अब 'नरवानर' नाम से इस उपन्यास का भी अनुवाद किया है। उनके अनुवाद सोद्देश्य होते हैं। मराठी के दलित साहित्य और दलित आन्दोलन को राष्ट्रीय स्तर पर ले जाने में इनके अनुवाद सफल हो चुके हैं।

श्री राजेन्द्र यादव ने इस उपन्यास का पहला अध्याय प्रतिबद्ध पत्रिका 'हंस' में प्रकाशित किया था। श्रीमती रमणिका गुप्ता ने सम्पूर्ण उपन्यास को धारावाहिक रूप में प्रगतिशील पत्रिका 'युद्धरत आम आदमी' पत्रिका में प्रकाशित किया। दलित साहित्य में आस्था रखनेवालों का ध्यान इस उपन्यास की ओर आकर्षित हो गया।

दिल्ली दूरदर्शन के श्री रमेश शर्मा, जिन्हें मैं बड़े प्यार से 'बाबाजी' कहता हूँ, ने इस उपन्यास में बहुत दिलचस्पी दिखाई।

श्रीमती अपर्णा कौर के बहुमूल्य चित्र से इस उपन्यास का मुखपृष्ठ अर्थपूर्ण हो गया है।

श्री अशोक महेश्वरी अर्थात् राधाकृष्ण प्रकाशन ने इसे तुरन्त प्रकाशन के लिए स्वीकार किया।

मैं इन सभी महानुभावों के प्रति कृतज्ञ हूँ और इनके प्रति अपना हार्दिक आभार व्यक्त करता हूँ।

शरणकुमार लिम्बाले

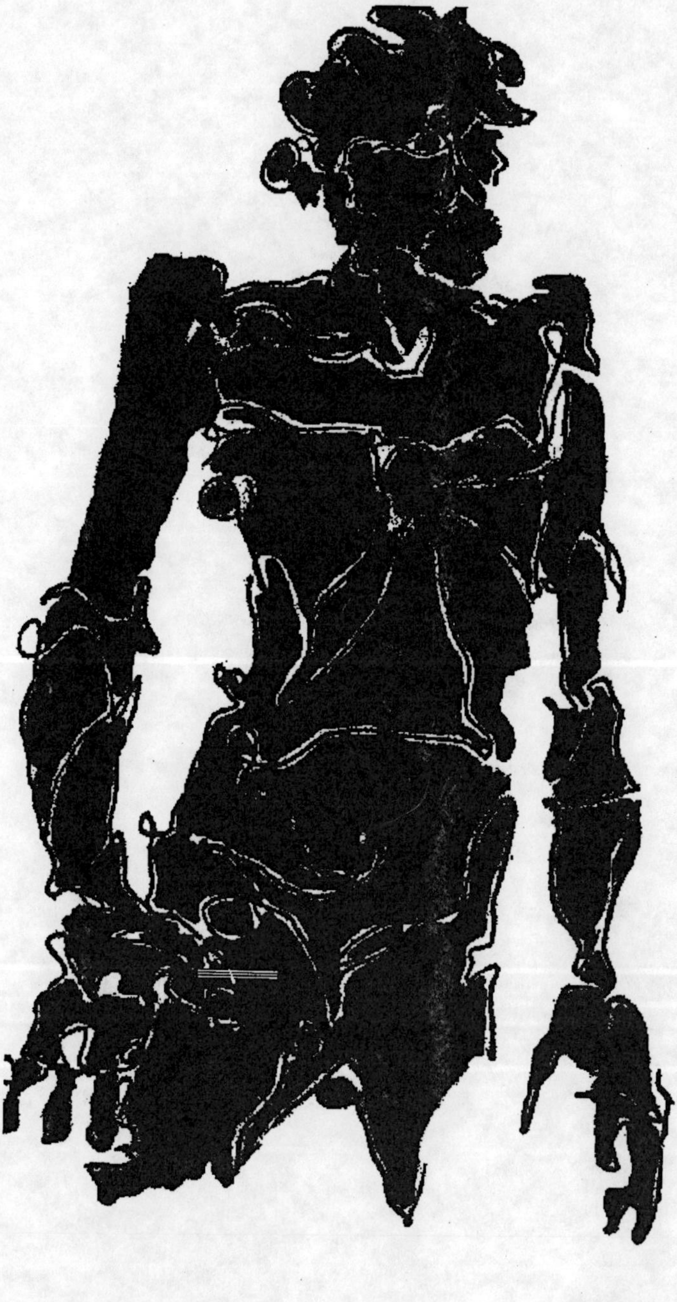

मैंने दरवाजा खोल दिया, ठीक उसी तरह जैसे पतिव्रता नारी अपने रंडीबाज पति के लिए खोलती है। मिलिन्द और रोहिदास अन्दर चले आए। उनके चेहरे बता रहे थे कि कोई भयानक घटना घटी है, फिर भी उनका व्यवहार हस्बेमामूल था। मैं नख से शिख तक जल उठा।

रोहिदास के कारण मिलिन्द के साथ मेरा दो बार जोर का झगड़ा हो चुका था। मैंने रेक्टर के पास शिकायत भी की थी लेकिन कुछ हुआ नहीं।

रोहिदास मिलिन्द का दोस्त था और मिलिन्द मेरा रूम पार्टनर। मेरा और मिलिन्द का अंकों का प्रतिशत सत्तर से अधिक था इसलिए हमें एक ही कमरा मिला था। रोहिदास हमारे कमरे पर गेस्ट बनकर रहता था। बहुत कोशिश करने के बाद भी मैं पार्टनर बदलने में कामयाब नहीं हुआ।

अछूत का रूम पार्टनर होना सजा ही तो थी। धर्म के अनुसार ब्राह्मण और अछूत को साथ रहना ही नहीं चाहिए, लेकिन मैं रहता हूँ। शायद इसी को जनतन्त्र कहते होंगे !

मैं नख से शिख तक उबल पड़ा।

बाघ, शेर, हाथी, सियार, खरगोश, कुत्ता, गधा, घोड़ा और सुअर–इन सबको एक बाड़े में बन्द करके कह दो कि तुम सब आजाद हो, सब समान हो, एक दूसरे के भाई हो–शायद ऐसे अभयारण्य को ही राष्ट्र कहते होंगे !

हिन्दू-हिन्दू, बन्धु-बन्धु !

धर्मशास्त्र के अनुसार ब्राह्मण और शूद्र बन्धु नहीं हो सकते। फिर भी यह वंचना क्यों ?

मेरे विशुद्ध हिन्दुत्व को यहाँ क्यों नकारा जा रहा है ?

मैं मोमबत्ती की तरह बूँद-बूँद पिघलता जा रहा हूँ।

मैंने अपनी दीवार पर प्रभु रामचन्द्र का कैलेंडर लगाया तो मिलिन्द ने अपनी तरफ की दीवार पर अम्बेडकर की तस्वीर लटका दी। कई बार मेरे मन में आया कि इस तस्वीर को फाड़कर बाहर फेंक दूँ।

"गोमांस खाओगे ?" मिलिन्द ने पूछा।

"मेरा भोजन हो चुका है।" मेरा स्पष्ट और कड़वाहट भरा जवाब था।

मिलिन्द की यह आदत बन चुकी है। पहली बार जब उसने पूछा था कि गोमांस खाओगे ? तब मैंने बहुत झगड़ा किया था—"मैं गाय को पवित्र मानता हूँ। गो-माता का मांस खाने का मतलब है अपनी माँ का मांस खाना। तुम लोग अभक्ष्य भक्षण करते हो इसीलिए तुम्हारी यह हालत हो गई है।"

मेरे गुस्से पर मिलिन्द बेशर्मी से हँस पड़ा था।

"अरे, अपने पूर्वजों ने गोमांस खाया है, सोमरस पिया है। इतिहास पढ़ो। तुम लोगों ने गोमांस खाना छोड़ दिया और तुम सवर्ण बन गए। हम गोमांस खाते रहे और अछूत हो गए।"

मैंने झट से कहा—"तो फिर तुम भी अभक्ष्य भक्षण करना बन्द कर दो।"

मिलिन्द उछलकर कुछ कहने ही वाला था लेकिन गले में कौर अटक जाने से छटपटाकर रह गया। उसने पानी पिया। लम्बी साँस भरकर वह कुछ कहने ही वाला था कि मैंने उसे रोक लिया—

"पहले भोजन कर लो, बाद में बातें करेंगे।"—तो उसने थाली दूर हटा दी।

"पहले मुझे बोलने दो। मैं भूखा रह गया तो भी चलेगा। मेरे लिए खाना कोई अहमियत नहीं रखता..."—और मिलिन्द बोलने लगा। वह अंगारे की तरह धधक रहा था।

"मुसलमान गोमांस खाते हैं। क्या उन्हें अछूत माना जाता है ? ईसाई गोमांस खाते हैं। क्या उन्हें अछूत माना जाता है ? फिर हम ही कैसे अछूत हुए ?"

मैं मिलिन्द के सवाल का जवाब नहीं दे सका था। तब से मैंने गुस्सा करना छोड़ दिया। जब भी मिलिन्द पूछता—'गोमांस खाओगे ?' मैं शान्ति से इनकार कर देता हूँ।

"अरे, थोड़ा-सा खा लो। बहुत अच्छा लगता है। देखो तो खाके, दे दूँ ? गोमांस खाने से आदमी मर नहीं जाता, बलवान हो जाता है। खाओगे ?"

मिलिन्द जान-बूझकर मुझे छेड़ रहा था। इस स्वराज में हमारे ब्राह्मणत्व को इसी तरह मारा जाएगा। मिलिन्द भोजन करने के बाद अंगड़ाइयाँ लेता है। मन-ही-मन मैंने सोचा अगले जन्म में यह गधा बनेगा।

मुझे वह दिन याद आता है जब रोहिदास पहली बार कमरे में आया था। तभी से मेरे मन में उसके प्रति किसी डबरे की तरह नफरत और घिन जमा हो गई। उसका अनुशासनहीन बर्ताव मेरे सन्ताप का कारण बना। एक बार उसने बिना पूछे मेरा टूथपेस्ट ले लिया था। मुझे बहुत गुस्सा आया। मैंने उसे साफ-साफ बता दिया कि बिना मेरी इजाजत के मेरी किसी भी चीज को हाथ मत लगाना। कुछ दिनों तक किसी ने मेरी किसी भी चीज को हाथ नहीं लगाया। लेकिन फिर एक बार रोहिदास ने मेरा तौलिया इस्तेमाल किया। मैं रूम में नहीं था यह देखकर उसने मेरा तौलिया ले लिया

था। जब वह उससे हाथ-मुँह पोंछ ही रहा था कि मैं कमरे में दाखिल हुआ और हमारा झगड़ा शुरू हो गया।

"तुम दूसरे का तौलिया क्यों इस्तेमाल करते हो ?" मैं जोर से चिल्लाया।

"यह जाति ही नीच है। गन्दी। साफ रहो तो स्पृश्य बनोगे ना। अस्वच्छता ही दरअसल अस्पृश्यता है।"

मिलिन्द ने दम भरके कहा–"सूट-बूट पहननेवाले दलित को भी कोई ब्राह्मण नहीं कहेगा। अस्पृश्यता तो लोगों के मन में बसी हुई है। मुझे तो हर सवर्ण सिरफिरा लगता है।"

रोहिदास ने मिलिन्द को शान्त किया।

लेकिन मैं धुँधुआ रहा था।

"अरे, मैं तो तुम लोगों को अच्छी बात बता रहा हूँ...लेकिन तुम्हारा एप्रोच तो एकदम निगेटिव है। हर बात में आक्रामक और कट्टर ! तुम खतरनाक बात कर रहे हो... ।"

मैं कुछ शान्त होने लगा तो रोहिदास ने जबान खोली–

"भला क्या है, बुरा क्या है यह तय करने का और हमें बताने का अधिकार तुम्हें किसने दिया है ?"

मैं उलझन में पड़ गया। उसके सवाल ने मुझे झकझोर डाला। यह कहना तो ठीक है कि मेरा तौलिया मत लो, लेकिन उन्हें साफ-सुथरा रहने के लिए कहना कुछ ज्यादती ही थी।

रोहिदास, मिलिन्द और मुझसे सीनियर था। वह दलित छात्र-संगठन का काम करता था और इसी कारण स्नातक परीक्षा में फेल हो गया था। वह इसी कॉलेज का पुराना छात्र था। रेक्टर से लेकर प्राचार्य तक सब से उसकी पहचान थी। कॉलेज छूट गया, फिर भी होस्टल नहीं छोड़ता। हमेशा गेस्ट बनकर रहता।

मिलिन्द और रोहिदास ने रूम का सारा फर्नीचर अपने कब्जे में कर लिया था। रूम को कार्यालय बनाया गया। रूम में हमेशा संगठन की चर्चाएँ हुआ करतीं। मैं अलग-थलग पड़ गया था। मुझे ऐसा लगने लगा था कि इस रूम में गेस्ट मैं ही हूँ। मुझे बेहद गुस्सा आता था लेकिन मैं कुछ कर नहीं सकता था। मेरी यह राय कायम होती गई कि सिर्फ झुँझलाते रहना नपुंसक व्यक्ति का लक्षण है।

कल मिलिन्द से मेरा जोरदार झगड़ा हो गया। उसका कारण भी रोहिदास ही था।

सन्ध्या का समय था। मैं पढ़ रहा था। रोहिदास ने मेरा टेप ऑन कर दिया। इससे मैं भड़क उठा–

"रोहिदास, तुम कितने दिन यहाँ रहनेवाले हो ? रूम में गेस्ट अलाऊड नहीं है, फिर तुम यहाँ कैसे रहते हो ?"

"हर रूम में गेस्ट है। गेस्ट को रखना है या नहीं, इसे रेक्टर देख लेगा। तुम्हें क्या तकलीफ है ?"

"मेरी प्राईवेसी डिस्टर्ब होती है। मुझे यहाँ भीड़ नहीं चाहिए। मेरी पढ़ाई पर असर पड़ता है।"

"हमने तुम्हें पढ़ने से कब मना किया ?"

"मुझे मेरे रूम में गेस्ट नहीं चाहिए।"

"कल तुम्हारा भी गेस्ट आ सकता है। तब...?"

"मेरा गेस्ट नहीं आएगा। आया भी तो हमेशा के लिए नहीं आएगा।"

"मेरा गेस्ट यहाँ हमेशा के लिए रहेगा। तुम्हें जो कुछ करना है, कर लो..." मिलिन्द ने कहा।

"मैं इस पंखे से लटककर फाँसी लगा लूँगा। तुम लोग मुझे मानसिक यन्त्रणा दे रहे हो।" मेरा गुस्सा बेकाबू हो चला था। मेरी आवाज जैसे मेरे पूरे बदन से फूट रही थी। आँखों में तड़प थी। स्थिति को भाँपकर रोहिदास चुपचाप बाहर चला गया।

मुझे खुशी हुई कि मैं जीत गया। लेकिन मिलिन्द बहुत परेशान हो गया। श्मशान की ओर जा रही अन्तिम यात्रा का-सा भाव उसके चेहरे पर था।

मैं फ्रेश हो गया। टेप लगा दिया। भीमसेन जोशी के भक्ति गीत पूरे कमरे में गूँजने लगे।

इस पर मिलिन्द उबल पड़ा–

"टेप बन्द करो। मैं डिस्टर्ब हो रहा हूँ।"

मैंने उलटकर कहा–

"संगीत से कोई डिस्टर्ब नहीं होता।"

"टेप बन्द करो, वर्ना मैं इसे उठाकर बाहर फेंक दूँगा। मुझे शान्ति चाहिए।"

मैंने टेप बन्द कर दिया। यह शव के सामने पूजा-पाठ करने जैसी बात थी।

बाजू के कमरे में अन्त्याक्षरी चल रही थी। भीड़ के गाए गाने, खिड़की पर इस तरह टकरा रहे थे जैसे भारी पथराव हो रहा हो। मैंने मिलिन्द को बोलने के लिए विवश किया–

"तुम्हें गाने से परेशानी होती है ना, तो फिर जाओ, करो अन्त्याक्षरी बन्द।"

"बाहर क्या हो रहा है, इससे मुझे कोई लेना-देना नहीं है।"

"मिलिन्द, हम यहाँ पढ़ाई करने आए हैं। रोहिदास फेल हो गया है। तुम उसकी संगत में मत पड़ो, तुम भी फेल हो जाओगे। सरकार ने तुम लोगों को सहूलियतें दी हैं, उनका फायदा उठाओ।"

"सरकार हम पर कोई अहसान नहीं कर रही है।"

"लेकिन..."

"मुझे तुम्हारा उपदेश नहीं चाहिए, प्लीज।"

मिलिन्द सुनने की मनोदशा में नहीं था। मैं उसे काँटे की तरह चुभ रहा था। मैं

उसके भले की ही बात कह रहा था लेकिन वह माने तब न ! मैं चाहता था कि मेरे कमरे में पढ़ाई की चर्चाएँ हों लेकिन यहाँ रात-दिन संगठन की बातें होती थी। मुझे यह नहीं चाहिए था। हम पढ़ाई करने आए हैं, हमें बस पढ़ाई ही करनी चाहिए।

मिलिन्द ने सिगरेट सुलगाई। धुएँ की लहरें उठने लगीं। मुझे गुस्सा आ गया। जोर से चिल्लाने को जी हुआ 'नो स्मोकिंग !' लेकिन मैंने अपने आप को रोक लिया। ज्यादा तानना भी ठीक नहीं। वह समझ गया कि मैं नाराज हो गया हूँ।

रोहिदास रूम से चला गया यह तो अच्छा ही हुआ। कभी न कभी यह होना ही था। आज ही हो गया।

मेरी नस-नस में द्वेष और विद्रोह की लहरें भड़कने लगी थीं–

'मस्ती आ गई है। सरकार इन्हें सहूलियतें दे रही है और ये हैं कि बीड़ियाँ पी रहे हैं, शोर मचा रहे हैं, फिल्में देख रहे हैं, मुफ्त के वजीफे लेते हैं। होस्टल में कचरा भरा हुआ है। थर्ड क्लास के बच्चे पढ़ रहे हैं। उन्हें आसानी से प्रवेश मिल जाता है और हम बुद्धिमान हैं, फिर भी प्रवेश नहीं। हम सवर्ण हैं, इसमें हमारा क्या दोष है ? जो गद्दी पर बैठते रहे हैं अब जूते के पास बैठे हैं और जो जूते के पास थे सिंहासन पर बैठे हैं। अच्छा होता यदि हम भी चमार होते ! सहूलियतें मिल जातीं। सरकार कमअक्ल लोगों को बढ़ावा दे रही है। सरकार ऐसे लोगों पर पैसा क्यों बरबाद करे ? दलित मतों के लिए सरकार इन्हें खुश कर रही है। मुझे लगता है कि इन सब अछूतों को इकट्ठा करके उन पर एक बम गिरा देना चाहिए।'

"गुस्से में तुम कहीं सचमुच तो फाँसी नहीं लगा लोगे, इसी चिन्ता में मैं रात-भर नहीं सोया।" रोहिदास की बात में कड़वाहट नहीं थी।

"मैंने रात में कई बार उठकर देखा। यह तो आराम से खर्राटे भर रहा था।" मिलिन्द ने मजाक में कहा।

मुझसे भी रहा नहीं गया।

"रात कहाँ सोए थे ?"

"गौतम गांगुर्डे के कमरे में। मैंने तो बस-स्टैंड पर भी ऐसी कई रातें गुजारी हैं।"

महार-चमारों में यह अच्छा है, कैसे भी जी लेते हैं !

मिलिन्द और रोहिदास सोने की तैयारी करने लगे। मैंने टोका–

"लगता है, आज यहीं सोओगे ?"

रोहिदास ने सिर हिलाया–

"कल से गांगुर्डे के कमरे में रहूँगा। आज उसके पास कुछ गेस्ट आए हैं, इसलिए वहाँ जगह नहीं है।"

मैंने कुछ नहीं कहा। इस देश की राष्ट्रीय एकता के लिए हम दोनों को चुप ही रहना चाहिए।

आँख कब लग गई, पता नहीं चला। कानाफूसी की आवाज से नींद उचटी। मिलिन्द और रोहिदास के बीच बातचीत हो रही थी। उनकी बातों से घटना का पता चल रहा था।

पांगरी के गाँववालों ने दलितों का सामाजिक बहिष्कार किया था। इसकी खबर समाचार पत्रों में भी छपी थी। मैंने पढ़ी थी। लेकिन मुझे उस खबर में कोई खास बात दिखाई नहीं दी थी। शायद, मैं सवर्ण हूँ, इसलिए।

पांगरी गाँव के लोगों ने दलितों को 'गाँव-बन्द' किया था। काम देना बन्द था और पिछले कई दिनों से दलितों को सताया जा रहा था। उन्हें काम के लिए पड़ोस के गाँव जाना पड़ता था। तेल, नमक, मिर्च लाने के लिए भी दूसरे गाँव जाना पड़ता था। पैसे देकर भी गाँव में अनाज नहीं मिल रहा था। धीरे-धीरे दूसरे गाँवों में भी बहिष्कार की बात फैल गई। वहाँ भी दलितों को यन्त्रणाएँ दी जाने लगीं। गाँव में पैर रखने की इजाजत नहीं थी। किसी ने भीख दी तो गाँव के गुंडे उसके घर जाकर उसे धमकाते थे। दलितों की नाकाबन्दी कर दी गई थी। गाँव की यह अनबन अखबारों तक पहुँचकर सुर्खी बन गई थी।

दलितों ने गाँव-कारोबार के गन्दे काम करना बन्द कर दिया था, इसी से गाँववालों में गुस्सा था।

गाँव में सफाई के काम कौन करेगा ?

मरे हुए मवेशियों को कौन खींचकर ले जाएगा ?

सवर्णों के घर की लकड़ियाँ कौन तोड़ेगा ?

सन्देशे कौन पहुँचाएगा ?

गाँववालों के घरों में कौन मेहनत-मजदूरी करेगा ?

गाँववालों के सामने अनगिनत समस्याएँ खड़ी हो गईं। गाँव के लोग बदले की भावना से भड़क उठे थे। काम करने के लिए यदि महार न हो तो उसकी औरत काम करती थी। औरत न हो तो बेटा काम करता था। लेकिन अब सबने काम करने से इंकार कर दिया था। उन्होंने हिन्दू धर्म को नकारा और हिन्दुओं के देवी-देवताओं को भी नकारा। दलितों ने धर्मान्तरण किया था। उन्हें नई चेतना मिल गई थी और गाँव परेशान हो गया था।

दलितों के पानी पीने के कुएँ में किसी ने रात में मरे हुए कुत्ते की लाश डाल दी थी। दलितों ने तो भोर में ही पानी भरा था। सुबह ही काम पर चले गए थे। दिन निकलने पर लोगों को कुत्ते की लाश नजर आई।

गाँववाले रोज-रोज यन्त्रणा के नए-नए तरीके ढूँढ़ रहे थे। दलितों ने संघर्ष करने का निश्चय किया। गाँव एक हो गया था, अब भीमनगर भी एक हो गया।

अखबार में खबर पढ़कर रोहिदास और मिलिन्द का खून खौल उठा।

गाँववालों को हमेशा के लिए सबक सिखाने दलित छात्र पांगरी पहुँच गए। गाँव को घेर लिया और घरों में घुस गए। जो कोई दिखाई दिया, उसको पीटा। गाँव की सीमा में हजार वर्षों में पहली बार गाँववालों का विलाप सुनाई दिया था।

रोहिदास और मिलिन्द जलते अंगारे की तरह सुलग रहे थे।

पटवारी कैसे डर के मारे काँप रहा था, उप-सरपंच कैसे बेसुध हो गया था, विट्ठल मन्दिर में भजन करनेवाली मंडली कैसे भाग गई, बम्मन कैसे रोने लगा, स्कूल के बच्चे कैसे डर गए, पटेल की औरत घर में कैसे छिप गई, सरपंच का जुलूस निकालकर उसकी इज्जत कैसे उतारी गई, आदि का आँखों देखा हाल मिलिन्द और रोहिदास की बातों से मालूम पड़ रहा था।

मैं डर गया।

दलितों के मन में सवर्णों को लेकर कैसा जालिम जहर भर गया था, मेरी समझ में आ गया। मैं सोचता था कि दलितों को गाँव से बहुत लगाव होगा। उन्हें अपने काम का मेहनताना मिल जाता है, इसलिए वे गाँववालों का काम करते हैं। जाति-व्यवस्था तो सबकी भलाई के लिए बनी है। भगवान ने ही वर्ण-व्यवस्था बनाई है। ब्राह्मण ज्ञानदान करे, क्षत्रिय देश की रक्षा करे, वैश्य व्यापार करे और शूद्र त्रैवर्णिकों की सेवा करे। कैसी आदर्श व्यवस्था है। यदि हर कोई अपना-अपना काम करे तो समाज आराम से आगे बढ़ सकता है। सर का काम पैर नहीं कर सकते। पैर का काम सर नहीं कर सकता।

लेकिन इस समय रोहिदास की आवाज अँधेरे को डँस रही थी। अँधेरा जाग रहा था और मेरे धड़कनों की लय बिगड़ रही थी।

"सवर्णों की संख्या हमसे ज्यादा है। प्रशासन और पुलिस में भी वे ही हैं। कोर्ट, कचहरी और कारावास में भी उन्हीं की सत्ता है, फिर हम कैसे लड़ सकेंगे ? उनकी प्रगतिशील दया पर कितने दिन काट सकेंगे ? सवर्णों को यह कभी स्वीकार नहीं होगा कि हम अपनी समस्याओं के लिए संघर्ष करें। सभी क्षेत्रों में दलितों की नाकाबन्दी की जाती है। खबर तो सिर्फ पांगरी की छपी है..." रोहिदास का वक्तव्य रोडरोलर की तरह मेरे संस्कारों को रौंदता जा रहा था।

"अपना देश आजाद हो गया। हमने सोचा, अब हमारी समस्याएँ सुलझ जाएँगी। अब हम पर अन्याय-अत्याचार नहीं होगा। हाथों को काम मिलेगा। पेट को रोटी मिलेगी। हमें इन्सान की इज्जत मिलेगी, लेकिन समस्याओं का सुलझना तो दूर, वे और विकट होती जा रही हैं। इस आजादी से हमें फटी जूती जितना भी फायदा नहीं है। किसकी आजादी है यह ?"–मिलिन्द की आवाज में आग भड़क रही थी। भारतमाता के बारे में ऐसी भयंकर बातें मैंने पहले कभी नहीं सुनी थीं।

15 अगस्त और 26 जनवरी को गाँव में हम छात्रों की प्रभातफेरी निकलती थी। मैं सबके आगे नारे लगाता चलता था–भारत माता की जय। मास्टर जी सुर में गाना गाते थे और हम उनके साथ सुर मिलाया करते थे–'विजयी विश्व तिरंगा प्यारा !' गीत

गाँव भर में गूँजता था। 'सारे जहाँ से अच्छा, हिन्दोस्ताँ हमारा' कहते हुए हम फूले न समाते थे। देश के लिए जान की बाजी लगाने का भाव बचपन से ही मेरे मन में तूफान की तरह छिपा बैठा है, और मैं यह क्या सुन रहा हूँ ? मुझे मिलिन्द और रोहिदास पर गुस्सा आ जाता है।

रोहिदास बोल रहा है।

"सत्ता रक्तपात की नदी में चलनेवाली नौका जैसी होती है..."

मैं बेचैन होकर उठ बैठता हूँ।

"क्या हो गया ? सो जा !"

"रात बैरी की है, जागना पड़ेगा।"

"सारे भारतीय मेरे बन्धु हैं। फिर बैरी कौन ?"

"भारतीयता सूर्य की तरह प्रखर है। उसकी निन्दा करनेवाले काले बादलों जैसे हैं। बादल हट जाएँगे और सूर्य की रोशनी फिर फैल जाएगी।"

"देश का राष्ट्रपति सवर्ण, प्रधानमन्त्री सवर्ण, सरसेनापति सवर्ण, सरन्यायाधीश सवर्ण, शंकराचार्य सवर्ण, प्राचार्य सवर्ण और रूम पार्टनर भी सवर्ण !"

मिलिन्द और रोहिदास भड़भड़ाकर हँस पड़े। मैं निश्चल था। हम साँप और नेवला बन गए थे। दलितों और सवर्णों के बीच शायद यही रिश्ता हो।

मैंने खिड़की खोल दी। बाहर भोर हो चुकी थी। लड़के ग्राउंड पर दौड़ रहे थे।

मैं बाहर आया। भोर की ठंडी हवा और अभी-अभी जागे लोगों की आहटें आह्लादक लग रही थीं। सेवानिवृत व्यक्ति की तरह मैं सड़क के किनारे-किनारे चल रहा था। मन पर अनाहूत दबाव था।

अछूत औरतें सड़क पर झाड़ू लगा रही थीं। एक बूढ़ी औरत झाड़ू पास में रखकर खैनी चबा रही थी। मुझसे रहा नहीं गया। मैं आवेश में आगे बढ़ गया। झाड़ू उठाकर मैंने हाथ में ले लिया। और झाड़ू लगाना शुरू किया। यह देखकर वह बूढ़ी औरत चिल्लाने लगी।

"अरे बच्चे, यह तेरा काम नहीं है। तेरी क्या मत मारी गई है ?"

"ब्राह्मणों को भी ऐसे हल्के काम करने चाहिए।"

"हे भगवान ! तू बामन का बच्चा है ? छूत हो गई। कोई देख लेगा। चल, जल्दी से निकल जा यहाँ से ?"

झाड़ूवाली औरतें मेरे पास आ गईं और मुझे देखकर हँसने लगी। मैंने झाड़ू पटक दिया। बिना कुछ बोले होस्टल की ओर लौट पड़ा। झाड़ू की आवाज लगातार मेरा पीछा कर रही थी।

कैसा पागलपन सवार हो गया था मुझ पर ! इतना एक्साइटेड नहीं होना चाहिए था। झाड़ूवाली औरतें अपना धर्म जानती हैं। मैं तो ब्राह्मण हूँ। मैंने धर्म के खिलाफ बर्ताव किया।

दिन निकल रहा था।

अखबार डालनेवाले और दूध पहुँचानेवाले लड़के जल्दी-जल्दी साइकिलें चला रहे थे। लाल रंग उजला हो रहा था। ठंडक झिर-झिर बह रही थी। शान्ति जागने लगी थी। सड़क के खम्बों पर लट्टू बुझ गए थे।

चौराहे पर नाई की दुकान खुली थी। साले ने कल मेरी बगलें साफ करने से इनकार किया था।

"दाढ़ी बनवाने आते हैं और बगलें ऊपर उठाते हैं। कटिंग करवाएँगे तो ही बगलें साफ की जाएँगी ?" नाई ने सारे ग्राहकों के सामने सुना दिया था। दुबारा इसके सैलून की सीढ़ियाँ नहीं चढ़ेंगे।

दरअसल बगलों में बाल होने ही नहीं चाहिए थे। दाढ़ी-मूँछ की भी कोई जरूरत नहीं थी। बेकार में सैलून का काम बढ़ा दिया है। औरतों के कहाँ दाढ़ी-मूँछें होती हैं ? उनका तो कोई काम नहीं रुकता। रोज-रोज दाढ़ी बनानेवालों का कितना समय बर्बाद होता होगा।

अपनी बगलों को हमें ही साफ करना चाहिए।

आगे देखता हुआ मैं जा रहा था कि रवीन्द्र साने ने स्कूटर मेरे सामने आकर रोक दी। मैं उसके पीछे बैठ गया। हम दोनों एन.सी.सी. में थे, इसलिए हम दोनों की दोस्ती थी। साने अखिल भारतीय विद्यार्थी परिषद् का कार्यकर्त्ता भी था।

"साने, मुझे एक काम की बात करनी है।"

"किस बारे में ?"

"पर्सनल है।"

"मेरा दूसरा पीरियड ऑफ है। तुम कमरे पर ही रुको। मैं आ जाऊँगा। तब बात करेंगे।"

"जरूर आना। मैं राह देखूँगा।"

"जरूर।"

साने लेडीज होस्टल की दिशा में चला गया।

मैं रूम पर पहुँच गया।

मिलिन्द की क्लास थी। रोहिदास अब भी सोया हुआ था। मेरा मन हुआ कि उसे ठोकर मारकर उठा दूँ। मुफ्त में रहता है। मैं गुस्से से बेकाबू हो उसे नींद से जगा दिया।

"अरे उठो, आठ बज चुके हैं।"

रोहिदास आँखें मलते हुए उठ बैठा। साने के आने से पहले इसका बाहर जाना जरूरी है, वर्ना स्विमिंग टैंक जाना पड़ेगा।

"जल्दी से नहा लो। पानी चला जाएगा।"

"तुम्हे कोई एतराज है ?"

"मेरे पास गेस्ट आनेवाला है। उसके आने से पहले तुम तैयार हो जाओ।"

"ओ.के.।"

रोहिदास बाथरूम में घुस गया—'अब यह एक घंटे से पहले बाहर नहीं निकलेगा। गाँव में इसको गाँड़ धोने को भी पानी नहीं मिलता, यहाँ घंटे-भर नल के नीचे बैठेगा। टोकने पर उसका रेडिमेड जवाब तैयार ही रहता है। हजार बरस हमें पीने के लिए पानी नहीं मिला, घूँट-भर पानी के लिए हमें खून बहाना पड़ा। सबसे क्रूर अन्याय पानी के लिए हुए हैं, इसलिए इस पानी को हम जैसे चाहें इस्तेमाल करेंगे। यह अनुशेष है। उसकी हर बात हजार वर्षों के इतिहास से ही शुरू होती है।'

स्कूटर की आवाज आई। मैंने खिड़की से झाँककर देखा। साने आया था। मैं कमरे के बाहर निकल पड़ा।

"हम कहीं बाहर ही बैठेंगे। स्विमिंग टैंक पर मुझे रिलीज होना है।"

"चलो। बैठो।"

मैं उसके स्कूटर पर बैठ गया।

स्विमिंग टैंक पिछले दस वर्षों से सूखा पड़ा था। पानी की तंगी थी और जब से एक छात्रा ने इसमें खुदकुशी की थी तब से यह एकदम वीरान पड़ा था। परीक्षा के समय छात्र यहाँ पढ़ाई करने आते हैं।

हम टैंक की तलहटी में चले गए। वहाँ एक प्रेमी युगल गले मिलकर बैठा हुआ था। उन्होंने हमारी तरफ ध्यान नहीं दिया। हमने भी उन्हें डिस्टर्ब करना मुनासिब नहीं समझा। कॉलेज से निकलकर वे दोनों एक-दूसरे में डूब गए थे। काफी उत्तेजित दिख रहे थे।

"सुबह-सुबह इन्हें ऐसी बातें कैसे सूझती हैं ? साली बहुत सेक्सी होगी। घोड़ी जैसी दिखती है।"

"लड़के घुमाती है साली।"

"कौन है रे ये ?"

"अपनी ही है।"

"पर नाम तो बताओगे ?"

"विनया प्रधान। लास्ट इयर में है। हर रोज एक नया बकरा रहता है इसके साथ।"

हम टैंक के ऊपर पहुँच गए।

साने अगर लड़की होता तो बड़ा मजा आता।

"हाँ, बोलो। मुझे फिर पीरियड जाना है।"

"हाँ... बोलता हूँ।"

मैं भावुक हो आया था। जो मन में छिपा था वह होठों पर आ रहा था। साने खामोशी से सुन रहा था।

"हो गया तुम्हारा बोलना या कुछ और है कहने को ?"

''मुझे जो कहना था, मैंने कह दिया। मुझे तुम्हारी सलाह चाहिए। मैं चारों ओर से घिर गया हूँ..।''

''देखो, यह कॉलेज आर्य समाज का है। तुम्हें दूसरा पार्टनर नहीं मिलेगा। तुम्हें इसी कमरे में रहना होगा। आज तक अछूतों को दूर रखा, यही अपनी गलती है। उसे सुधारना होगा। अछूत भी हिन्दू हैं। उन्हें भरोसा दिलाना चाहिए। अपनी दुश्मनी मुसलमानों के साथ है। दलितों के साथ नहीं। तुम्हारे कारण कुछ दलित लड़कों को संघ के साथ अपनापन महसूस होगा। उन्हें अपना साहित्य पढ़ने को देना चाहिए। उनमें 'हिन्दू-हिन्दू, बन्धु-बन्धु' वाला भाव उत्पन्न करना चाहिए।''

साने की बातें मुझे ठीक लग रही थीं किन्तु उन्हें व्यवहार में कैसे लाया जाए ?

''चलो, अब मेरा पीरियड है...''

साने उठा। उसे मेरी समस्या में शायद दिलचस्पी नहीं थी। मैं भी चल पड़ा।

टैंक के चारों ओर प्रेमी युगलों की चार-पाँच जोड़ियाँ जमी हुई थीं। उनका एक-दूसरे के बदन पर झुक जाना, आँखों में आँखें डालना, उत्तेजित होकर हँसना—सब मुझे बेचैन कर रहा था। मैं लड़की नहीं घुमा सकता क्योंकि मेरे पास पैसे नहीं हैं। मैं दरिद्र हूँ। जनेऊ टूट जाती है तो उसमें सत्रह गाँठें लगाता हूँ। मुझे अपनी दरिद्रता पर गुस्सा आ रहा था।

मैं रूम पर आ गया।

रूम में दलित छात्रों की बैठक चल रही थी। मैं शान्ति से कमरे में चला आया। सबकी नजरें सशंक...मौत जैसी !

''आपकी बैठक में मेरा शामिल होना चलेगा ?'' मेरा प्रश्न वेश्या के पास जानेवाले नौसिखियों जैसा था।

''चलेगा नहीं, दौड़ेगा, बैठो !'' रोहिदास ने मेरे बैठने के लिए जगह बना दी।

आनेवाली किसी भी परिस्थिति को स्वीकार करने और सीमा से बाहर जाकर समझौता करने की मनोवैज्ञानिक तैयारी मैंने कर ली थी।

मैं उन लोगों के बीच बैठ तो गया लेकिन मन में वमन का ज्वार उभरने लगा। गौतम गांगुर्डे के बदन से पसीने की बू आ रही थी। जिनका जूतों के पास बैठने का स्थान था, उनके साथ बैठने को मन नहीं मान रहा था। ये सब अनगिनत जूते हैं और मैं अकेला आदमी हूँ इनके बीच। इन जूतों के साथ बैठकर मैं अपने अन्दर के आदमी को अपमानित कर रहा हूँ।

मैं झट से उठा। रोहिदास ने मेरा हाथ पकड़ लिया।

''मेरे पैरों में झुनझुनी आ रही है। मैं कुर्सी पर बैठता हूँ।'' मैंने खुलासा किया।

रोहिदास ने मुझे नीचे बिठा दिया।

''पैरों में ही आ रही है ना ? थोड़ी देर के बाद दिमाग में भी आ जाएगी।''

सब हिनहिनाए !

मैं झेंप गया।

"अनिरुद्ध को ही पहले बोलने दो।"

गौतम गांगुर्डे का सुझाव सबने सिर आँखों पर लिया।

"अनि, बोलो, जो मन में है बोल दो। हमारे खिलाफ हो तो भी बोलो।" मिलिन्द ने मुझे उत्तेजित किया।

"ब्राह्मण तो दलित के खिलाफ ही बोलेगा।"

तभी चिन्मय देशमुख आ गया। आते ही उसने सबको 'जय भीम' किया। सबने उसका स्वागत किया। चिन्मय मुझे शाखा पर मिला था। वह मेडिकल का छात्र था। इधर कैसे आ गया ? क्या संघ ने इसको भेजा या इसने संघ से विदा ले ली ? मेरे मन में प्रश्नों की उलझन बढ़ती गई। सभी चिन्मय को 'चिनू' कहते थे। मिलिन्द ने फिर घोषणा की, "अब अनि बोलेगा।"

"आपके आन्दोलन में संघ के इतने स्वयंसेवक होंगे तो आपको संघ की ही शाखा शुरू करनी होगी।" चिन्मय ने मुझ पर व्यंग्य किया।

मैं जन्म से ब्राह्मण था, बस इतना ही संघ के साथ मेरा सम्बन्ध था। संघ के बारे में मुझे कोई जानकारी नहीं थी। बस दो एक बार शाखा पर गया था। अभी-अभी तैरना सीखनेवाला जिस तरह पानी में कूद पड़ता है, उसी तरह मैंने बोलना शुरू किया।

"हिन्दू धर्म की आश्रम व्यवस्था मुझे अच्छी लगती है।"

मेरे इसी एक वाक्य से गड़बड़ शुरू हो गई।

मिलिन्द ने हस्तक्षेप किया।

गौतम गांगुर्डे सहसा चीख पड़ा।

"हम यहाँ हिन्दू धर्म का प्रवचन सुनने नहीं आए हैं।"

मैंने भी साहस के साथ कहा–

"मुझे प्रवचन सुनाने की आदत नहीं है। मैं जो सोचता हूँ, वही बोलूँगा। इसलिए ऐसा कुछ नहीं बोलूँगा कि आपको पसन्द आए।" मेरे स्वर में कड़वाहट आ गई थी। "हम सब यहाँ पढ़ाई करने आए हैं। शिक्षा की तरफ ध्यान न देकर आन्दोलन करना मुझे मंजूर नहीं है। सरकार आप लोगों को सहूलियतें दे रही है, उनका लाभ उठाना चाहिए। आन्दोलन करोगे तो फेल हो जाओगे और आपकी हालत रोहिदास जैसी हो जाएगी। मैं आन्दोलन से ज्यादा पढ़ाई को अहमियत देता हूँ।" मेरी इस बात से सब बेचैन हो उठे।

"हम आन्दोलन को अहमियत देते हैं, लेकिन इसका मतलब यह नहीं कि पढ़ाई को दोयम मानते हैं। आन्दोलन का भी महत्त्व है और पढ़ाई का भी। हमने जिस समाज में जन्म लिया है, उसके लिए हमें एक साथ कई स्तरों पर संघर्ष करना होगा। मैं सिर्फ पढ़ाई करूँगा, यह धारणा मुझे बड़ी गैरजिम्मेदाराना लगती है। शिक्षा के साथ अपनी दूसरी जिम्मेदारियों को जानना भी जरूरी है। मैं फेल हो गया, लेकिन यह आन्दोलन का दोष नहीं। मेरी अपनी व्यक्तिगत समस्याएँ थीं, इसलिए पढ़ाई ठीक से नहीं कर

सका। आन्दोलन नहीं कहता कि पढ़ाई मत करो। पिछले दो साल से मैं पूरी नींद कभी नहीं सो पाया। सोने के लिए मुझे जगह नहीं है। मुझे अपनी मूलभूत आवश्यकताओं की अपेक्षा अपने मूलभूत अधिकार ज्यादा महत्त्व के लगते हैं। पिछले दो वर्षों में मैने जो पढ़ा वह दुनिया के किसी विश्वविद्यालय में पढ़ने को नहीं मिलेगा। अनि का कहना सही है। वह जिस समाज में पैदा हुआ है उस समाज की प्रातिनिधिक मानसिकता ही उसकी बातों से प्रकट हो रही है। मेरी भूमिका अलग है। आन्दोलन में काम करनेवालों को अधिक लगन से पढ़ाई करनी चाहिए।''

रोहिदास की बातें सुनकर मुझमें अपराध-भाव आ गया। आज तक मैं सोचता था कि अपना ही दुःख बड़ा है, हमें ही सताया जाता है। हम दरिद्र हैं। लेकिन आज मुझे आत्मबल प्राप्त हो गया। ऐसे कई लोग हैं जो मुझसे भी अधिक पीड़ित हैं, शोषित हैं, उनसे तो मैं कई गुना सुखी हूँ। दलितों का जीवन कितना दुःख भरा है। उनका दुःख यदि मेरे हिस्से आ जाता तो मैं जीवित ही न रह पाता। कल्पना मात्र से ही मैं दहल जाता हूँ। मेरे शरीर में फैला हुआ ठंडा लहू झील की तरह उछलने लगता है।

हम अकारण ही अपने दर्द को सहला रहे हैं।

मैंने सोचा, हम सब हिन्दू हैं लेकिन ऐसा नहीं है। हिन्दू एक नहीं हैं। कई जातियों में विभाजित हैं। हर जाति दूसरी जाति को तुच्छ मानती है। नीचा दिखाती है। हिन्दू धर्म तो विषमता का नैहर है।

''अरे अनि, तुम क्या सोच रहे हो ? बैठक में तुम्हारा ध्यान तो है ?'' चिनु ने मुझे जगा दिया।

मैं होश में आ गया। मैं अपने से बाहर आ गया, जैसे दरवाजे की बेल बजने पर बाथरूम से औरत अपने-आप को सँभालती, सँवारती दरवाजे के पास आ जाती है।

मिलिन्द आपे से बाहर होकर बोल रहा था।

''बाबा साहब अम्बेडकर के निधन के बाद दलितों का कोई पालनहार नहीं रहा। घर का मुखिया चल बसने पर घर की जो बुरी हालत हो जाती है, वैसी दशा हमारे समाज की हो गई है। हमारे नेताओं को सत्ताधारी पक्ष ने खरीद लिया है। उनकी आवाज ही गायब हो गई है। वे स्वार्थ और समझौतों में खोए हुए हैं। उनके पास फुर्सत नहीं है कि आम आदमी की परेशानियों को देखें। स्वाधीन होने पर भी हम पर अन्याय और अत्याचार हो रहे हैं। यह किसका शासन है ? यह कैसा जनतन्त्र है ? हमारे पास अन्याय और अत्याचार के खिलाफ लड़नेवाला सशक्त संगठन नहीं है। हम ऐसे संगठन की स्थापना करने के लिए यहाँ इकट्ठा हुए हैं। अछूतों की लड़ाई लड़ने के लिए हम दलित छात्रों का एक संगठन बनाना चाहते हैं...।''

''दलित छात्रों का ही क्यों ?''

गौतम गांगुर्डे ने बीच में ही बोलना शुरू किया–

''सभी दलित युवकों का एक अटूट संगठन होना चाहिए।''

गांगुर्डे की बात को सबने स्वीकार किया। गांगुर्डे आवेग से बोलने लगा–

"सिर्फ दलित छात्रों की शक्ति से लम्बा आन्दोलन नहीं चलाया जा सकता है। सभी दलित युवकों को इसमें शामिल करना होगा।" मैंने बीच में ही टोक दिया।

"आपकी दलित की परिभाषा क्या है ? दलित शब्द जातिवादी प्रतीत होता है। मुझे इस शब्द से बू आती है।"

मुझे रोकते हुए रोहिदास ने स्पष्ट किया,

"दलित का मतलब जो भी शोषित है, पीड़ित है वह !"

मुझसे रहा नहीं गया। मैं और गहराई में चला गया।

"ब्राह्मणों से लेकर बौद्धों तक सभी जातियों में एक दलित वर्ग मौजूद है। ठीक है न ?"

रोहिदास ने आगे बोलना शुरू किया।

मिलिन्द ने मुझे आँखों के इशारे से चुप रहने के लिए कहा।

"दलित का मतलब है अनुसूचित जातियाँ, जनजातियाँ, बौद्ध, श्रमिक, भूमिहीन, खेत के मजदूर, गरीब किसान, खानाबदोश, आदिवासी..." रोहिदास गम्भीरता से बोल रहा था।

मेरा सवाल मुझे बेहद बचकाना लगा।

तभी भीमा भोले दौड़ता हुआ आया। उसके चेहरे पर हवाइयाँ उड़ रही थीं। घबराकर उसने कहा,

"होस्टल में पुलिस आई है। पांगरी कौन गया था, इसकी पूछताछ कर रही है।"

बैठक रेत के किले की तरह ढह गई। सब दूसरी मंजिल से भागकर नीचे आ गए।

पुलिस दो-तीन छात्रों से पूछताछ कर रही थी। उनमें विजय पगारे भी था। गेट पर पुलिस की जीप खड़ी थी। रोहिदास पुलिस के ऊपर गुस्सा होने लगा।

"आप यहाँ किसकी इजाजत से आए हैं ? क्या आप हमें अपराधी समझते हैं ?" रोहिदास की आवाज चढ़ी हुई थी।

"यहाँ से चले जाओ।" मिलिन्द ने गरजकर कहा। पल-भर में सारा होस्टल इकट्ठा हो गया। सबने पुलिस का मजाक उड़ाना शुरू किया। पुलिस का बल कम था। भीड़ बिगड़ी हुई थी।

पुलिस चुपचाप चली गई।

मैंने भी पुलिस को गाली दे डाली।

लड़के काफी देर तक शोर मचाते रहे।

"अपने-अपने कमरे में चले जाओ।" रोहिदास ने सबको आदेश दिया।

भीड़ तितर-बितर हो गई। सब कमरों में चले गए।

तीसरी मंजिल पर अन्त्याक्षरी चल रही थी। मैं और चिनु रूम में आ गए। रोहिदास, मिलिन्द, पंडित और गौतम गेट पर चले गए। फिर कोई वाकया न हो इसलिए वे सावधानी बरत रहे थे। भीमा भोले और विजय पगारे टोली के साथ बातें कर रहे थे।

घटना का आँखों देखा हाल सुनकर जोर-जोर से हँस रहे थे।

"चिनू, तुमने खबर पढ़ी ?"

"खबर पढ़कर ही तो इधर आया। हकीकत में क्या हुआ यह जानने के लिए।"

"तो तुम्हें इसका पूर्वानुमान था ?"

"अरे, पूर्वानुमान की क्या बात, यह तो मेरी ही योजना थी। दलितों को सतानेवाले सवर्णों को सबक सिखाना ही चाहिए। कोर्ट में मेरी तारीख थी, इसलिए मैं पांगरी नहीं जा सका।"

"शहर के दलित युवकों का देहात में जाकर गाँववालों से जवाब-तलब करना मुझे अच्छा नहीं लगा। ये लड़के आज जाएँगे, वहाँ जाकर शोर मचाएँगे और लौट आएँगे। इससे दलितों की समस्या का हल नहीं निकलेगा। इससे उलटा तनाव बढ़ जाएगा। गाँववाले दलितों को और अधिक सताएँगे। इसके लिए कौन जिम्मेवार होगा ?"

"देखो अनि, हजारों वर्षों से दलित कुत्ते-बिल्ली से भी लाचार जिन्दगी जी रहे हैं, फिर भी सवर्णों को दया नहीं आई। इतना ही नहीं, उन्होंने दलितों का सामाजिक बहिष्कार किया। अब दलितों की अस्मिता जाग्रत हो गई है, इसलिए गाँव-देहातों में तनाव बढ़ रहा है। दलित क्या हमेशा के लिए गुलाम बनकर रहेंगे ? मैं इसे नहीं मानता। वे पढ़ रहे हैं, संगठित हो रहे हैं, संघर्ष कर रहे हैं। अब यह तनाव बढ़ता ही जाएगा। इसका कोई अन्त नहीं।"

"इसका फ्यूचर क्या होगा ?"

"एक ही विकल्प है। सभी सवर्णों को समझदारी से काम लेना चाहिए। यह स्वीकार करना चाहिए कि हजारों वर्षों से दलितों को सताया गया है और अब दलितों के पक्ष में खड़ा होना चाहिए।"

"तुम तो चमार जैसी बातें करते हो। तुम्हारा ब्राह्मणत्व कहाँ चला गया ?"

मेरे प्रश्न यक्ष जैसे और उसके उत्तर धर्म जैसे। मैं इस सत्य को स्वीकार नहीं कर सकता। हे प्रभु ! मेरे हिन्दुत्व को तलवार की धार बना दे।

दयानन्द किणीकर आया है, दूरदर्शन में आनेवाले अवरोध जैसा। दयानन्द का मूल नाम है कचरू हरिजन। उसने कचरू को दयानन्द बना दिया। किणी गाँव का रहनेवाला है, इसलिए किणीकर। प्रेम कविताएँ लिखता था। पत्र-पत्रिकाओं में उसकी कविताएँ प्रकाशित होती थीं। उसकी रचनाओं में प्रेम से अधिक प्रतीक और बिम्ब ही हुआ करते थे।

"दयानन्द, तुमने अपना नाम क्यों बदल लिया ?"

"पुराने नाम को देखकर सम्पादक कविताएँ नहीं छापते थे। नए नाम से छप जाती हैं।"

"दयानन्द, नाराज न होना, इस तरह की कलावादी कविताएँ लिखने की अपेक्षा

तुम दलितों की वेदना को आवाज क्यों नहीं देते ?''

''लिखी हैं, ऐसी भी कविताएँ।''

दयानन्द की पलकों के पीछे का पानी जल उठा। उसकी आवाज में जंगली जानवर की क्रूरता सिमट आई। उसकी कविता धुँधुआते ज्वालामुखी जैसी बन गई। एक-एक पंक्ति विस्फोट जैसी। दयानन्द पांगरी प्रसंग पर लिखी अपनी कविता पढ़ रहा था।

''इस कविता को छपाना चाहिए।''

''ऐसी कविता कौन छापेगा ?''

''कल मैं इस कविता को नोटिस बोर्ड पर लगाऊँगा।''

''पोस्टर बनाना पड़ेगा।''

मैं जैसे कमरे में कीलित हो गया था। कोई मेरी देह में कीलें ठोक रहा था।

मैं ब्राह्मण हूँ। विशुद्ध ब्राह्मण। लेकिन देशस्थ। मुझे याद आती हैं...घर में छुआछूत की बातें...पूजा ! पिताजी का दकियानूसी स्वभाव। माँ बहुत सहनशील थी। भावना घर के कामकाज में पिसती रहती थी। बाबा पूजा-पाठ के लिए जाते थे। गाँव उन्हें 'गुरुजी' कहा करता था। माँ व्रत आदि विधानों से संत्रस्त।

माँ की याद आती है।

बात उस समय की है जब गांधीजी की हत्या हुई थी। एक ब्राह्मण ने गांधीजी की हत्या की थी। परिणामस्वरूप चारों ओर ब्राह्मण-विरोध की लहर उठी थी। कई स्थानों पर ब्राह्मणों के घरों पर हमले हुए। इस दंगे की हवा गाँवों में भी पहुँची थी। हमारे घर को भी जला दिया गया। पिताजी ने गाँव में हाईस्कूल बनाने में सहायता की थी। श्री विट्ठल भगवान का मन्दिर बनवाया था। घर-घर में जाकर पूजा-पाठ किया था।

गाँव इकट्ठा हो गया। उन लोगों ने भगवान को जला दिया। पोथियाँ जला डालीं। पिताजी की दुर्गत की। मैं, माँ और मेरी बहन भावना चीखते-चिल्लाते रहे। हमारी समझ में कुछ नहीं आ रहा था। पिताजी के हाथों कौन-सा अपराध हुआ था ? मैंने सोचा, शायद उन्हें किसी चमार की छूत लगी होगी।

गाँव छोड़ते समय पिताजी ने पलटकर भी नहीं देखा। हमने हमेशा के लिए गाँव छोड़ दिया। कुछ दिनों बाद माँ हम सबको हमेशा के लिए छोड़कर भगवान के घर चली गई। पिताजी ने भिक्षा माँगकर हमें पाला-पोसा। मैं मधुकरी माँगकर पढ़ाई करता रहा। मुझे अपनी गरीबी याद आती है तो मेरा गला भर आता है। मुझे पढ़ाई करनी होगी। आगे बढ़ना होगा। मैं इन महारों-चमारों की तरह नहीं जी सकता। मुझे इस बात पर गुस्सा आता है कि एक दरिद्र के घर मेरा जन्म हुआ।

गेट पर मिलिन्द, रोहिदास और गौतम गांगुर्डे खड़े हैं।

'ये साले कभी कॉलेज नहीं आते। मुफ्त में सहूलियतें लूटते रहते हैं।' मन-ही-मन मैंने उन्हें गालियाँ दी।

गेट पर दयानन्द की कविता का पोस्टर चिपकाया गया था। नोटिस बोर्ड पर भी एक पोस्टर लग चुका था। लेकिन लगता है किसी सवर्ण छात्र ने उसे फाड़ने की कोशिश की थी।

मैं कक्षा में गया। प्रो. राहुल बनसोडे की क्लास थी। प्रो. बनसोडे आरक्षित पद पर आए थे। पढ़ा काफी था लेकिन विषय को ढंग से रख नहीं पाते थे। उनके चेहरे से ही उनकी जाति का पता चल जाता था। लड़के उनकी क्लास से कन्नी काटते थे।

आज पढ़ाते समय वे कुछ गड़बड़ा गए। शायद दयानन्द की कविता से उत्पन्न वातावरण का प्रभाव हो। महाविद्यालय में स्पष्ट रूप से दो गुट थे। दयानन्द की कविता ने उनके भेद को और भी स्पष्ट कर दिया था। सवर्ण छात्रों में रोष था तो दलितों में प्रतिरोध। चारों तरफ दयानन्द की कविता चर्चा में थी।

मुझे लग रहा था कि हर दलित छात्र के चेहरे पर कविता का पोस्टर चिपका हुआ है। सब तरफ कोहरे जैसी बेचैनी छाई हुई थी। छात्रों के गुट मुझे भीड़ जैसे लग रहे थे। माहौल में भारी तनाव था। लड़कियाँ जल्दी ही घर चली गईं। धीरे-धीरे भीड़ बाढ़ की तरह उतर गई और वीरानगी महसूस होने लगी।

दलित छात्र थाने की ओर ऐसे जा रहे थे जैसे कोई बाँध टूट गया हो। भीमा भोले ने मुझे पुकारा। मुझे साइकिल पर डबल सीट बिठाया। कुछ तो तीन-तीन बैठकर भी जा रहे थे। दयानन्द को पुलिस ने पकड़ लिया था, उससे दलित छात्र गुस्से में थे।

'पुलिस का क्या दोष ? दयानन्द को पकड़ा सो ठीक ही किया। लिखने की आजादी है इसका मतलब यह नहीं कि आप जो चाहे लिखो। धर्म और देश के विरोध में कैसा लिखना ? कविता पाठक को आनन्द देने के लिए होती है, बेचैन करने के लिए नहीं। दलित-सवर्णों का जो संघर्ष है, वह सड़क पर होता रहे लेकिन साहित्य में यह संघर्ष किसलिए ? सरस्वती के दरबार में यह गन्दगी नहीं होनी चाहिए।'

हम सब थाने के पास आ गए। दलित छात्रों की भीड़ लगी हुई थी। कुछ लोग हुल्लड़ मचा रहे थे।

पुलिसवालों ने दयानन्द की प्रशंसा शुरू की।

"बहुत अच्छी कविता है। इसकी प्रेरणा आपको कैसे मिली ? आपने इतनी अच्छी कविता लिखी है इसका मतलब आप पांगरी गए होंगे। हम आपको नहीं पकड़ रहे हैं। आप दूसरों के नाम बता दीजिए। हम आपको छोड़ देंगे। आप तो अच्छे कवि हैं..." पुलिस दयानन्द को उल्लू बनाने की कोशिश कर रही थी।

"मुझे कुछ भी मालूम नहीं। मेरी कविता पूर्ण रूप से काल्पनिक है। अखबार में खबर पढ़कर मैंने कविता लिखी।" दयानन्द बार-बार यही कहता रहा।

मिलिन्द, रोहिदास, गौतम, भीमा, पंडित आगे घुस रहे थे।

एक सिपाही ने मुझे पहचान लिया। भीड़ से बाहर निकला। पिताजी उसके घर पूजा के लिए जाते थे। उसका नाम था मराठे हवलदार। बच्चों की पढ़ाई के लिए उसने अपना

तबादला यहाँ कराया था। पहले हमारे ही गाँव में था।

मराठे हवलदार ने मुझे चाय पिलाई। एक रिक्शा रोककर मुझे उसमें बिठा दिया।

"साहब, आप इस नीच जाति के पीछे मत जाइएगा। आप ब्राह्मण हैं। पढ़ाई की ओर ध्यान दीजिएगा। समझदार आदमी को कभी भी थाने या अदालत की सीढ़ी नहीं चढ़नी चाहिए। एक बार रिकार्ड खराब हो गया तो आदमी जिन्दगी से उठ जाता है। उसे सरकारी नौकरी तो मिल ही नहीं सकती। आप इनके साथ चाय-पानी भी मत कीजिए।" मराठे हवलदार सच्चे मन से ही कह रहा था। रिक्शे का किराया भी उसी ने अदा किया। मैं कॉलेज चला आया।

"तू याक्या है ना ?"

"हाँ..." याकूब के चेहरे पर ईद का चाँद उग आया था। हम दोनों की आँखों में हमारा बचपन थिरक-थिरककर नाच रहा था।

"चल, चाय पीते हैं।"

"तेरा धन्धा डूबेगा।"

"अरे चल, यार..."

याक्या ने मेरा हाथ पकड़ लिया तो मैं इनकार नहीं कर सका। मैंने अपने बारे में बताया। उसने अपनी कहानी सुनाई। पढ़ाई छोड़कर वह रिक्शा चलाने लगा था। मुझे बचपन का याक्या याद आ रहा था। अब वह काफी बड़ा हो गया था।

हम दोनों ने एक कप चाय आधी-आधी पी।

याक्या से विदा होते समय मेरी आँखों में पाठशाला के दिन कौंध गये जहाँ याक्या एक कोने में बैठा हुआ था।

मैं ग्रन्थालय की सीढ़ियाँ चढ़ रहा था। दो दिन हुए पढ़ाई नहीं हुई थी। वहीं गोविन्द सरवदे मिल गया। पूछने लगा, "क्या पुलिस ने दयानन्द को छोड़ दिया ?"

"मुझे नहीं पता।" कहते हुए मैं आगे बढ़ गया।

गोविन्द सरवदे ने मुझे अजीब नजरों से देखा। वह नजर अभी भी मेरा पीछा कर रही है।

"आप लोग पाठ्यक्रम की पुस्तकें क्यों नहीं पढ़ते ?"

"मुझे डॉ. बाबासाहब अम्बेडकर की जीवनी पढ़नी है...।"

"लेकिन वह तो पाठ्यक्रम में नहीं है।"

"बाबासाहब को पाठ्यक्रम में रखना इस व्यवस्था को रास आएगा ?"

"ठीक है, पुस्तक ले जाओ, लेकिन जल्दी लौटा देना।"

ग्रन्थपाल शितोले रमा बाबर के साथ बहस कर रहा था। रमा भी बिना विचलित हुए शान्ति से बात कर रही थी। रमा की आवाज का संयम मन्दिर के गर्भागार में गूँज उठने वाले घंटानाद की तरह मेरे बदन में फैलता चला गया। रमा ने बाबासाहब की

जीवनी ले ली थी।

मुखपृष्ठ पर अम्बेडकर की नजर ने मुझे विदीर्ण कर दिया। यही वह नजर है जिसने हिन्दू धर्म को ललकारा था।

वर्ण-व्यवस्था का रूपान्तरण जाति-व्यवस्था में कैसे हो गया ? अस्पृश्यता कैसे रूढ़ हो गई ? शूद्र पहले कौन थे ? अछूत मूलतः कौन थे ? मुझे इन सवालों का जवाब ढूँढ़ना चाहिए।

रमा का चेहरा अम्बेडकर की मूर्ति की तरह दृढ़ था। हमें भी अम्बेडकर को जानना जरूरी है। यह ठोस दृढ़ता अपने खून में भी आनी चाहिए।

मेरी एकाग्रता टूट गई थी। मैं विचलित हो गया था। मन न लगे तो पढ़ने बैठने में कोई तुक नहीं था। सो मैं ग्रन्थालय के बाहर चला आया। लेडीज कॉर्नर के पास मधु कांवले मिल गया। उसके साथ दिलीप देसाई भी था। दोनों ने मुझे रोक लिया।

''पुलिस ने दयानन्द को छोड़ दिया ?'' उनका कुत्सित सवाल मुझे आरपार काटता चला गया। उनकी नजरों में आग नाच रही थी।

''मुझे नहीं पता।'' मैं उनके सवाल को टाल रहा था। उन्होंने फिर तीर-कमान चलाया।

''तुम तो पुलिस थाने गए थे।''

मुझे रमा बाबर का संयम याद आया।

''मैं तभी लौट आया था।''

मधु कांवले की आवाज कुछ नीचे आ गई।

''साला, मैं तो उस दयानन्द किणीकर को ब्राह्मण समझ रहा था। अच्छी प्रेम कविताएँ लिखता है। लेकिन वह तो दलित निकला।''

मधु कांवले की बात को बीच में ही तोड़ते हुए दिलीप देसाई ने मुझसे पूछा–

''लेकिन तुम उनके साथ कैसे चले गए ?''

''हम एक रूम में रहते हैं।'' मेरा बेशर्म जवाब। आज तक कइयों को यही जवाब दिया था।

''तुम उनके रूम पार्टनर हो तो रूम में ही रहो ना। आन्दोलन में क्यों मरने जा रहे हो ?'' दिलीप देसाई ने जलती आँखों से कहा।

''उनके साथ रहना है तो जाना पड़ता है।'' मैंने स्पष्ट किया।

''रूम क्यों नहीं बदल लेते ?'' मगरूरी से दिलीप देसाई ने पूछा। मैं घबरा गया था।

''रूम पार्टनर बदलने की बहुत कोशिश की। दूसरा रूम भी नहीं मिला। तुम लोग मेरा इतना काम कर दो। मैं तुम लोगों के साथ रहूँगा।''

''अच्छी बात है...'' कहते हुए दोनों चले गए। उन्होंने यूँ ही मुझे धमकाने की कोशिश की। मेरी क्या गलती थी ?

सवर्ण छात्र मुझे 'जय भीमवाला' कहा करते थे। मजाक में मुझे 'जय भीम' कहते

थे। दलित लड़के मुझे 'बम्मन' कहते थे। मैं दो पाटों के बीच में रगड़ा जा रहा था। मेरे ब्राह्मण होने में मेरा क्या दोष था ? दलितों के साथ होने में मेरा क्या अपराध था ?

मैं रूम पर आ गया। देखा, बाबा आए हुए हैं। रूम के बाहर बड़ी देर से प्रतीक्षा कर रहे थे। मैंने जल्दी से कमरा खोला। बाबा का चेहरा खुशी से फूला न समाया।

"कब आए ?"

"एक घंटा हो गया होगा..."

"मैं ग्रन्थालय में बैठा हुआ था।"

"ठीक है। पानी दो जरा..."

बाबा का ध्यान अम्बेडकर जी के कैलेंडर की ओर चला गया।

मैं उनका चेहरा पढ़ने लगा।

"लगता है, यह अम्बेडकर जी की तस्वीर है।"

मैंने तुरन्त हाँ कह दिया।

"मेरा रूम पार्टनर दलित है। साफ-सुथरा है। अध्ययनशील है।"

बाबा की नजरें शून्य में खोई हुई थीं।

"मैंने रूम पार्टनर बदलने की बहुत कोशिश की। लेकिन सम्भव नहीं हुआ। कॉलेज आर्य समाज का है। मुझे यहीं पर रहना होगा।" बाबा की आँखों में पानी जम गया था।

"बेटे, हम लोग गरीब हैं। गरीब की रुचि-अरुचि नहीं होती। अमीर होता तो तुझे अलग कमरा ले देता। वर्तमान अवस्था में जो भी है सो ठीक है। पहलेवाला जमाना अब नहीं रहा।" बाबा की कड़क आवाज में अब समझदारी का भाव था।

"पिछले कुछ दिनों से अखबारों में उलटी-सीधी खबरें आ रही हैं। पता चला कि दलित छात्रों ने कोई आन्दोलन छेड़ा है। तू होस्टल में रहता है। तुझसे बात करने के लिए ही आया हूँ। आन्दोलनवालों के साथ मेल-मिलाप मत रखना। पढ़ाई महत्त्व की है। तू तो अपनी हालत जानता ही है... ।"

मैंने बाबा की बात को बीच में ही रोक दिया।

"बाबा, आप मेरी फिक्र न करें। मैं आपकी अपेक्षाओं पर खरा उतरूँगा।"

बाबा ने पूछा—"यह तेरा पार्टनर कैसा है ?"

मुझे बोलने का अवसर मिल गया।

"अच्छा है। मेरे बराबर ही अंक उसने पाए हैं। इसीलिए तो हम दोनों को एक रूम में रखा गया है।"

"सो तो ठीक है, फिर भी दूरी बनाए रखना। उसकी संगति में बिगड़ मत जाना। यह हरदम याद रखना कि वह अछूत है।"

बाबा की आवाज का दकियानूसी सत्य मेरे मन तक पहुँचते-पहुँचते लड़खड़ा रहा था। पुरानी परम्परा की झूल मेरे लिए असह्य बोझ बन गई थी। बाबा का उपदेश वीरान गढ़ जैसा लग रहा था। मैं ब्राह्मण हूँ, यह गर्व है या अपराध ?

"अनि, इन लोगों से होशियार रहना। वे हमेशा देवताओं, ब्राह्मणों के खिलाफ रहे हैं। इनका दर्शन उन्हें यह पाठ पढ़ाता है कि यदि रास्ते में जहरीला साँप और ब्राह्मण आए तो साँप को छोड़ दो लेकिन ब्राह्मण को कुचल-कुचलकर मार दो।"

"हम लोग अकारण ही उन पर शक करते हैं...।"

"तू अभी छोटा है। तूने दुनिया नहीं देखी है...।"

बाबा मराठे हवलदार से मिलना चाह रहे थे। मेरा ध्यान रखने हेतु कहने के लिए। मैं उन्हें हवलदार के पास ले जाने में आना-कानी कर रहा था। लेकिन बाबा ने जिद पकड़ ली। आखिर उनके साथ मैं पुलिस क्वार्टर्स की ओर चल पड़ा।

बाबा ने पूजा-पाठ की पोथियों से दुनिया को पढ़ा है। यहाँ दुनिया तेजी से बदलती जा रही है। यह बड़ों के उपदेश जैसी सीधी सरल बात नहीं है।

हम मराठे हलवदार के घर पहुँचे लेकिन वे घर पर नहीं थे। उनकी पत्नी सिन्धु बाबा को जानती थी। हमने उसका आतिथ्य स्वीकार किया।

फिर हम पुलिस थाने पहुँचे। मराठे हवलदार कोर्ट गए थे।

चौराहे पर याक्या का रिक्शा है। मैं बाबा को ले गया। याक्या ने हमें बस अड्डे पर छोड़ा। किराया नहीं लिया।

"कौन है रे ये ?"

"याकूब शेख। शकील का बेटा...।"

बाबा अतीत के खौफनाक तहखानों में भटकने लगे।

देश आजाद हो गया। विभाजन हुआ। दो टुकड़े हो गए। भारत और पाकिस्तान नाम के देशों में दंगे भड़क उठे। कत्ल होने लगे। पाकिस्तान में हिन्दुओं को काटा गया। हिन्दुस्तान में मुसलमान मारे गए।

स्वतन्त्रता का अर्थ है–'हजारों लाशों पर खिला हुआ एक फूल।' यह पंक्ति दयानन्द को दे देनी चाहिए ताकि वह अपनी कविता में जोड़ ले।

हमारे गाँव के लोगों ने मुसलमानों को पकड़ा। खटीकखाने की ओर जिस तरह मवेशियों को ले जाया जाता है, उसी तरह मुसलमानों को गाँव के बाहर ले जाया गया। मैदान में एक कतार में लिटा दिया गया और उनका कत्ल कर दिया गया।

स्वतन्त्रता का अर्थ है निर्मम हत्या की मर्दुमशुमारी। हिन्दुओं ने मुस्लिम औरतों पर कब्जा किया। उनका इस्तेमाल किया। उन्हें रखैल बना दिया। याक्या ऐसी ही एक मुस्लिम रखैल का बेटा था।

स्वतन्त्रता का अर्थ है प्राण और प्राणों का सम्मान।

देश स्वाधीन हो गया।
मुसलमानों पर हमला हो गया।

राष्ट्रपिता की हत्या हो गई।
ब्राह्मणों पर हमला हो गया।
दलितों ने गाँव के कामों से इनकार किया।
दलितों पर हमला हो गया।
भारत मेरा देश है।
देश एक हमला हो गया है।

मुझे लगा मेरे शरीर के भीतर से कई अंकुर फूट रहे हैं। मेरी देह के किसी कोने में बैठकर कोई सितार छेड़ रहा है। मेरी आँखें गीत बनाना चाहती हैं। मुझे आभास होता है कि स्वर्ग से हजारों परियाँ मेरे होठों पर उतर रही हैं। मेरे पूरे तन में फूल ही फूल खिल आए हैं। यह कैसी फूलों की बारिश है ?

सामने से विनया प्रधान आ रही है।

मुझे लगा कि अपनी देह को त्याग कर उसकी देह में प्रवेश कर जाऊँ। उसकी देह में सब तरफ नाचूँ, हँसूँ, खेलूँ। उसकी देह के साथ झूला झूलूँ। अंग-संग करूँ।

मैं आगे, बाबा पीछे। चोरी-चोरी भी मैं विनया प्रधान की ओर नहीं देख सकता था।

''देखो अनि बेटे, मैंने तुझे यहाँ पढ़ने के लिए भेजा है, बेकार के झमेले में मत उलझना। अब मैं थक गया हूँ। भावना की शादी करनी है। कई मुसीबतें हैं। तू नौकरी की तलाश जारी रख। पहले जैसा काम नहीं होता अब। उम्र के हिसाब से बीमारियाँ भी आ रही हैं। अब तुझे ही इस बोझ को सँभालना है।''

मैंने बाबा को विदा किया। आज वे काफी परेशान लग रहे थे। मेरा दिल भर आया। मैं बस अड्डे से बाहर आया। सांध्य समाचार पत्र बेचनेवाला लड़का चिल्ला रहा था।

'दलित छात्रों में मार-पीट। कई घायल।'

मेरे कदम वहीं रुक गए। मैंने अखबार खरीदा। पहले ही पन्ने पर सुर्खियाँ थीं। रोहिदास की तस्वीर छपी थी।

वैशाली बुद्ध विहार में दलित छात्रों की बैठक हो रही थी। बैठक में अभूतपूर्व भीड़ थी। छात्र नेता, आर.पी.आई. के नेताओं की कड़ी आलोचना कर रहे थे। बैठक अपने चरम पर थी। तभी वहाँ आर.पी.आई. के कार्यकर्त्ता पहुँच गए। बुद्ध विहार उनके कब्जे में था। बैठक के लिए उनसे अनुमति नहीं ली गई थी। उन्होंने तोड़-फोड़ शुरू की। बैठक भंग हो गई। ऊधम मच गया। मारपीट हो गई। रोहिदास घायल हो गया, बाकी लोगों को मामूली चोटें आई थीं।

मैंने कॉलेज जानेवाली सिटी बस पकड़ ली। पड़ोस में एक औरत आ बैठी। अच्छा लगा। अब स्पर्श-सुख का अनुभव होगा। लेकिन वह दूसरे ही स्टाप पर उतर गई। फिर

अन्त तक कोई बैठने नहीं आया। हर स्टाप पर मेरे सपने नाकाम होते रहे।

रूम में भीड़ थी। मैं अन्दर घुस गया। रोहिदास, मिलिन्द, गौतम, पंडित, भीमा, और भी कई नए चेहरे।

''बम्मन आ गया। भीड़ कम करो। भीड़ कम करो। चलो। कल बोलने के लिए कुछ बचाकर रखो।''

''चलो, बार-बार वही क्या बोलना ?''

''चलो सब लोग जाओ।''

रूम खाली हो गया। रोहिदास, मिलिन्द और एक नया चेहरा। उसका नाम था प्रवीण कोकिल। सांध्य समाचार का प्रतिनिधि था। उसने अपने कुलनाम काम्बले को बदलकर कोकिल कर दिया था। अखबार में उसी की रिपोर्टिंग थी।

''बहुत लगी क्या ?''

''मीठी मार बहुत पड़ी। जख्म कुछ खास नहीं।''

''मार-पीट हो गई ?''

''उन लोगों को समाज में नया संगठन नहीं चाहिए। नया संगठन हो जाने से उनकी अहमियत कम हो जाएगी।''

''आप ही के लोग आपके विरोधी बने हैं ?''

''रिपब्लिकन पक्ष एक ही जाति के अनेक गुटों में बँट गया है। आर.पी.आई. के नेताओं को सत्ता ने खरीद लिया है। वे सत्ता के खिलाफ नहीं सोच सकते। सत्ता और आम आदमी के बीच हमेशा पक्की दुश्मनी होती है। आम आदमी सत्ता चाहता है और सत्ता हमेशा आम आदमी से दूर भागती है। आम आदमी उसके पास पहुँच न सके, इसलिए उसके दौड़ने के मार्ग में कई योजनाओं का मायावी जाल फैलाया जाता है...।''

प्रवीण कोकिल तो भाषण ही देने लगा था।

अब यहाँ हर रोज बौद्धिक क्लास चलेगी। मुझे भी संघ जाना चाहिए। अपने संगठन को मजबूत बनाना होगा। यह देश हिन्दुओं का है, अल्पसंख्यकों और दलितों के चोंचले उठानेवाली कांग्रेस को हटाना होगा। आरक्षण के पद बन्द होने चाहिए। आरक्षण नीति के कारण जाति-व्यवस्था मजबूत हो रही है। शासन भी यही चाहता है। दलित-छात्र जब अपने संगठन की बातें करने लगते हैं तब मुझे संघ की याद आ जाती है। संघ के बारे में प्रेमभाव जगने लगता है। हिन्दू संगठन की आवश्यकता जोर से महसूस होने लगती है।

गौतम, भीमा और पंडित नोटिस बोर्ड के पास रुके हुए थे। उनका इस तरह रुका रह जाना किसी का भी ध्यान आकर्षित कर सकता था। बरामदे में कोई नहीं था। क्लास चल रही थी। मैं ग्रन्थालय की सीढ़ियाँ चढ़ रहा था।

मैंने पीछे मुड़कर देखा।

पंडित ने कॉलेज का भित्तिपत्र नोटिस बोर्ड से निकाल लिया था। गौतम और भीमा

देख रहे थे कि कोई देख तो नहीं रहा है। पंडित ने भित्तिपत्र को मोड़कर अपने पैन्ट की जेब के हवाले किया। मैं खड़ा-खड़ा देखता रह गया।

"चलो बढ़ो आगे, सामने देखो। पीछे क्या देख रहे हो ?"

"वही जो तुम लोग कर रहे हो।"

"देखकर क्या करोगे ?"

"कुछ नहीं।"

"शिकायत करना चाहते हो तो जरूर करो।"

मैं सीढ़ियों से उतरकर नीचे चला आया।

पंडित मुझे घूर-घूरकर देख रहा था।

"तुमने भित्तिपत्र क्यों निकाल लिया ?"

"भित्तिपत्र के सम्पादन मंडल में दयानन्द किणीकर को क्यों नहीं लिया गया ? ठीक है, सम्पादक मंडल में न सही, उसकी कविता को तो प्रकाशित करना चाहिए था। हम इस भित्तिपत्र को बन्द कर देंगे।..." पंडित गुस्से से उफन रहा था।

मैं चुपचाप उनके साथ चलता रहा।

हम कॉलेज कैंटीन पहुँच गए। मैंने दो कप चाय का आर्डर दिया। हम चारों ने आधी-आधी चाय ले ली। भीमा और गौतम सिगरेट फूंक रहे थे। पंडित खैनी रगड़ रहा था। मैंने चाय खत्म कर अखबार देखना शुरू किया।

"अब बात पक्की हो गई। आनेवाले शनिवार को रात आठ बजे बुद्ध विहार के सामने प्रकट सभा का आयोजन होगा। वहीं, पर कार्यकारिणी की घोषणा करेंगे। देखें, कौन दादागिरी करता है !" खैनी चबाते हुए पंडित बोल रहा था।

"हम पूरी तैयारी के साथ जाएँगे। मैं चाकू लेनेवाला हूँ।" गौतम सिगरेट के कश खींचते हुए बोल रहा था।

भीमा ने भी शान से धुआँ छोड़ते हुए कहा, "हम लोग हजारों की सभा करेंगे। आठ दिन बाकी हैं प्रचार के लिए।"

मैं सिर्फ सुन रहा था। मैं क्या सोच सकता था ? मेरी तो आवाज ही नहीं थी।

"हमें तैयारी करनी होगी। सारे होस्टलों में पहुँचना चाहिए। अपने सारे मुहल्लों में खबर होनी चाहिए। अपनी भूमिका लोगों को समझानी होगी। तभी लोग आएँगे। सबको जिम्मेदारी बाँटकर काम शुरू करना चाहिए।..."

गौतम तजुर्बेकार नेता की तरह बोल रहा था।

मेरे चारों ओर घना जाल बुना जा रहा था। अपने लोग, अपना मुहल्ला, इनका मेरा क्या सम्बन्ध ? इन लोगों के लिए मैं क्यों अपने को हीन समझूँ ? ये तो बस अपनी ही जाति के हित की बात करते हैं। ब्राह्मणों को गालियाँ देते हैं। मैं चुपचाप सुन लेता हूँ। मेरा मौन घने जंगलों में इतस्ततः भागता रहता है।

मधु कांवले आ गया। उसके साथ विनया प्रधान थी। मैंने चोरी-चारी उसकी तरफ देखा।

मैं लड़की नहीं घुमा सकता। मैं दलित लड़कों के साथ रहता हूँ। लड़कियाँ होस्टल के लड़कों से सहमी रहती हैं। मुझे शहर के लड़कों के साथ दोस्ती करनी चाहिए।

"पढ़ लिए तो क्या हुआ ? अपनी जात को भूल जाएँ ? सालों को चरबी चढ़ गई है। इन्हें एक बार इनकी औकात दिखा देनी चाहिए।"

मधु कांवले की बात और विनया प्रधान की कुटिल हँसी सुनकर पंडित कानड़े जंगली सुअर की तरह झपटकर आगे बढ़ा। उसके पीछे गौतम और भीमा भी आ गए। विनया प्रधान संजीदा हो गई।

"कौन मादरचोद है जो हमारा मजाक उड़ा रहा है ?" कानड़े की आवाज तूफानी बरसात की बिजली की तरह कड़की।

"जाने दो, इसमें इतना गुस्सा होने की क्या बात है ?" मधु कांवले ने सब्र से कहा।

भीमा दो कदम आगे बढ़ गया। वह उसकी कमीज का गला पकड़कर खींचने लगा।

"मैंने कहा ! क्या करोगे तुम ?"

मधु कांवले उचककर नाग की तरह खड़ा हो गया।

मैं किसका पक्ष ले सकता था ? विनया प्रधान नौ दो ग्यारह हो गई। मैं क्या कर सकता था ? कानड़े और गौतम ने मधु कांवले को नीचे गिरा दिया। भीड़ इकट्ठी हो गई।

मधु कांवले की कमीज फट गई। उसके नाक और मुँह से खून बहने लगा। कमीज पर खून के दाग पड़ गए।

कैंटीनवाले आ गए। वेटर आ गए। भीड़ बढ़ गई। कैंटीनवाले ने हाथ जोड़कर कहा, "झगड़ा करना है तो कंटीन के बाहर करो।"

मधु कांवले बाहर चला गया। गाड़ी स्टार्ट करके तेजी से निकल गया। हम सब भी कैंटीन से बाहर निकल पड़े।

मैं संजीदा हो गया था।

मधु कांवले ने मुझे देखा था। अब मुझे अकेले नहीं घूमना चाहिए। मुझे अकेला देखकर मार-पीट करेंगे। मैं तो हाथापाई भी नहीं कर सकता। होस्टल के लड़कों में जोश आ गया था। मानो क्रिकेट का मैच जीत लिया हो।

मधु कांवले ने मार खाई। विनया प्रधान भाग गई। मैंने कुछ भी नहीं किया। सब दलित एक होकर टूट पड़े थे।

मैं रूम पर आ गया। हाथ-पैर निढाल हो गए थे। भूख-प्यास खो गई थी। मैं लाश की तरह पड़ा रहा। बेहद थक गया था। दिमाग सुन्न हो रहा था।

एक डरावने सपने ने जगा दिया—

मधु कांवले अपनी गैंग लेकर कमरे में प्रवेश करता है। गुंडे ने मेरी धुनाई शुरू की है।

मैं चीख पड़ता हूँ।

"मैं ब्राह्मण हूँ। मुझे मत मारो। मैं आप ही का हूँ। मैं दलित नहीं हूँ। यह देखो मेरा जनेऊ। यह देखो मेरी चोटी। गायत्री मन्त्र सुना दूँ ?"

लेकिन कोई मेरी बात नहीं सुनता।

मधु कांवले आपे से बाहर हो गया है।

"मारो भड़वे को। यह दलित है। अपने आपको बचाने के लिए इसने जनेऊ पहन लिया है। तोड़ दो इसका जनेऊ। खींच लो इसकी चोटी। गायत्री मन्त्र कहने का दुस्साहस करता है। खींच लो इसकी जबान।"

भीड़ मेरी जीभ को खींच रही है और मैं चीखता हुआ जाग पड़ा हूँ।

रूम में कोई नहीं था। मैं अकेला। अभद्र सपना। ब्राह्मणत्व का अब ऐसे ही ह्रास होता जाएगा। मैं पागलपन में बड़बड़ाता रहा।

आज जो हुआ, बुरा हुआ। मधु कांवले को पीटना नहीं चाहिए था। उसने पुलिस केस किया होगा। मुझे भी उसमें उलझाएगा ? मराठे हवलदार के पास जाना चाहिए।

मैं मराठे हवलदार से मिला। उसके सामने मैं खुलता चला गया। "होस्टल में दलित लड़कों के साथ रहना पड़ता है। मेरा दम घुटता है। कम से कम पार्टनर सवर्ण होता तो भी ठीक था। दलित लड़के हरदम आन्दोलन और राजनीति की बातें करते रहते हैं। इससे पढ़ाई नहीं हो पाती। कोशिश करने के बावजूद दूसरा रूम पार्टनर नहीं मिला...।"

मैं बता रहा था तो सहसा मराठे हवलदार पुलिसवाले ढंग से बोलने लगा। मेरी जबान को लगाम लग गई। आँखों में दीनता छा गई।

"अब तक तूने मुझे क्यों नहीं बताया ? तुझे जो चाहिए वह रूम दिला सकता हूँ। बस ?"

मुझे उनकी बात पर भरोसा नहीं हुआ। मैंने फिर से अपना पक्ष रखने की कोशिश की।

"कई बार बता दिया। प्राचार्य मानते ही नहीं..."

मैं उनकी बातों पर भरोसा नहीं कर रहा हूँ, यह देखकर मराठे हवलदार उखड़ गया।

"कैसे नहीं मानता ? उसका बाप मानेगा। उसकी चाबी क्या है, तुझे पता है ? दो बरस पहले उसकी बड़ी लड़की कॉलेज के स्विमिंग टैंक के पीछे एक लड़के के साथ सहवास कर रही थी। होस्टल के लड़कों ने उसके उतारे हुए कपड़े उठाए और शोरगुल करने लगे। वह सड़क पर नंगी भाग रही थी। मैंने उसे बचाया था। तेरे प्राचार्य को बुलाकर लड़की को उसके हवाले किया। तब उसने मेरे पैर पकड़ लिए थे। फिर पता चला था कि उस लड़की के पैर भी भारी हो गए थे। उसका अबॉर्शन करवा दिया और रिश्ते के किसी लड़के के साथ बहुत-सा दहेज देकर उसकी शादी करा दी। शिरोले

विधायक के बड़े बेटे के साथ उसकी शादी हुई। अब उसके बच्चे भी हो गए हैं। अपनी भी लड़की है न, इसलिए ! देखें कैसे तुझे रूम बदलकर नहीं देता।''
मैं हैरान हो उठा।

''होस्टल के लड़के गुंडे हैं।''

मराठे हवलदार समझाने के सुर में बोले—

''तुझे होस्टल के लड़कों से दुश्मनी मोल नहीं लेनी चाहिए। रूम बदलने पर भी होस्टल में तो रहना ही पड़ेगा। वह जो रोहिदास नाम का लड़का है ना, उसी ने प्राचार्य की लड़की के कपड़े उठवाए थे। प्राचार्य ने भी उसका हिसाब चुकता किया। उसे फेल करा दिया...'' मराठे हलवदार बोल रहे थे।

मैं संजीदा हो गया।

''तू होस्टल में रहता है। महारों-चमारों के लड़कों को देख, कैसे निडर होकर बोलते हैं। वेद-पुराणों की अपेक्षा इनसे बहुत कुछ सीखा जा सकता है। अन्याय के विरोध में लड़ना, अधिकारों के लिए संघर्ष करना, गर्व के साथ जीना, हर क्षेत्र में प्रतियोगिता का भाव—इनसे ये बातें सीखनी चाहिए। हजारों वर्षों तक बुरी हालत में फँसे हुए ये स्वाधीनता के बाद पन्द्रह-बीस वर्षों में ही कहाँ से कहाँ पहुँच गए ! तू थोड़ा-सा महार बन जा ! थोड़ा-सा चमार बन जा।...''

मराठे हवलदार का एक-एक शब्द मेरे विराट ब्राह्मणत्व पर हथौड़े की तरह पड़ रहा था। उससे एक नया मन खुलकर जाग रहा था। मैंने जनेऊ तोड़ दिया और होस्टल की तरफ चल पड़ा।

होस्टल के सारे लड़के इकट्ठा हो गए थे। रिपब्लिकन स्टूडेंट्स एसोसिएशन की ओर से अनिरुद्ध को विदाई दी जा रही थी। मिलिन्द, रोहिदास, दयानन्द किणीकर, गोविन्द सरवदे आदि ने भावपूर्ण वक्तव्य दिए। रेक्टर के हाथों अनिरुद्ध का सत्कार किया गया। उसे बाबा साहब की जीवनी भेंट की गई। जवाब में अनि ने कहा, ''मैं पी.एस.आई. के लिए चुना गया। मुझमें एक अपराध-बोध था कि दलितों पर अन्याय करनेवाले समाज में मेरा जन्म हुआ। लेकिन आज खुशी हो रही है कि दलित पर अन्याय करनेवाले सवर्ण को मैं कभी नहीं छोड़ूँगा, चाहे वह कोई भी हो।''

विदाई समारोह सम्पन्न हुआ। लड़के तितर-बितर हो गए। दयानन्द, गौतम और गोविन्द मड्डी बस्ती की ओर चल पड़े। गौतम भावुक हो गया था। सबकी जबान पर अनि की यादें थीं।

गौतम, भीमा और पंडित रूम पार्टनर थे–निकम मामा के कमरे में।

निकम मामा लकड़ी का व्यापारी था। उसकी टाल थी। उसने महापालिका की जगह पर अतिक्रमण कर चार-पाँच कमरे बना लिए थे। उन्हीं में से एक कमरे में गौतम, भीमा और पंडित रहते थे। आन्दोलन से जुड़े होने के कारण उन्हें इस वर्ष होस्टल में प्रवेश नहीं मिला था। गौतम आन्दोलनकारी युवा था। रिपब्लिकन स्टूडेंट्स एसोसिएशन का उपाध्यक्ष था।

दयानन्द, गौतम, रोहिदास और गोविन्द साथ-साथ बैठकर चर्चा-बहस करते रहते। कई दिनों से चर्चा हो रही थी लेकिन वे किसी निर्णय पर नहीं पहुँच रहे थे।

रिपब्लिकन स्टूडेंट्स एसोसिएशन को बर्खास्त कर दलित पैंथर की स्थापना की जाए या नहीं–दलित छात्रों में पिछले एक महीने से इसी पर बहस हो रही थी।

आज फिर सब एक साथ आ गए थे।

दलित छात्रों के संगठन जिला और तहसील स्तर पर बने हुए थे। किसी ने अपने संगठन को 'दलित युवक मोर्चा' नाम दिया तो किसी ने 'रिपब्लिकन युवक'; किसी ने 'डॉ. बाबा साहेब अम्बेडकर स्टूडेंट्स एसोसिएशन' तो किसी ने 'रिपब्लिकन स्टूडेंट एसोसिएशन'। इसके अलावा गली, मुहल्लों, बस्तियों और चौराहों के भी अपने-अपने संगठन थे। इन सबका कोई एक मंच नहीं था। राज्य स्तर पर संगठन का कोई रूप नहीं था। सारे संगठन अलग-अलग थे। उनकी समस्याएँ शासन के सामने पहुँच नहीं पाती थी। समाचार पत्रों का ध्यान उनकी तरफ नहीं जाता था। उनकी माँगों के लिए

जन-आन्दोलन का प्रभावपूर्ण दबाव पैदा नहीं होता था। इसीलिए इन सब छोटे-छोटे संगठनों का एक बैनर के नीचे आना जरूरी था।

दलित पैंथर की स्थापना से दलित युवकों में उत्साह का वातावरण बन गया था। दलित समाज की उम्मीदें जगने लगी थीं।

"रिपब्लिकन स्टूडेंट्स एसोसिएशन को बर्खास्त करना मुझे मंजूर नहीं। हम इस संगठन के सर्वेसर्वा हैं। इस संगठन से हमारी पहचान है। हम इसके नेता हैं। स्वयं हम अपने फैसले कर सकते हैं। हमारे संगठन को बर्खास्त कर दलित पैंथर की स्थापना करना गलत होगा। हम नेता नहीं रहेंगे, दूसरों के नेतृत्व को उठानेवाले कहार बन जाएँगे। इस पर गम्भीरता से सोचना होगा...।" गोविन्द सरवदे अपनी बात बड़ी आस्था से कह रहा था। उसकी बात में उत्साह था।

"अपना संगठन हॉस्टल तक ही सीमित है। अगर हमने दलित पैंथर की स्थापना की तो हमें बड़ा समर्थन मिलेगा। हमारे पीछे एक बड़ी शक्ति खड़ी होगी। हम अपनी समस्याओं के लिए राज्य स्तर पर आवाज उठा सकेंगे। हमारे साथ कोई अन्याय हुआ तो पूरे राज्य में आन्दोलन होगा। छोटे संगठन को बचाने की अपेक्षा बड़े शक्तिशाली संगठन में शामिल होना समय की पुकार है...।" रोहिदास गम्भीर होकर बोल रहा था। उसकी बातों में एक तर्क था।

"आपने दलित पैंथर में जाने का निश्चय किया है तो आप जरूर उस संगठन में जा सकते हैं। पर हम इसी संगठन में रहेंगे। आप उस संगठन में जाइए। सामाजिक समस्याओं पर काम करने के लिए हमें एक से अधिक संगठनों की जरूरत है...।" गोविन्द अपनी टेक छोड़ने को तैयार नहीं था।

"प्रतिक्रियावादियों के विरोध में लड़ने के लिए एक शक्तिशाली संगठन का होना जरूरी है। अलग-अलग चूल्हे जलाना हमारे लिए उचित नहीं होगा। हम संगठित होंगे, तभी संघर्ष कर सकेंगे...।" दयानन्द ने रोहिदास का समर्थन किया।

गोविन्द सरवदे उबल पड़ा–

"हम अपने संगठन में स्वाधीन होकर काम कर सकते हैं। हम इसी संगठन को मजबूत करेंगे...।"

काफी देर तक श्रोता बने बैठे गौतम गांगुर्डे ने कहा–

"अरे गोविन्द, हम अपने संगठन को कितना भी मजबूत बनाएँ, बड़ा करें तो भी इस कॉलेज के बाहर उसे कौन पूछेगा ? तुम तनिक शान्ति से सोचो। हमें पैंथर में जाना होगा...।"

सुनकर गोविन्द को गुस्सा आ गया–"तुम जाओ पैंथर में। मुझे तुम लोगों के साथ काम नहीं करना है..."

गोविन्द बैठक से बाहर चला गया। दयानन्द ने उसे रोकने की कोशिश की।

"जाने दो उसे ! वह सिर्फ अपने बारे में सोचता है। हम करेंगे पैंथर का काम। सारे युवक हमारा ही साथ देंगे...।"

गौतम की आवाज म्यान से निकली तलवार की धार जैसी थी।

दयानन्द, गौतम, रोहिदास चर्चा कर रहे थे।

निकम मामा ने गौतम के कमरे की बिजली गुल कर दी। इस पर गौतम को गुस्सा आ गया। बाहर बिजली है और अपने ही कमरे की बिजली चली गई। इस बात से वह संतप्त हो उठा।

तभी निकम मामा कमरे के सामने आ खड़ा हुआ। उसने शराब पी रखी थी।

''तुम लोग बहस करते रहते हो। पड़ोसियों को परेशान करते हो। रात-भर बिजली जलाते हो। किराया वक्त पर नहीं देते। कमरा खाली करो...'' निकम मामा क्षुब्ध हो गया था। निकम मामा के साथ उसकी चौथी बीबी सुरेखा मामी भी झगड़ा करने आई थी। वह बीस की थी, जबकि निकम मामा चालीस का।

गौतम भड़क उठा।

''तुम्हारा किराया कभी भी दबाया तो नहीं। बिजली का बिल भी दिया है। हम शराब पीकर उधम नहीं मचाते। चर्चा करते हैं। बिजली चालू करो...।''

गौतम की बात से निकम मामा उत्तेजित हो गया।

''मुझे बहस करनेवाला किराएदार नहीं चाहिए। तुम दूसरी जगह ढूँढ़ लो। मेरा कमरा खाली रह गया तो भी चलेगा। तुम लोग यहाँ नहीं रहोगे...।''

गौतम धधकने लगा।

''दूसरा कमरा मिलेगा तो खाली करेंगे। अभी बिजली चालू करो...।''

निकम मामा भी पीछे हटने को तैयार नहीं था।

दयानन्द ने दोनों को समझाने की कोशिश की, लेकिन झगड़ा रुका नहीं।

सुरेखा मामी चीखने-चिल्लाने लगी।

''तुम तीन का किराया देते हो और चार जने रहते हो। हमें लूट रहे हो...''

भीमा भोले सुरेखा मामी पर टूट पड़ा–

''ऐ, चिल्ला मत ! आवाज बन्द कर। अब तो एक पैसा भी नहीं मिलेगा। समझी ! कर ले तुझे जो करना है।''

भीमा का आक्रामक रवैया देखकर सुरेखा मामी की आवाज नीची हो गई। वह रुआंसी हो गई–

''तू औरत जात पर हाथ उठाता है ? तेरी माँ-बहन नहीं है क्या !''

भीमा चीख पड़ा–

''ऐऽ, माँ-बहन की बात मत कर। तू तो मेरी माँ-बहन नहीं है और अभी तुझ पर हाथ उठाना बाकी है।''

''मुझ पर हाथ उठाएगा ? भगवान तुझे देख लेगा।'' सुरेखा मामी असमंजस में पड़ गई थी।

पंडित कानड़े ने निकम मामा को ढकेल दिया।

''ऐ शराबी लाइट चालू करता है या पुलिस में जाकर कम्पलेंट लिखवा दूँ ? शराब

पीकर हमें परेशान करता है ? ऐं ! अन्दर करवा दूँगा।''

पंडित की पुलिसवाली धमकी से निकम मामा का नशा उतर गया।

''यह नाटक बंद करो और चुपचाप बिजली चालू करो, नहीं तो सबकी बिजली गुल कर दूँगा।'' चन्द्रकान्त अम्भोरे ने दम दे दिया। सुनकर निकम मामा चन्द्रकान्त पर टूट पड़ा–

''तेरा क्या सम्बन्ध है ! तू बिना किराया दिए रहता है ना !''

चन्द्रकान्त ने निकम मामा को जमीन पर दे पटका। पंडित कानड़े ने देखते ही देखते उसकी खासी धुनाई कर डाली। भीमा भोले सुरेखा मामी को ढकेलकर घर के भीतर ले गया। भीमा की मजबूत पकड़ से सुरेखा मामी का बदन पिघल गया। उसने भीमा की कलाई को काट खाया। भीमा ने भी उसके कन्धे पर काट लिया। दोनों के बदन में वासना बिजली की तरह दौड़ गई।

सुरेखा मामी ने बिजली चालू की और भीमा भोले की ओर मुस्कुराकर देखा।

लाईट चालू हो गई। झगड़ा खत्म हो गया।

रात में सब साथ ही सो गए। दयानन्द देर रात तक डायरी लिखता रहा।

सुबह होते ही कमरे पर पत्थरों की बौछार होने लगी, सब जाग गए। बाहर धूप निकल आई थी। अब भी उनकी आँखों में गाढ़ी नींद दिख रही थी। बाहर शोरगुल बढ़ने लगा। निकम मामा की आवाज ऊँची होने लगी। भीमा ने दरवाजे की दरार से बाहर देखा।

बाहर निकम मामा अपने आदमी लेकर आया था। ये लोग निकम मामा की टाल पर काम करते थे। रात का बदला लेने के लिए ही निकम मामा इन लोगों को लेकर आया था।

गौतम ने अपने रूम का दरवाजा खोला। फौरन उसे चार-पाँच लोगों ने घेर लिया। निकम मामा के गुंडे रूम में घुस गए। उन्होंने सबको खींचकर बाहर निकाला। हाथापाई हुई। गौतम और चन्द्रकान्त की पीठ पर किसी ने रेजर चला दिया। पंडित का सिर फूट गया। निकम मामा कमरे में घुस गया। कमरे का सारा सामान उठाकर बाहर फेंक दिया गया।

गौतम, दयानन्द, चन्द्रकान्त, पंडित और भीमा चुपचाप वहाँ से निकल गए।

सुरेखा मामी जोर-जोर से गालियाँ बक रही थी।

मड्डी बस्ती के लोग तमाशा देख रहे थे। उन्होंने सोचा था कि पुलिस आएगी, पूछताछ होगी, कुछ लोगों को पकड़कर ले जाएगी। लेकिन पूरा दिन कुछ नहीं हुआ।

शाम हो गई। धीरे-धीरे अँधेरा फैलने लगा। सड़क के दियों की रोशनी पसरने लगी। निकम मामा के घर पर गुंडों की पार्टी शुरू हो गई। मड्डी बस्ती हस्बेमामूल अपने काम निपटा रही थी। गौतम के कमरे को अँधेरे ने निगल लिया था।

तभी मड्डी बस्ती में आठ-दस रिक्शा आए। पाँच-छह लोग मोटर साइकिलों से

पहुँचे। उनके पीछे बीस-पच्चीस साइकिलों पर। गिद्धों के झुंड की तरह हॉस्टल के छात्र भी बस्ती पहुँच गए, और भी दो रिक्शा छात्रों से भरकर पहुँच गए। पल-भर में मड्डी बस्ती का माहौल बदल गया। लोग डर गए।

निकम मामा और उनके गुंडों को खींचकर बाहर निकाला गया। निकम मामा भय से थर-थर काँप रहा था। गुंडे घबरा गए थे। दलित छात्रों ने उनकी हड्डी-पसली नरम कर दी। घंटे-भर तक मुठभेड़ चली।

मड्डी बस्ती में निकम मामा के दो-तीन चमचे थे। उन्हें घरों से खींचकर बाहर निकाला गया। उनकी भी धुनाई हुई।

गौतम ने कमरे पर लगा निकम मामा का ताला तोड़ दिया। नया ताला लगा दिया। थोड़ी देर बाद सारी भीड़ बिखर गई।

दूसरे दिन सुबह होते ही दो-तीन रिक्शा आ पहुँचे। उसमें से पंडित, भीमा, चन्द्रकान्त और कुछ दलित युवा उतरे। वे एक बड़ा बोर्ड लेकर आए थे। सबने मिलकर उसे कमरे पर लगा दिया। बोर्ड पर चीते का चित्र था। दलित पैंथर का बोर्ड, जिस पर अध्यक्ष के रूप में गौतम गांगुर्डे का नाम लिखा था। जिले में पैंथर का कार्यालय शुरू हो गया। अफवाह की तरह खबर फैल गई। युवकों में चर्चा होने लगी।

दोपहर को कमरे के सामने एक मंडप खड़ा किया गया।

शाम को फिर दलित युवकों का जुलूस उमड़ पड़ा। मड्डी बस्ती के लोग भी आ गए। 'जय भीम' के नारे बुलन्द हुए। आतिशबाजी हुई। नीले झंडे फहराने लगे। चारों तरफ उत्साह झलक रहा था। युवकों में हाथी का बल संचारित हो गया था। दलितों के पास आतंकवादी ताकत होनी चाहिए, इस भवना से सबके मन सुलग चुके थे।

बस्ती-बस्ती में पैंथर की छावनियाँ स्थापित होने लगीं। युवक पैंथर की ओर आकर्षित होने लगे। लोग अन्याय की फरियादें लेकर आने लगे। चारों ओर पैंथर का बोलबाला हो गया। दलित युवक अपने-आपको पैंथर समझकर काम करने लगे।

''हम अपनी शिवसेना की शाखा बर्खास्त कर यहाँ पैंथर की छावनी बनाना चाहते हैं...''

''लेकिन तुम लोग शिवसेना में गए कैसे ?''

''हम समाज के लिए काम करना चाहते थे। लेकिन हमारे पास कोई संगठन नहीं था। सारे युवक शिवसेना में ही जा रहे थे इसलिए हम भी गए। अब अपना संगठन बन गया है तो हम अपने संगठन में ही काम करेंगे।''

''लेकिन शिवसेना क्यों छोड़ रहे हो ?''

''वहाँ हमारा दम घुटता है। हमारी समस्याओं के बारे में वहाँ कोई नहीं बोलता। हमें नेतृत्व नहीं मिलता।''

''अच्छी बात है। हमें अपने संगठन में ही काम करना चाहिए। हमें जानना चाहिए कि दूसरे हमारा इस्तेमाल करते हैं।''

''आज से हम भीम सैनिक बन गए हैं।''

"समारोह होना चाहिए। लोगों को पता चलना चाहिए कि शिवसैनिक दलित पैंथर में आ रहे हैं। कई दलित युवक शिवसेना में काम कर रहे हैं। उन्हें भी वापस लाना होगा।"

ईश्वर इंगले ने अपने अनेक कार्यकर्त्ताओं के साथ दलित पैंथर में शामिल होने की घोषणा की। पैंथर में जोश का माहौल बन गया।

ईश्वर इंगले इन्दिरानगर झोपड़पट्टी पर राज करता था। दो बार निष्कासित हो चुका गुंडा था वह। पुलिस पीछे पड़ी थी इसलिए शिवसेना में शामिल हो गया। उसी के एरिया में मधु कांवले को भी पुलिस ने निष्कासित किया था। वह भी शिवसेना में था। इंगले और कांवले में होड़ थी। शिवसेना के नेता हर बार इंगले को दूर रखकर कांवले को प्रधानता देते थे। इस राजनीति से नाराज होकर ईश्वर इंगले ने शिवसेना छोड़ दी थी।

"ईश्वर इंगले को संगठन में नहीं लेना चाहिए था। इससे हमारी पहचान गुनहगारों को सुरक्षा देनेवाले संगठन के रूप में उभरेगी और अच्छे कार्यकर्ता संगठन में नहीं आएँगे।"

"संगठन सिर्फ अच्छे कार्यकर्ताओं के बलबूते पर नहीं चलता। संगठन में हर तरह के लोग होने चाहिए। कहीं मारपीट हो गई तो कौन सामने आएगा ? ईश्वर साहसी है। उसके साथ कार्यकर्त्ता हैं। इन्दिरानगर में उसने काम किया है। लोग उसे मानते हैं। ऐसे लोग अपने साथ में होने चाहिए।"

"इससे संगठन बदनाम होगा। अपने काले धन्धे चलते रहें इसलिए कल दो नम्बर के धन्धेवाले भी संगठन में आ जाएँगे। हमें हटना पड़ेगा और संगठन पर उनका कब्जा हो जाएगा।"

"ऐसा कुछ नहीं होगा। ईश्वर के पास पैसा है। लोग हैं। संगठन को उससे लाभ ही होगा।"

"मधु कांवले और ईश्वर इंगले जैसे गुंडों के आपसी झगड़े में हम अपनी कितनी ताकत खर्च करेंगे ?"

"संगठन में आए लोगों के साथ ही आगे बढ़ना होगा। विचार और व्यवहार के बीच हमेशा दूरी होती है। ईश्वर अपना आदमी है। हमें उसका पक्ष लेना ही होगा।"

दयानन्द गौतम से बहस कर रहा था। वह ईश्वर इंगले के विरोध में था। गोविन्द चुपचाप बैठा हुआ था।

इन्दिरानगर की सभा खूब सफल हुई।

ईश्वर ने अपने कार्यकर्त्ताओं के साथ पैंथर में प्रवेश किया था इसलिए कार्यकर्त्ताओं में उत्साह का वातावरण था। सभा में भारी भीड़ थी। ईश्वर आन्तरिक आवेश से बोल रहा था। उसके भाषण को लोगों ने हाथोंहाथ लिया। रोहिदास गाली-गलौज की भाषा में बोला। गौतम के भाषण का कोई असर नहीं हुआ। गोविन्द सरवदे तो बोल ही नहीं

पाया। दयानन्द का भाषण जरूर गम्भीर और विचारपूर्ण था।

सभा के बाद सब ईश्वर के घर जलपान के लिए गए। ईश्वर ने अपनी पत्नी का नाम आम्रपाली रखा था। उसने सबका स्वागत किया।

कार्यकर्त्ताओं की बातों में रंग भर आया।

''हमारे नेताओं ने रिपब्लिकन पक्ष का सत्यानाश कर दिया है। बाबासाहेब के पक्ष को उन्होंने बेच खाया है। सारे समाज को कांग्रेस की नाक में बाँध दिया है।''

''हमारे नेता बस बाबासाहेब के नाम पर जी रहे हैं। उनके पास न बाबासाहब जैसा त्याग है, न उनके जैसी ऊँचाई।''

''रिपब्लिकन पक्ष में फूट डालनेवाले अम्बेडकर के द्रोहियों को सबक सिखाना ही होगा।''

''इसलिए पैंथर की ताकत को बढ़ाना होगा। पैंथर ही नया नेतृत्व दे सकेगा।''

गौतम को काफी देर से नींद नहीं आ रही थी। उसका भाषण जमा नहीं था। भाषण के दौरान एक बार भी ताली नहीं बजी थी; इसलिए वह दुःखी था। वह रात-भर सोचता रहा। हथौड़े के आघात की तरह घंटों भाषण करने की क्षमता होनी चाहिए। एक-एक वाक्य पर तालियों की बरसात होनी चाहिए। बोलते समय गौतम बेतरतीब हो जाया करता था। सभा की समाप्ति पर जैसे भीड़ उठ जाती है, वैसे उसकी नींद उड़ गई थी।

सुरेखा मामी ने गौतम को अपने बाहुपाश में जकड़ लिया। उसको चूमा। उसकी आँखों में आँखें डाल दीं। उसने गौतम की कमीज का बटन खोल दिया। उसने किसी तरह भी इनकार नहीं किया। सुरेखा मामी न कच्छी पहनती थी न ब्रा। ब्लाऊज में एक तरफ तमाखू की पुड़िया और दस-दस रुपए के दो नोट थे।

''सारे कपड़े मत उतारना। कोई आ जाएगा।''

''आने दे। कपड़े पहनने में कितनी देर लगती है !''

''किसी को बताएगी ?''

''नहीं। वचन देती हूँ।''

''मैं डर गया हूँ।''

''डर मत...''

''यह मेरा पहला ही अनुभव है।''

''मेरी कसम ?''

''सच कह रहा हूँ।''

''जल्दबाजी मत कर।''

''किस दे दे।''

''मुँह से बू आती है। गालों का ले ले। काटना नहीं।''

''तुझे किस लेना नहीं आता।''

"पैर ऊपर उठा..."

"दुखता है, धीरे से..."

गौतम का स्वप्न भंग होता है। वीर्यपात से वह जाग उठता है। गुलेल की तरह तना हुआ शरीर ढीला पड़ जाता है। वह बार-बार स्वप्न के बारे में सोचने लगता है।

सुबह ही गौतम का भाई आ गया। गौतम पशोपेश में पड़ गया—इतनी सुबह भाई किसलिए आया होगा ? कुछ हुआ तो नहीं ?

गौतम ने तुरन्त भाई से पूछा—"कैसे आ गया रे ?"

गौतम का भाई धीरे से कमरे में आया।

"बापू ने भेजा है। तेरे नाम से लिफाफा आया है। नौकरी का कॉल है, इसलिए ले आया हूँ।"

गौतम अधीर हो उठा—"दिखा तो कहाँ है, ला इधर...।"

गौतम ने भाई के हाथ से लिफाफा लगभग छीन ही लिया।

शिक्षक के पद की नियुक्ति थी। एक माह के भीतर काम पर हाजिर होना था।

रूम पार्टनरों ने गौतम का अभिनन्दन किया।

"तेरी तो नौकरी लग गई। हमारी कब लगेगी ?"

"लग जाएगी रे।"

"तो तू जाएगा ?"

"हाँ ! पढ़ाई बाद में पूरी करूँगा। नौकरी लग गई है तो करनी चाहिए। फिर अच्छी नौकरी के लिए कोशिश की जा सकती है।"

"लेकिन पैंथर ?"

"और लोग भी हैं ? मेरे अकेले के जाने से आन्दोलन थोड़े ही रुकनेवाला है ?"

"हमें पार्टी चाहिए।"

"पहली तनखा के बाद।"

गौतम के कमरे पर लगा पैंथर का बोर्ड उतारा गया। 'गौतम गांगुर्डे' के स्थान पर 'ईश्वर इंगले' नाम आ गया और कार्यालय इंगले के घर पर आ गया। ईश्वर ने अपने घर का पहला कमरा पैंथर-कार्यालय के लिए दे दिया।

ईश्वर ने अपना पूरा समय पैंथर को समर्पित कर दिया। संगठन का काम दिल लगाकर किया। कार्यकर्त्ताओं की फौज खड़ी कर दी। गाँव-देहातों में पैंथर की छावनियाँ स्थापित की। संगठन को जमाया। लोगों की नजरों में ईश्वर नेता हो गया।

ईश्वर इंगले के बढ़ते प्रभाव से कई लोग जलने लगे। मधु कांवले तो उसका प्रतिद्वन्द्वी था ही। शिवसेना की शक्ति मधु कांवले के साथ थी। दयानन्द को पैंथर की अध्यक्षता नहीं मिली, इसलिए वह भी दिल चुराने लगा। रोहिदास और गोविन्द को संगठन में महत्त्व प्राप्त हो गया था। रोहिदास की कोशिश रहती थी कि संगठन में फूट न पड़े।

"दयानन्द, तुम पहले की तरह एक्टिव नहीं हो। कार्यालय नहीं आते। मीटिंग के लिए भी नहीं आते हो। परसों की सभा में भी नहीं थे।"

"नहीं, नहीं, मेरी गैरहाजिरी का गलत मतलब मत निकालो। मेरे पास वक्त ही नहीं है।"

"पहले तो तुम संगठन के लिए काफी वक्त देते थे।"

"मुझे अपना कैरिअर भी देखना है। गौतम को नौकरी मिल गई। वह चला गया। तब से मैं कुछ गम्भीर हो गया हूँ। आन्दोलन तो मुझे कोई नौकरी देनेवाला नहीं। मैं तुम लोगों की तरह पूरा वक्त तो नहीं दे पाऊँगा। मैं किसी से नाराज नहीं हूँ। न ही मैं अध्यक्ष बनना चाहता हूँ।"

"तुम अपने बारे में इस तरह कब से सोचने लगे ?"

"मेरे घर की हालत..."

"हम क्या जागीरदार के पोते हैं ? समाज के लिए किसी न किसी को तो कुर्बानी देनी होगी !"

"जितना हो सकेगा, उतना मैं करूँगा। मुझे शहीद नहीं बनना है।"

"दयानन्द, तुम हमसे बुद्धिमान हो। संगठन को तुम्हारी जरूरत है। संगठन तुमसे लाभान्वित होगा। हम व्यक्तिगत अदावत या महत्वाकांक्षा को दूर रखकर संगठन का काम करेंगे।"

"आप लोग राई का पहाड़ बना रहे हैं। मैं संगठन में हूँ ही। बस, पहले जितना वक्त नहीं दे पाऊँगा। इतनी सी बात है।"

"शिवसेना की शाखाएँ दूर-दूर तक गाँवों-देहातों में फैल चुकी हैं। साम्प्रदायिक शक्तियाँ संगठित हो रही हैं। लेकिन हम विभाजित होते जा रहे हैं। हमें संगठित होकर काम करना होगा।"

"हम अल्पसंख्यक हैं। किसी एक जाति के आधार पर हम कोई भी लड़ाई नहीं जीत सकेंगे। हमें जाति का आधार छोड़ना पड़ेगा। आर्थिक आधार पर सबको इकट्ठा करना होगा। तभी इस लड़ाई को जीता जा सकता है।"

"शोषितों का संगठन बनाने जाएँगे तो अछूतों की समस्या को नजरअन्दाज करना पड़ेगा।"

"समस्याओं पर अलग-अलग विचार करना ठीक नहीं है। हमें सभी स्तरों पर एक साथ लड़ना पड़ेगा।"

"हम अपनी भूमिका को कितना ही व्यापक क्यों न बनाएँ, मुझे नहीं लगता कि जातियों के अन्तर की इस लड़ाई में अन्य जातियाँ दिलोजान से शामिल होंगी। बल्कि जातीय दंगों में तो दलितों की झोंपड़ियाँ जलाने के लिए बहुजन समाज के लोग ही आगे आते हैं।"

"तुम्हारा कहना सच है, लेकिन उन्हें परिवर्तन का विचार समझाना होगा।"

"हमें यह उम्मीद नहीं करनी चाहिए कि बहुजन समाज हमारे साथ आएगा। हमें

अपनी समस्याओं को सुलझाना है। जो आना चाहते हैं, वे आएँगे ही। हमें उनके लिए रुकने की जरूरत नहीं है।''

''हमें तो लड़ना ही पड़ेगा। उसके लिए मोर्चाबन्दी भी करनी होगी। मोर्चाबन्दी के मौके पर बहुजन समाज को छोड़ा नहीं जा सकता।''

दयानन्द, रोहिदास और गोविन्द चर्चा कर रहे थे। यह शुरुआत थी। आन्दोलन का आरम्भ बहुत गहरा होता है और बहुत उथला भी। अभी गहराई में भटकना चल रहा था।

भीमा भोले देहात के दो आदमियों को लेकर आया। उनका आना दुख के हजार कदमों के आने जैसा था।

''हमें सिविल अस्पताल जाना होगा।''

''क्या हो गया है ?''

''हम पर जुल्म हुआ है...''

''जुल्म हम पर नहीं होगा तो किस पर होगा ? यह तो बताइए कि हुआ क्या है ?''

''बताओ रे, तुम बताओ।''

''हमारे गाँव में...।''

''कौन-सा गाँव ?''

''बावी...''

''बताओ क्या हुआ, आगे बोलो...?''

''हमारे हरिजनवाड़े में...।''

''हरिजनवाड़ा नहीं भीमनगर कहो।''

''हाँ, भीमनगर में पीने के पानी का कुआँ है। उस कुएँ में मरा हुआ गर्भ मिला। पुलिस केस हो गया। पुलिस ने हमारी तेरह जवान लड़कियों को कैद कर लिया। सबको रात-भर कैदखाने में बन्द रखा। सुबह दस को छोड़ दिया। हम पूछताछ के लिए थाने गए तो सिपाहियों ने हमें निकाल दिया। 'हमारी लड़कियों को बेकार ही बदनाम मत करो। यह गर्भ हमारी लड़कियों का नहीं है।' हमने प्रार्थना की। लेकिन सबको छोड़ देने के लिए पुलिसवालों ने दस हजार रुपए की माँग की है। हम कहाँ से इतनी बड़ी रकम लाते ? आज तीन लड़कियों को जाँच के लिए सिविल अस्पताल लाया गया है। हमें इस मुसीबत से छुड़ा लो। वो तीनों हमारी बहनें हैं।'' गाँव से आया युवक फूट-फूटकर रोने लगा।

''इसको बाहर निकाल दो। रोता है, निकालकर बाहर कर दो।''

''मेरी बहन का सत्यानाश हो जाएगा। अगले महीने ही उसकी शादी पक्की है।''

''मादरचोद, मुँह बन्द कर। चुप हो जा।''

''तेरा अपनी बहन से सच्चा प्यार होता तो तूने किसी सिपाही की हत्या कर दी होती। रोता हुआ इधर क्यों चला आया ? हमें तनखा देते हो क्या ? फिर ?''

''आप हमारे नेता हैं। इसीलिए आ गया।''

"फिर रोता क्यों है ? जो हुआ है हमने जान लिया।"

"मुझसे गलती हो गई..."

"तेरे गाँव में पैंथर की छावनी है ?"

"नहीं।"

"अपने जवान लड़के कितने हैं ?"

"हम दोनों...।"

"बस दो ही ?"

"बाकी सारे मुम्बई चले गए हैं। पेट भरने के लिए..."

"गर्भ किसका है ?"

"पता नहीं।"

"कोई तो पेट से होगी ही। उसके बिना गर्भ कैसे गिरेगा ?"

"यह गर्भ ब्राह्मण बस्ती के पीछे पड़ा हुआ था। हमारी बस्ती की नाजुका सड़क बुहारने के लिए जाती है। उसने खुद देखा था। लेकिन वह कहने से डरती है।"

"गाँव की सारी औरतों की जाँच होनी चाहिए।"

दयानन्द, गोविन्द सरवदे और भीमा भोले सिविल अस्पताल की ओर चल पड़े। देखते-देखते खबर पूरे दलित मुहल्ले में फैल गई।

भीमा भोले अखबार ले आया। दयानन्द ने आँखें फाड़-फाड़कर खबर पढ़ी। बार-बार अपना नाम पढ़ा।

दलित लड़कियों की जाँच से कुछ भी हाथ नहीं आया था। उन्हें छोड़ दिया गया। पुलिस निरीक्षक को निलम्बित कर दिया गया। पैंथर ने इस मामले को अंजाम तक ले जाने का निश्चय किया था। ईश्वर इंगले ने इस मामले की अगुआई की। ईश्वर के साथ दयानन्द और गोविन्द के नाम भी जिले के लोगों की जबान पर चढ़ गए।

पुलिस के काम में दखल देने के परिणामस्वरूप ईश्वर, गोविन्द, आदि पन्द्रह पैंथर कार्यकर्त्ताओं पर पुलिस केस हुआ।

दलित लेखक त्रिशरण का आज दलित साहित्य पर भाषण था। जिला सहकारी बैंक की गणेश व्याख्यानमाला में उसे मुख्य अतिथि के रूप में निमन्त्रित किया गया था। त्रिशरण से मिलने दयानन्द और गोविन्द भी पहुँचे। उन्हें चपरासी ने बाहर ही रोक दिया–

"अतिथि संचालकों के साथ खाना खा रहे हैं। आपको कुछ देर रुकना पड़ेगा।"

चपरासी के रूखे जवाब से दयानन्द का हौसला पस्त हो गया।

"अपना लेखक...और हम उससे मिल भी नहीं सकते ?"

"कार्यक्रम के वक्त बातचीत नहीं हो सकेगी। अभी मिल लेते हैं, कुछ देर रुक जाते हैं।"

"मिलना जरूरी है ?"

“त्रिशरण को पता चला तो खाना छोड़कर मिलने आएगा। मिल लेते हैं, बातें होंगी।”

“तुम ही मिल लेना। मेरा क्या काम है ?”

“कम्पनी रहेगी।”

“मेरा यहाँ दम घुट रहा है।”

“तो फिर चलो। शाम को ही मिलेंगे।”

“बता देना कि दयानन्द किणीकर आया था। कार्यक्रम में मैं मिलूँगा ही।” दयानन्द ने चपरासी के पास सन्देश छोड़ा। सुनते ही चपरासी जैसे हड़बड़ाकर जग गया।

उसका चेहरा खिल उठा।

“आप पैंथर के नेता हो ना ?” चपरासी की आवाज में खुशी थी। अचरज था। अहसान था। चपरासी ने दयानन्द का हाथ अपने हाथों में ले लिया।

“साहब, मैं आप ही का हूँ। मेरा नाम काम्बले है। मेरा बेटा भी पैंथर में है...।”

चपरासी की आँखों में, आवाज में, चेहरे पर और वजूद में अपनेपन की आत्मीयता फैली हुई थी।

खाने के बाद त्रिशरण ने दयानन्द को पहचान लिया था। वह उससे गले मिला।

“अब आपको कम्पनी मिल गई। मैं चलता हूँ। ठीक पाँच बजे लेने आऊँगा। कार्यक्रम समय पर शुरू होगा। आप तैयार रहिएगा।” रवीन्द्र साने ने अदब से विदा ली।

त्रिशरण, गोविन्द और दयानन्द एक साथ बैठ गए।

त्रिशरण बीअर पी चुका था। उसके मुँह से बू आ रही थी, नजर में बेहोशी नाच रही थी। चेहरे पर नशा खिला हुआ था। उसका बदन स्थूल और बेढंगा हो गया था।

“आजकल क्या लिख रहे हो ?”

“मैंने लिखना बन्द कर दिया है ?”

“क्यों ?”

“आजकल पैंथर का काम कर रहा हूँ ?”

“काम तो करना ही होगा, लेकिन कविता भी लिखनी चाहिए।”

“कुछ अन्तराल चाहता हूँ।”

“सरवदे, आप क्या कर रहे हैं ?”

“मैं भी पैंथर का ही काम कर रहा हूँ।”

“लगता है, यहाँ पैंथर काफी मजबूत है।”

“अपनी आबादी ज्यादा है। शहर के बाहर अपनी ही बस्तियाँ हैं। ठान लेंगे तो शहर की नाकाबन्दी भी कर सकते हैं। अपने आठ कार्पोरेटर हैं।”

“आर.पी.आई. के ?”

“नहीं, एक भी नहीं। अपनी जाति के।”

“अपनी जाति के हों तो भी क्या फायदा ?”

"अपनी पार्टी के होने चाहिए। अपने विचारों के होने चाहिए।"

"अपनी पार्टी के हैं कहाँ ? अपने-अपने गुट हैं।"

"तुम्हारा कहना सही है..."

"आप आराम कीजिए, कार्यक्रम की तैयारी करनी होगी।"

"तुम लोग आ रहे हो ना ?"

"पैंथर के सारे कार्यकर्त्ता आ रहे हैं।"

"ठीक है, तो फिर कार्यक्रम में मिलते हैं।"

कार्यक्रम शुरू हुआ। श्रोता बहुत कम थे। त्रिशरण दलित साहित्य पर बोल रहा है। भाषण फीका चल रहा है। कैमरामैन की सुविधा के लिए वह हाथों को चमका रहा था। पत्रकारों की ओर देखकर कुछ वाक्य फेंक रहा है।

"लोग नहीं आए।"

"खबर समाचार पत्रों में जरूर आएगी।"

"दूसरे कार्यक्रमों में भीड़ रहती है।"

"दलित साहित्य पर भाषण सुनने कौन आएगा ?"

"वक्ता देशमुख या देशपांडे होता तो उस सवर्ण के दलित साहित्य के भाषण के लिए भी भीड़ हो जाती।"

"इतना अच्छा कार्यक्रम हुआ। लेकिन अपने लोग भी नहीं थे।"

"प्रवीण कोकिल एक पुस्तक में ही खाली हो गया। पेपरवालों ने उसे बड़ा किया था। ये साले ऊपर चढ़ाते हैं और बाद में नीचे गिरा देते हैं। अपने रचनाकारों को इस बात को जानना चाहिए।"

"ऐसे में तो अपने साहित्य का अन्त ही हो जाएगा।"

"अपने रचनाकार का अन्त हो जाएगा। अपने रचनाकार को सतर्क रहना होगा।"

"दयानन्द, तुम्हें अपने भीतर के रचनाकार को मरने नहीं देना है।"

पैंथर के कार्यकर्त्ता विदा हो गए।

त्रिशरण ने अपने सूट का दरवाजा बन्द कर लिया। मानदेय का लिफाफा सूटकेस में डाला। फूलमाला के फूलों को सूँघा। पलंग पर जा लेटा। रात बर्फ की तरह पिघल रही थी। त्रिशरण ठंडी हवा की तरह बह रहा था। यदि बाबासाहब नहीं होते तो...? मैं कहीं जानवरों को चरा रहा होता। मुझे वक्ता के रूप में न्योता कहाँ से मिलता ? शूद्रों को बोलने का अधिकार ही कब था ? बाबासाहब ने हमें आत्मसम्मान का शब्द और गर्व का स्वर दे दिया।

त्रिशरण के बदन में बीअर मचल रही थी। उसकी पलकें भारी हो आईं। कमरे का पंखा जोर-जोर से घूम रहा था। उसी गति से उसके भाषण का समाचार मय तस्वीर के समाचार पत्रों के पन्नों पर छापा जा रहा था। त्रिशरण जीरो वाट बल्ब की मन्द

रोशनी में लेटा हुआ था। वह बार-बार अपने होने का मतलब ढूँढ़ने की कोशिश कर रहा था। मैं कौन हूँ ? मैं क्या हो गया हूँ ? मेरा भविष्य क्या है ? बाबासाहब ने 'चवदार' तालाब के लिए सत्याग्रह किया। आज मेरे अपने बंगले में चवदार तालाब की कोई समस्या ही नहीं है। किचन में नल। बाथरूम में नल। पाखाने में नल। वॉशबेसिन में नल। मेरे बेटों को बाबासाहब के तालाब के सत्याग्रह की दाहकता कैसे समझ में आएगी ? बाबासाहब के कार्यों के कारण ही आज हम माथा ऊपर उठाकर चल रहे हैं। लेकिन कान्वेंट में पढ़नेवाले मेरे बेटे को मेरे गन्दे अतीत का सन्दर्भ कैसे समझ में आएगा ? आरक्षण से मिलनेवाली सुख-सुविधाओं का मतलब क्या मुझे अपनी हद तक ही समझना चाहिए ?

सत्ता और शिक्षा से सुखलोलुप व्यक्ति समाज से टूटकर अलग हो रहे हैं।

मैं सभा समारोहों में सम्मान के साथ विचर रहा हूँ लेकिन आज भी मेरे रिश्तेदार, मेरा समाज गरीबी में सड़ रहा है। मैं इस आसमान में पैबन्द कैसे लगा सकता हूँ ? मेरी कलम के विद्रोह से लाखों भूखे-गरीब लोगों के रोजी-रोटी का सवाल कैसे हल होगा ? मैं किसलिए लिखता हूँ ? सम्मानों-पुरस्कारों के लिए या सामाजिक प्रतिबद्धता के लिए ?

त्रिशरण बेचैन हो उठा।

तभी उसे लगा कि कोई दरवाजे पर ठक-ठक की आवाज कर रहा है। कोई कार्यकर्त्ता होगा, चर्चा करने चला आया होगा। त्रिशरण ने बीअर के कारण बोझिल अपने बदन को उठाया। लाइट जलाई। दरवाजा खोला। दरवाजे पर कोई नहीं। फिर से दरवाजा बन्द कर लिया।

दरवाजे पर फिर दस्तक सुनाई दी। वह सतर्क हो गया। आवाज बाथरूम से आ रही थी। त्रिशरण ने बाथरूम का दरवाजा खोला। वहाँ एक युवती थी। उसकी मुद्रा बेशर्म, लेकिन लुभानेवाली मुस्कान खिली हुई थी। वह भीतर चली आई।

रेस्ट हाउस के इस कमरे के लिए यह खास सुविधा बना दी गई थी। बाथरूम से बाहर जाने के लिए एक और दरवाजा था। वह सीधे रेस्ट हाउस के पीछे अँधेरे में खो जानेवाला प्रवेश द्वार था। उसी दरवाजे से वह युवती अन्दर आई थी।

''तुम्हें किसने भेजा है ?''

''मैं अक्सर यहाँ आती रहती हूँ।''

''नाम क्या है तुम्हारा ?''

''रश्मि...''

''तुम्हारा मर्द क्या करता है ?''

''रिक्शा चलाता है।''

''तो ?''

''उतना काफी नहीं होता। बैठ जाऊँ कि चली जाऊँ ?''

''क्या लोगी ?''

"आप ही समझकर दे दीजिए।"

"तुम्हीं बताओ।"

"जो भी देंगे, खुशी से ले लूँगी।"

"किसी को पता चल गया तो ?"

"हम क्या कोई चोरी कर रहे हैं ?"

त्रिशरण का पूरा बदन थर्रा उठा। जैसे आँधी में पेड़ों की शाखें ता-थैया करने लगती हैं उसी तरह उसके बदन की आखिरी शाख तक नाचने लगी। लेकिन उसने अपना संयम नहीं गँवाया–'इसे जरूर किसी ने भेजा होगा। हो सकता है इसके पीछे कोई साजिश हो। दलित रचनाकार को बदनाम करने का दाँव हो। यह अभी तो खुशी-खुशी सोएगी। बाहर जाकर जोर से चिल्लाएगी कि उसके साथ जबर्दस्ती की गई। चारों ओर बलात्कार की खबर फैल जाएगी और मुझे खत्म कर दिया जाएगा।'

"कौन-सी जात हो ?"

"मेरी अन्तर्जातीय शादी हुई है। मैं मराठा हूँ। मर्द हरिजन है। आपको हरिजन नहीं चलती ?"

"तुम्हारा प्रेम-विवाह हुआ, उसके बावजूद तुम इस तरह का बर्ताव कर रही हो ?"

"आप बातें बहुत करते हैं। करते कुछ नहीं। कपड़ा उतारिए ना..."

"मुझे सोना नहीं है..."

त्रिशरण ने सूटकेस से मानदेय का लिफाफा निकाला। उसे एक सौ का नोट दे दिया।

"तुम चली जाओ यहाँ से।"

त्रिशरण ने सौम्य होकर उसे बाहर का रास्ता दिखा दिया। वह चली गई।

त्रिशरण पूरी रात जागता रहा। उसे नींद नहीं आई।

"आपको हरिजन नहीं चलती ?" उसके इस सवाल से वह बार-बार घायल हो रहा था।

उसका आना और जाना भी उसे नींद से इस तरह उठानेवाला था जैसे किसी को जिन्दगी से उठाया गया हो।

मिलिन्द दौड़ता हुआ कमरे में घुसा। वह लहू-लुहान हो रहा था। शायद बहुत मार पड़ी थी। दयानन्द कविता लिख रहा था। वह तुरन्त उठकर खड़ा हो गया। बाहर आवाजें सुनाई दे रही थीं। वातावरण गंभीर हो गया। कमरे से लाठियाँ, बाँस और चेन लेकर मिलिन्द बाहर की ओर भागा। उसके पीछे दयानन्द भी चला गया। रोहिदास को घेर लिया गया था। मिलिन्द ने सटासट लाठी घुमा दी। भीड़ तितर-बितर हो गई। रोहिदास चेन लेकर खड़ा हो गया। छात्रावास की दूसरी मंजिल से किसी ने लकड़ी का मेज नीचे फेंक दिया। उसके बाद तो फिर हर कमरे से लकड़ी की टूटी कुर्सियाँ और मेजें नीचे गिरने लगीं। नीचे पड़े सामान को आग लगा दी गई।

मानो काले-काले बादल आए, आँधी-तूफान चले, ओले बरसें और पल-भर में धूप खिल जाए, ऐसा अनुभव हुआ। झगड़ा कब मिट गया कुछ समझ में नहीं आया। हर कोई अपने-अपने कमरे में चला गया। रेक्टर ने सबसे शान्ति बनाए रखने के लिए आह्वान किया।

मिलिन्द का सिर फूटा था। रोहिदास को हल्की मार पड़ी थी। दयानन्द अवाक् हो गया था। छात्रावास के लड़कों ही ने यह लड़ाई-झगड़ा किया था।

दलित पैंथर और समता सैनिक दल दो अलग संगठन थे। इन्हीं के समर्थकों में झगड़ा शुरू हुआ।

"दलित पैंथर अम्बेडकरद्रोही संगठन है। वह दलित युवकों में फूट डाल रहा है। दलित जनता में रिपब्लिकन पार्टी के बारे में अनादर का भाव पैदा कर रहा है। दलित युवकों को चाहिए कि वे बाबासाहब द्वारा स्थापित समता सैनिक दल में काम करें। पैंथर से दूर रहना चाहिए..."

समता सैनिक दल के कार्यकर्त्ताओं ने रोहिदास और मिलिन्द की धुनाई की थी, इससे छात्रावास के पैंथर कार्यकर्त्ता क्षुब्ध हो गए थे। उन्होंने भी समता सैनिक दल के कार्यकर्ताओं से बदला लिया।

बीच-बीच में इस प्रकार के झगड़े होते रहते थे। लेकिन आज दो संगठनों के बीच के विवाद ने गम्भीर रूप धारण कर लिया था। आज पंचशील नगर में पैंथर की छावनी की स्थापना होनेवाली थी और वहाँ के समता सैनिक दल के कार्यकर्त्ता पैंथर में प्रवेश करनेवाले थे। झगड़े के पीछे एक कारण यह भी था।

पंचशील नगर में अनगिनत कार्यकर्त्ता इकट्ठा हुए। पुलिस के सिपाही भी बड़ी मात्रा में मौजूद थे। नीले झंडे शान से लहरा रहे थे। बड़ा-सा मंडप बनाया गया था। सभा में मनुस्मृति का दहन किया जानेवाला था। समता सैनिक दल की शाखा पैंथर में विलीन होनेवाली थी। कांग्रेस के कुछ कार्यकर्त्ता भी पैंथर में प्रवेश करनेवाले थे। सभा में भारी भीड़ थी।

"बाबासाहब अम्बेडकर ने कहा था—जो युवक अपमान, आपदा और पीड़ा की परवाह किए बिना अन्याय और गुलामी के खिलाफ लगातार लड़ते रहेंगे और वक्त आने पर अपनी जवानी भी कुर्बान करेंगे, वे ही धन्य कहलाएँगे।"

रोहिदास ने अपने वक्तव्य का आरम्भ ही बाबासाहब के कथन से किया था और तालियों की बरसात हो गई।

सबसे प्रभावशाली भाषण प्रवीण कोकिल का हुआ—

"मैं भटक गया था। अपनी जिन्दगी के पाँच साल मैंने कांग्रेस में गँवा दिए। आज भी मेरे पिता कांग्रेस के कार्पोरेटर हैं। कांग्रेस में आदमी लाचार हो जाता है। हमारे लहू की मशाल वहाँ ठंडी पड़ जाती है। कांग्रेस ने दलितों के मसलों पर कितनी लड़ाइयाँ लड़ीं ! कांग्रेस में मेरा मुँह बन्द कर दिया जाता था इसलिए मैं अब पैंथर बन गया हूँ...।"

प्रवीण कोकिल ने मैदान मार लिया।

उसी ने मनुस्मृति का दहन भी किया।

सभा समाप्त हो गई।

पुलिस ने प्रवीण कोकिल को पकड़ लिया। और भी दस प्रमुख कार्यकर्ताओं को पकड़ा गया। धार्मिक भावनाओं को ठेस पहुँचाने के आरोप में ईश्वर इंगले पर केस हुआ। प्रवीण कोकिल ने मनुस्मृति का दहन किया, इसलिए उस पर मुकदमा दायर किया गया।

मनुस्मृति दहन के कारण सवर्ण समाज को चोट पहुँची थी। हफ्ते-भर समाचार पत्रों में उलटी-सीधी खबरें आती रही थीं। धिक्कार के पत्रक निकल रहे थे। पाठकों की प्रतिक्रियाएँ छप रही थीं।

'मनुस्मृति कालातीत ग्रन्थ है। उसको जलाने से क्या होगा ? लेकिन ऐसे कामों से समाज दूषित हो जाता है'—सवर्ण कुछ इस तरह सोच रहे थे तो 'मनु आज भी सवर्णों के मन में जीवित है, वह खत्म नहीं हुआ है। उसके खिलाफ हमारी लड़ाई जारी है' यह दलित पैंथर की भूमिका थी।

माहौल सुधरने की बजाय बिगड़ता जा रहा था। जिस बात का डर था वही हुआ। शहर में दंगा शुरु हो गया।

अशोक चौराहे पर बाबासाहब अम्बेडकर की मूर्ति को कलंकित किया गया। देखते ही देखते शहर दंगे की आग में जलने लगा।

पूरा शहर बन्द हो गया। पाठशालाओं में छुट्टी कर दी गई। सिटी बसों को जलाया गया। सरकारी कार्यालयों पर पथराव हुआ। मेन रोड पर पेट्रोल पम्प को आग लगा दी गई। सरकारी सामान की भारी क्षति हुई। बसों का आना-जाना रुक गया। दलित जनता क्षुब्ध थी। सवर्णों ने शान्तिनगर की झोंपड़पट्टी जला दी। अम्बेडकर ग्रन्थालय को आग लगा दी। भीड़ ने निकम मामा की टाल जला दी। भीमनगर में घुसकर लोगों को पीटा गया। महिलाओं और छोटे बच्चों को भी नहीं बख्शा गया।

दंगे ने उग्र रूप धारण कर लिया। पुलिस ने कर्फ्यू लगा दिया। राज्य सुरक्षा पुलिस दल ने शहर पर कब्जा कर लिया। देखते ही गोली चलाने के आदेश दे दिए गए। ईश्वर इंगले, दयानन्द, रोहिदास और मिलिन्द को गिरफ्तार कर लिया गया। दंगे पर काबू पाने के लिए पुलिस ने दो सौ समाजद्रोही गुंडों को अन्दर कर दिया था। समाजद्रोही कहकर जिन्हें पकड़ लिया गया था वे सब दलित ही थे। फिर भी दंगा शान्त नहीं हो रहा था।

दूसरे दिन दंगे की हवा आसपास के देहातों में भी फैल गई।

गोविन्द सरवदे पुलिस के हाथ नहीं लगा था। वह पुलिस के शिकंजे से बड़ी चतुराई से भाग निकला था।

समाचार पत्रों में दंगे के समाचार अतिरंजित रूप में प्रकाशित हुए थे। दलित बस्तियों में भय की लहर दौड़ गई थी। दलित युवक दंगे का मुकाबला करने के लिए तैयार हो रहे थे। शहर के सवर्ण युवकों के संगठन एकत्रित हो गए। उनमें भी मन्त्रणाएँ

होने लगीं। दलित मुहल्लों में पुलिस की गश्त बढ़ा दी गई। पुलिस अधिकारी सवर्ण थे। वे दलितों को यन्त्रणाएँ देने लगे। दलित युवकों को पकड़ने लगे। तीसरे दिन भी दंगा नहीं रुका। कर्फ्यू जारी था। लाखों की हानि हो चुकी थी। जनजीवन अस्त-व्यस्त हो गया था। सारे कारोबार ठप्प हो गए थे। फौजी लश्कर को बुलाया गया। फौजी दस्तों ने शहर की सड़कों पर गश्त की। पता नहीं चला कि कितने लोग पकड़े गए, कितने मारे गए। अफवाहों की फसल जोरों पर थी।

अफवाह फैल गई कि छत्रपति शिवाजी की मूर्ति को भ्रष्ट किया गया है। यह आग में तेल डालने जैसी बात हो गई। सवर्ण पंचशील नगर में घुस गए और आगजनी कर दी। पुलिस ने गोली चलाई। दो व्यक्ति मौके पर ही मारे गए। दोनों दलित थे।

खबर फैली कि पुलिस ने गोली चलाकर दो दलितों की हत्या कर दी। दलित युवकों का गुस्सा भड़क उठा। उन्होंने पुलिस थाने पर हमला किया। पुलिस ने आत्मरक्षा के लिए गोली चलाई। दो युवक गम्भीर रूप से घायल हुए। एक वहीं ढेर हो गया। भीड़ तितर-बितर हो गई।

गोविन्द सरवदे पुलिस की गोली का शिकार हो गया था। उसकी लाश लहू में लथपथ पड़ी थी।

चौथे दिन जाकर दंगा काबू में आ पाया। सुबह-शाम एक-एक घंटे के लिए कर्फ्यू में ढील दी गई।

बस अड्डे पर आधी-अधूरी जली हुई दो लाशें दिखाई पड़ीं। दंगे में कई कार्यकर्त्ताओं को पकड़ा गया था। कइयों पर मुकदमे दायर हो गए थे। शहर में शान्ति समितियाँ स्थापित हो चुकी थीं। नामदार मानेजी ने दंगाग्रस्त इलाके का दौरा किया। सरकारी अस्पतालों में जाकर घायलों से पूछताछ की। गोली के शिकार कार्यकर्त्ताओं के घर जाकर उनके रिश्तेदारों को सांत्वना दी। जलकर राख हो चुके अम्बेडकर ग्रन्थालय की पुनर्स्थापना के लिए आर्थिक सहायता की घोषणा की।

पैंथर के कार्यकर्त्ताओं ने दंगे की अदालती जाँच की माँग की। मूर्ति भ्रष्ट करनेवाले अपराधी को तुरन्त पकड़कर उन पर कार्रवाई, गोली चलाने का आदेश देनेवाले पुलिस अधिकारी को निलम्बित करने और दंगे में मृतकों के रिश्तेदारों को मुख्यमन्त्री निधि से सहायता दिलाने की माँगों का निवेदन पैंथर के प्रतिनिधि मंडल ने मन्त्री महोदय को दे दिया।

गोविन्द सरवदे की देह जहाँ गिरी थी, उस सड़क को शहीद गोविन्द सरवदे पथ का नाम दे दिया गया।

जो हुआ उसे भूलकर शहर फिर पहले जैसा हो गया।

"हम बाहर होते तो मर गए होते। पुलिस हमें बिल्कुल नहीं छोड़ती। हम पर भी गोली चलाती। उनको ऐसे ही आदेश दिए गए होंगे।" रोहिदास ने अपने मन की गाँठें खोल दीं।

"अच्छा हुआ कि गोविन्द की शादी नहीं हुई थी। उसकी बूढ़ी माँ मीरा मौसी का तो सहारा ही टूट गया। हमें उसकी मदद करनी चाहिए। गोविन्द ने आन्दोलन के लिए बहुत काम किया है। नौकरी छोड़कर आन्दोलन में कूद पड़ा था।" ईश्वर इंगले की आँखों में पानी भर गया, आवाज भारी हो गई।

गोविन्द सरवदे की अकाल मृत्यु से आन्दोलन को भारी नुकसान हुआ है। इस खालीपन को कैसे भरा जाएगा ?

मिलिन्द ने नेतृत्व की कमी महसूस नहीं होने दी। भीमा भोले भी मंच से बोलने लगा, "महात्मा फुले हमारे हैं। बाबासाहब ने फुले जी को अपना गुरु नहीं माना होता तो लोग फुले जी को भूल गए होते। हमने बाबासाहब की तस्वीर के साथ फुले जी की तस्वीर रख दी। माली समाज अब जाग उठा है।" ईश्वर इंगले चिढ़कर बोल रहा था।

पैंथर के कार्यकर्त्ता इकट्ठे होकर चर्चाएँ करने लगे।

"समाचार का समय हो गया है। रेडियो चला दो।" मिलिन्द ने भीमा से कहा।

दलित पैंथर के नेताओं ने घोषणा कर दी थी कि दलित पैंथर संगठन को बर्खास्त कर दिया गया है। समाचार चारों ओर फैल गया। कार्यकर्त्ता हताश हो गए। कुछ तो फूट-फूटकर रोने लगे। कई युवक संगठन के लिए अपना पूरा-पूरा समय दे रहे थे। संगठन ही उनके जीवन का मकसद था। कार्यकर्त्ता निराधार हो गए। हर एक इस चिन्ता से ग्रस्त था कि नेताओं के इस निर्णय के क्या परिणाम निकलेंगे। बड़ी मुश्किल से संगठन को खड़ा किया था। कार्यकर्त्ताओं का एक जत्था तैयार हुआ था। सब रेत के किले की तरह ढह गया।

"राज्य के नेतृत्व ने संगठन को बर्खास्त किया तो क्या, हमें अपने संगठन को आगे बढ़ाना होगा। संगठन के बिना हम नहीं जी सकते। और पैंथर जैसा संगठन बर्खास्त हो गया तो दलितों पर फिर अत्याचार होंगे, अन्याय होगा" ईश्वर इंगले अपनी भूमिका स्पष्ट कर रहा था।

दलित पैंथर संगठन बर्खास्त हो गया और नए 'मास मूवमेंट' नाम के संगठन का जन्म हो गया। पैंथर के कार्यकर्त्ता 'मास मूवमेंट' में काम करने लगे। लेकिन जिन्हें पैंथर से ही लगाव था, ऐसे युवक नेताओं के अगले निर्णय की प्रतीक्षा करने लगे।

आखिर निर्णय हुआ। पैंथर फिर से सक्रिय हो गया–"भारतीय दलित पैंथर" के नाम से। हर कोई नए जोशो-खरोश से काम करने लगा। लेकिन दलित युवकों की शक्ति दो संगठनों में बँट गई। गुटबाजी बढ़ने लगी। कार्यकर्त्ताओं में अदावत हो गई। परस्पर होड़ होने लगी।

जब तक आम जनता के सवालों पर संघर्ष नहीं किया जाएगा तब तक जनता का समर्थन नहीं मिलेगा, यह संगठन खाली बैठे नौजवानों के लिए टाइमपास का साधन बन जाएगा। संगठन को मजबूत करने के लिए लोगों की समस्याओं को खोजना होगा। काम नहीं होगा तो कार्यकर्त्ता भी नहीं रहेंगे। कार्यकर्त्ता काम चाहता है। नहीं तो वह निराश हो जाता है, और संगठन लड़खड़ा जाता है।

भारतीय दलित पैंथर के कार्यकर्त्ताओं ने गाँव-गाँव जाकर संगठन को मजबूत बनाया। संगठन को और बढ़ाने के लिए सबको प्रवेश दिया गया। इससे संगठन में अवसरवादियों की तादाद भी बढ़ गई, आपराधिक तत्त्व भी संगठन में घुस आए। अपराधी लोग पैंथर में काम करने लगे इससे पुलिस की ओर से होनेवाली परेशानी कम हुई। ऐसे कार्यकर्त्ता पान के ठेलेवालों, रिक्शावालों, झाड़ूवालों आदि से हफ्ते वसूलने लगे। पुलिस भी हफ्ता माँगती और पैंथरवाले भी माँगते। इससे दोनों में अनबन होने लगी और पुलिस इन कार्यकर्त्ताओं को 'तड़ीपार' करने लगी।

ईश्वर इंगले कार्यकर्त्ताओं के खिलाफ आनेवाली शिकायतों को तूल नहीं देता था। कारण कि एक तो कार्यकर्त्ताओं के लिए आजीविका का कोई साधन नहीं था। समाज कुछ भी नहीं दे रहा था। कार्यकर्त्ताओं को जीना तो होगा। घर की रोटियाँ तोड़कर दफ्तर का काम कौन करेगा ? कार्यकर्त्ता भी तो आदमी है। उसका भी पेट है अगर कोई उसे पैसा नहीं दे रहा है, तो उसे किसी न किसी से लेना होगा। लेकिन पैसे वसूल न किए जाएँ। पैसे के लिए जबर्दस्ती न की जाए। किसी का काम कर दिया और उसने संगठन की मदद की तो उसे ले लेना चाहिए। मिलिन्द और ईश्वर का यही विचार था लेकिन दयानन्द इसके विरोध में था–

"अपने कार्यकर्त्ता पैसे लिए बिना काम ही नहीं करते। कोई आदमी मदद माँगने आया तो उससे पैसे की माँग करना गलत है। पैसे लेकर काम करना आन्दोलन की वंचना होगी। कार्यकर्त्ता को पैसे माँगने की आदत पड़ गई तो वह समाज सेवा की अपेक्षा आन्दोलन को मंडी बना देगा।"

लेकिन दयानन्द की बात को कई अहमियत नहीं दे रहा था। शहर का दलित युवा अलग-अलग संगठनों में बँट गया था। शहर के दलित मुहल्लों को भी संगठनों ने बाँट लिया था। कहीं 'मास मूवमेंट' का प्रभाव था तो कहीं 'भारतीय दलित पैंथर' का। कहीं 'दलित पैंथर' के पुराने नाम से ही काम करनेवाले कार्यकर्त्ता थे।

किसी कार्यकर्त्ता की एक संगठन में कुछ अनबन हुई तो वह दूसरे संगठन से जा मिलता। किसी को संगठन से निकाल दिया जाता तो वह दूसरे संगठन में जा शामिल होता। दल बदलुओं के लिए सुविधा हो गई।

दयानन्द ने समाचार पत्र में एक लेख लिखा, जिसमें यह भी लिखा :–*"सामाजिक संगठन गुंडों के अड्डे बन गए हैं। अपराधी तत्त्वों ने संगठनों पर कब्जा कर लिया है। दो अपराधिक गुटों जैसी लड़ाई संगठनों में चल रही है। सामाजिक कार्य के नाम पर कार्यकर्त्ता काले धन्धे कर रहे हैं। और ये धन्धे करते समय महापुरुषों के नाम लिए जाते हैं। अपने स्वार्थ के लिए महापुरुषों का इस्तेमाल किया जा रहा है। संगठन ईमानदार आम आदमी का लहू चूसनेवाले जोंक बन गए हैं।"*

लेख चर्चा का विषय बना। भीमा भोले की नगर निगम में नौकरी लग गई। वह पढ़ना छोड़कर नौकरी करने लगा।

मिलिन्द ने आमरण अनशन शुरू किया था। आज अनशन का चौथा दिन था। पूरे शहर

में खलबली मची थी। पढ़े-लिखे बेकार युवकों के जत्थे के जत्थे अनशन के स्थान पर बिखरे हुए थे। भीड़ रोजाना बढ़ती ही जा रही थी।

'सेवायोजन कार्यालय में भ्रष्टाचार बढ़ गया है। उसे जड़मूल से उखाड़ना होगा। पहचान के लोगों को ही साक्षात्कार के पत्र दिए जाते हैं। नाम पंजीकरण को दस वर्ष बीत गए फिर भी साक्षात्कार का पत्र नहीं मिला। सेवायोजन अधिकारी को तुरन्त स्थानान्तरित करना चाहिए। नाम पंजीकरण के पाँच वर्ष बाद हर बेरोजगार को प्रतिमाह पाँच सौ रुपए बेरोजगार भत्ता मिलना चाहिए।' इन्हीं माँगों के लिए मिलिन्द ने अनशन छेड़ा था, जिससे पढ़े-लिखे बेरोजगारों में काफी उत्तेजना थी।

मिलिन्द का अनशन संगठन में बहस का मुद्दा बन गया। मिलिन्द के अनशन पर संगठन में चर्चा हुई। अम्बेडकरवाद में अनशन के लिए कोई स्थान नहीं है। अनशन तो गांधीवादी मार्ग है। अपने आप को मशहूर करने का स्टंट। मिलिन्द ने हजारों युवकों की समस्या को उठाया था इसलिए उसे युवा वर्ग का समर्थन मिल रहा था। समस्या का कुछ न कुछ हल निकल आएगा, इस आशा से शहर के हजारों युवक अनशन स्थल पर रोज इकट्ठा होने लगे। शहर का माहौल गर्म होने लगा।

स्वयं जिलाधीश ने मिलिन्द से अनशन तोड़ने के लिए प्रार्थना की लेकिन मिलिन्द ने इनकार कर दिया। उसका वजन कम हो रहा था। सरकारी डॉक्टर बार-बार जाँच कर रहे थे। वह बेहद कमजोर हो गया था। हालत बिगड़ती जा रही थी। समाचार पत्रों में अनशन के समाचार लगातार छप रहे थे। शासन के अधिकारी परेशान थे।

अनशन के कारण युवकों में तनाव बढ़ गया था। सभी जातियों के युवा एकसाथ हो गए थे। बेरोजगारी की समस्या सबकी समस्या थी।

पास के मन्त्री महोदय मानेजी मिलिन्द से मिले। सेवायोजन अधिकारी का स्थानान्तरण हो गया। पंजीकरण की सीनिऑरिटी के अनुसार कॉल देने का आश्वासन दिया गया। पढ़े-लिखे बेरोजगारों की समस्या को विधानसभा में रखने का वचन दिया गया। मानेजी ने नींबू का शरबत दिया। मिलिन्द ने अनशन समाप्त किया। समाचार-पत्रों में समाचार आ गया।

अनशन के कारण संगठन के मुकाबले मिलिन्द का नाम ज्यादा मशहूर हो गया।

'संगठन के ऊपर व्यक्ति का महत्त्व बढ़ जाना खतरनाक होता है। इससे व्यक्ति पूजा शुरू हो जाती है। नेताओं की जी-हजूरी करनेवालों की फौज तैयार हो जाती है। निष्ठावान कार्यकर्त्ताओं की अपेक्षा चमचों को अधिक महत्त्व मिलने लगता है। सच्चे कार्यकर्त्ता उपेक्षित रह जाते हैं। उन्हें कोई नहीं पूछता।'

समाचार-पत्र में प्रकाशित दयानन्द का लेख बहस का मुद्दा बन चुका था। इससे संगठन में मतभेद भी काफी बढ़ चुका था। संगठन में यह समझा जाने लगा था कि दयानन्द संगठन के विरोध में लिखता है।

ईश्वर और मिलिन्द ने दयानन्द को संगठन से निष्कासित करने की घोषणा की।

मिलिन्द के अनशन को समाज के सभी तबकों से समर्थन मिला था, इससे

कार्यकारिणी इस बात पर एकमत हो गई थी कि पैंथर को जाति से ऊपर उठाकर शोषितों की समस्याओं को सुलझाने के लिए व्यापक जन-आन्दोलन करना होगा।

पैंथर की कार्यकारिणी एक साथ बैठकर निर्णय कर रही थी—आन्दोलन ठंडा पड़ गया है, युवकों को बाँधे रखने के लिए जन-आन्दोलन की आवश्यकता है। इसी बात को बार-बार दोहराया जा रहा था।

''अगले महीने पन्द्रह अगस्त है। इस स्वतन्त्रता दिवस को काले दिन के रूप में मनाया जाए...'' ईश्वर इंगले ने सुझाव दिया।

''स्वतन्त्रता से हमें कोई लाभ नहीं हुआ है। हमें इस स्वतन्त्रता का विरोध करना चाहिए। लेकिन अभी-अभी दंगे हो चुके हैं, हमारे समाज को उसका बड़ा खामियाजा भुगतना पड़ा है। किसी भी आन्दोलन को मात्र संगठन के बलबूते नहीं चलाया जा सकता। उसे समाज का समर्थन भी आवश्यक है। तभी आन्दोलन व्यापक बन सकता है। लोगों के सक्रिय सहयोग के लिए आन्दोलन के मार्ग को स्वीकार करना पड़ता है। आन्दोलन का नहीं, लोगों का महत्त्व है। हम लोगों के लिए आन्दोलन करते हैं।'' मिलिन्द ने अपना मत रखा।

''कुछ न कुछ कार्यक्रम होना चाहिए। लोगों का काम करना यानी क्या करना ? आय और जाति के प्रमाणपत्र दिलवाना कोई काम नहीं है। लोगों को शासकीय योजनाओं की जानकारी देनी चाहिए।'' रोहिदास ने अपना विचार ठोस शब्दों में प्रकट किया।

''जमीन के अतिक्रमण की समस्या उठाएँगे।''

''सीलिंग की जमीन पर कब्जा करना चाहिए।''

''सीलिंग की जमीन पर कब्जा नहीं कर पाएँगे। सरकारी जमीन पर कब्जा करेंगे।''

''इसमें पकड़े जाएँगे। छात्रों पर मुकदमे चलेंगे।''

''यह तो आन्दोलन में होता ही है। कोर्ट-कचहरी की सुरक्षा में आन्दोलन आगे नहीं बढ़ते।''

कार्यकारिणी दो कार्यक्रमों पर एकमत हुई। चौदह अगस्त को मशाल जुलूस निकालना और दहिटणे गाँव में जमीन पर कब्जा करने का आन्दोलन शुरू करना। ईश्वर, मिलिन्द, रोहिदास प्रधान कार्यकर्ता थे जो बैठक का मार्गदर्शन कर रहे थे। 'पैंथर महिला मोर्चा' की अध्यक्षा रमा बाबर, 'भारतीय विद्यार्थी संसद' के कार्यकर्त्ता भीमा भोले, पंडित कानड़े और चन्द्रकान्त अम्भोरे भी इस बैठक में उपस्थित थे।

''लोगों की आर्थिक समस्याएँ सुलझनी चाहिए। आज जनता को आर्थिक सुधार चाहिए। हर हाल में लोगों का काम होना चाहिए।'' कार्यकर्त्ताओं की चर्चा में यही स्वर मुख्य था।

बैठक समाप्त हो गई। कार्यकर्त्ताओं ने काम शुरू किया। मशाल मोर्चे की जिम्मेदारी ईश्वर, पंडित और चन्द्रकान्त को सौंपी गई। मिलिन्द, रोहिदास और रमा को बंजर जमीन के लिए सत्याग्रह करने पर लगाया गया।

उन्होंने जाकर गाँव में डेरा डाल दिया। लोगों का मनोबल ऊँचा हो गया। गाँव-देहातों में आन्दोलन की खबर फैल गई। लोग आ-आकर कहने लगे कि हमारे गाँव में भी भूमि कब्जा आन्दोलन होना चाहिए। कार्यकर्त्ता रात-बिरात घूम रहे थे। मुनादी कर रहे थे। लोगों का आह्वान कर रहे थे। रात के दो-दो बजे तक सभाओं में भाषण हो रहे थे–''बंजर जमीन पर अतिक्रमण करना अपराध नहीं है। जिस जमीन से कोई फसल नहीं उगती हम उसमें फसलें उगाएँगे। उत्पादन बढ़ाएँगे।'' मिलिन्द बड़ी आस्था के साथ अपनी बात रख रहा था। हर जाति-पाँति के युवक एकसाथ आने लगे। सभी तबकों से भूमि पर कब्जा आन्दोलन को समर्थन मिल रहा था।

चौदह अगस्त की रात। राष्ट्रपति स्वतन्त्रता दिवस की पूर्व सन्ध्या पर राष्ट्र के नाम संदेश दे रहे थे। इधर दलित बस्तियों में स्वतन्त्रता विरोध की तैयारियाँ चल रही थीं। दलित बस्तियाँ रात में भी दिन की तरह जगी थीं। लोगों के मन भय, उत्साह, जिद और जोखिम के भावों से मशाल की तरह सुलगे हुए थे।

आधी रात के आस-पास लोगों के जत्थे बाबासाहब की मूर्ति के पास इकट्ठा होने लगे। पुलिस के दस्ते भी शामिल हो गए। ईश्वर इंगले ने मोर्चे के सामने भाषण दिया। नारे लगाता हुआ मोर्चा आगे बढ़ने लगा। सात हजार के आसपास जनसमूह और उसी संख्या में सिपाही भी। पुलिस आयुक्त ने प्रार्थना की कि मोर्चे को आगे न बढ़ाएँ लेकिन कार्यकर्त्ता पीछे नहीं हटे।

पुलिस ने मोर्चे को घेर लिया। कार्यकर्त्ता और पुलिस के बीच बातें हुईं। तय हुआ कि प्रतीक रूप में एक ही मशाल जलाई जाए। रात बारह बजे निकला मोर्चा सुबह पंचशील नगर पहुँच गया। बुद्धविहार के पास मोर्चे का विसर्जन हो रहा था।

सुन्दर सुबह हो चुकी थी। पाठशाला जानेवाले बच्चे पन्द्रह अगस्त के ध्वजवन्दन के लिए जल्दी-जल्दी दलित बस्तियों से बाहर निकल रहे थे।

दहिटणे गाँव में भी लोग बाहर निकल रहे थे। 'बोल दलित/हल्ला बोल/बंजर जमीन पर हल्ला बोल/उठ दलित तोप दाग/पेट में तेरे भड़क उठी आग।' इन नारों के साथ लोगों ने बंजर जमीन पर अतिक्रमण किया। बंजर जमीन पर उगी झाड़ियों को साफ किया गया। बीस लोगों को प्रति व्यक्ति तीन एकड़ के हिसाब से साठ एकड़ जमीन नापकर दे दी गई।

फॉरेस्टवालों ने एफ.आई.आर. दर्ज की। लोगों को पकड़ा। लोगों ने कोर्ट में अपराध स्वीकार किया। कोर्ट ने चौदह दिन की बामशक्कत सजा सुना दी।

लोगों ने अतिक्रमण कर जमीन पर कब्जा कर लिया। अतिक्रमण हेतु लोग पैंथर के कार्यकर्त्ताओं की तारीखें माँगने लगे। आगे चलकर लोग अपने आप ही अतिक्रमण करने लगे। अतिक्रमण के बाद पुलिस पकड़ ले जाती। केस दायर हो जाता। पर्सनल बांड पर जमानत हो जाती। कोर्ट में अपराध स्वीकार करने पर सजा हो जाती लेकिन

जमीन का कब्जा कोई न छोड़ता।

गाँव-गाँव से भूमि कब्जा आन्दोलन की माँग होने लगी। अब यह आन्दोलन सिर्फ पैंथर का नहीं रहा था, भूमिहीन किसानों का अपना आन्दोलन बन गया था। आन्दोलनकर्त्ताओं ने पर्यावरण, फॉरेस्ट डिपार्टमेंट और जानवरों के लिए तैंतीस प्रतिशत जमीन छोड़ रखी थी।

इसके बाद भूमिहीनों को बंजर जमीन के स्वामित्व के कागजात दिलाने, उनकी फसल के विनाश की क्षतिपूर्ति करने और भूमिहीनों को सतानेवाले सिपाहियों पर कार्रवाई करने जैसी माँगों के लिए पैंथर ने अपनी आवाज बुलन्द की।

नगर-निगम के चुनावों की घोषणा हो गई। पैंथर ने चुनाव का बहिष्कार किया।

शहर की जनगणना के हिसाब से साठ वार्ड थे। दस वार्डों में पैंथर का काम था। दलित मतदाताओं की संख्या निर्णायक थी। अब तक दलित मतों की सौदेबाजी की राजनीति होती रही थी। पैंथर ने दलित समाज को जागृत किया। बहिष्कार के कारण कांग्रेस को भारी नुकसान हुआ। रिपब्लिकन नेताओं के समर्थन का नारा बेमतलब हो गया।

ईश्वर इंगले के वार्ड में शिवसेना के टिकट पर मधु कांवले खड़ा था। कांग्रेस का भी एक उम्मीदवार था। दो विपक्षी थे जिनमें एक मुस्लिम था, याकूब शेख। हिन्दुओं के मत विभाजित थे। इसलिए मुस्लिम उम्मीदवार का पलड़ा भारी हो गया। दलित पैंथर के बहिष्कार के कारण राजनीतिक समीकरण ही बदल गया।

सवर्णों ने दलितों का सामाजिक बहिष्कार किया।

दलित लाचार हो गए।

दलितों ने चुनाव का बहिष्कार किया।

सवर्ण लाचार हो गए।

जनतन्त्र से दलितों के मत को राजनीतिक महत्त्व प्राप्त हुआ।

दलितों को बहिष्कार के कारण अपने मतों की ताकत का पता चल गया। राजकीय पक्षों को भी पता चल गया कि हर बार और हर समय दलित मतों को नहीं खरीदा जा सकता।

चुनाव निकट थे। प्रचार की अवधि समाप्त हो चुकी थी। पैंथर ने भी दिन में दस-बारह सभाएँ करके अपना कार्यक्रम समझा दिया। शाम छह बजे पंचशील नगर, सात बजे रमाबाई अम्बेडकर झोंपड़पट्टी, आठ बजे शान्तिनगर, नौ बजे अशोक चौराहा, ग्यारह बजे भीमनगर, बारह बजे मिलिन्द नगर—वक्ता एक सभा से दूसरी सभा में जाते रहे। सभाएँ समय पर शुरू हो जातीं। हजारों की तादाद में दलित आते।

कई राजकीय पक्षों ने दलित पैंथर से अनुरोध किया। समर्थन के लिए बातचीत हुई, लेकिन पैंथर अपनी भूमिका पर अडिग रहा। ईश्वर इंगले के वार्ड में विपक्षी मुस्लिम उम्मीदवार याकूब शेख चुना गया। चुनाव में हारे हिन्दू उम्मीदवारों के सिर फिर गए। रात में बैठकें हुईं और साजिश रची गई।

सुबह हो चुकी थी।

ईश्वर इंगले अपने आँगन में खड़ा था। गोली चलने की आवाज आई। एक के बाद एक कई गोलियाँ दागी गईं। पल-भर में इंगले का शरीर छिन्न-विछिन्न होकर गिर पड़ा। गोलियों ने उसके शरीर को छलनी बना दिया। हत्यारे भाग खड़े हुए।

ईश्वर इंगले की हत्या की खबर हवा की तरह फैल गई। पैंथर क्षुब्ध हो उठे। उन्होंने शहर को जला दिया। आगजनी में इधर शहर जल रहा था तो दूसरी तरफ ईश्वर इंगले की चिता भड़क रही थी। हजारों लोग उपस्थित थे और अपने प्रिय नेता को भीगी आँखों से अन्तिम विदा दे रहे थे।

दलितों ने जमीन पर कब्जा किया।
उन पर हमले हो गए।
दलितों ने सत्ता में अधिकार की माँग की।
उन पर हमले हो गए।
दलितों ने सम्पत्ति में अधिकार की माँग की।
उन पर हमले हो गए।
दलितों ने जब उलटकर हमले किए तो शान्ति फैल गई।

दयानन्द किणीकर ने ईश्वर इंगले को श्रद्धांजलि अर्पित करते हुए भारी कंठ से अपनी कविता पढ़ी। चिता की लपटें बढ़ रही थीं। मन सुलग रहे थे।

चौथे दिन शहर में शान्ति हो गई।

पुलिस ने दो सौ से अधिक पैंथरों को पकड़ा था, लेकिन ईश्वर इंगले के हत्यारे अभी भी मुक्त थे।

ईश्वर इंगले के घर के सामने शोकसभा का आयोजन हुआ। सभा में हजारों कार्यकर्त्ता उपस्थित थे। पुलिस भी बड़ी मात्रा में हाजिर थी। 'खून का बदला खून' के नारे लगाए जा रहे थे। माहौल आग की तरह नाच रहा था।

रोहिदास ने अपने अध्यक्षीय भाषण में कहा—"हम ईश्वर इंगले का बुत खड़ा करेंगे।"

बिजली की तरह तालियों की गड़गड़ाहट गूँज गई।

'ईश्वर इंगले अमर रहे' के नारों से आसमान हिल उठा।

ईश्वर इंगले की हत्या से संगठन में बड़ा खालीपन महसूस हो रहा था। इस खालीपन को भरने के लिए उसने दयानन्द से संगठन में आने की प्रार्थना की, लेकिन दयानन्द ने स्वीकार नहीं किया।

रमा बाबर का ध्यान आन्दोलन से दिन ब दिन कम होता जा रहा था। उसे संगठन के

कामों में पहले जैसी दिलचस्पी नहीं रही थी। उसका बहुत सारा वक्त दयानन्द के साथ ही गुजरता था। दोनों आन्दोलन की पृष्ठभूमि से उभरे थे। रमा दयानन्द की रचनाओं को पसन्द करती थी। दयानन्द भी अपनी रचना पहले उसे सुनाया करता। दोनों एक साथ घूमते-फिरते नजर आते थे।

"रमा, पहले हम घंटों संगठन के बारे में सोचते थे। आज हम एक-दूसरे की चाहतों के बारे में सोच रहे हैं। पता नहीं चला यह बदलाव कब आ गया।"

"मैं आन्दोलन के बिना जी नहीं सकती। लेकिन इसका मतलब यह तो नहीं कि मुझे चौबीसों घंटे आन्दोलन में ही रस लेना चाहिए। जब कोई समस्या चरम सीमा पर पहुँच जाएगी तब मैं अपना सर्वस्व उसके लिए स्वाहा करूँगी। आन्दोलन के समर-प्रसंग को छोड़ दें तो होता क्या है आन्दोलन में ? कार्यक्रम में चार कार्यकर्त्ता इकट्ठा होकर बातें करते रहते हैं, ताश खेलते हैं, चाय पीते हैं और सिगरेट फूँकते हैं। हो सके तो एक-दूसरे को भला-बुरा कह लेते हैं। इससे बेहतर क्या यह नहीं है कि हम दोस्ती के बारे में बात करते हैं, जिन्दगी को शालीनता से समझने की कोशिश करते हैं।"

"रमा, तुम सचमुच बुद्धिमान हो। तुममें मैंने दूसरा नजरिया पाया। मैं भी आन्दोलन से आया हूँ लेकिन दूसरे पक्ष का ऐसा उचित विचार मैंने कभी नहीं किया था। शायद इसीलिए मैं आन्दोलन से बाहर निकल आया।"

"तुम आन्दोलन से बाहर निकल आए फिर भी वहाँ तुम्हारे बारे में चर्चा होती है। कभी मजाक उड़ाने के लिए तो कभी कौतुक भाव से। इसीलिए मैं तुम्हारी ओर खिंच गई। कभी-कभी सोचती हूँ कि मेरे दो प्रेमी हैं। एक तुम, दूसरा आन्दोलन। और गहराई से सोचती हूँ तो लगता है कि इनमें से अधिक प्रेम बाबासाहब से है।"

"जी चाहता है, तुम्हें सुनता ही रहूँ।"

"कल रविवार है। तुम्हारा क्या कार्यक्रम है ?"

"अच्छा याद दिलाया। मैं एक कवि सम्मेलन में जा रहा हूँ। तुम चलोगी ?"

"ठीक रहेगा ?"

"मेरा मन चाहता है कि तुम्हें ले चलूँ।"

"तुम्हारे मन को मैं कैसे टाल सकती हूँ !"

जिला स्तर का कवि सम्मेलन था। नवोदित कवियों का सम्मेलन। दयानन्द मोटरसाइकिल चला रहा था। कार्यक्रम के लिए उसने अपने एक मित्र से मोटरसाइकिल माँग ली थी। रमा उससे चिपककर बैठ गई। गले में हाथ डालने या कसकर पकड़ने का साहस अभी उसमें नहीं था। एक-दूसरे की चाहत से भरा गर्म स्पर्श, गति पर आरूढ़ उनके मन, सागर की लहरों की तरह धड़कनेवाले उनके बदन, तेज सड़क पर दोनों का साथ-साथ होने का अहसास, आस-पास के खुले मैदान में उनके एकान्त को प्राप्त बल, मोड़-मोड़ पर दुर्घटना के घाट पार करते समय बेशर्म होनेवाली उनकी जवानी, दोनों के बदन को झिंझोड़नेवाली पागल हवा और वाहियात ट्रकों की नटखट, चुभती नजरें—इन सब बातों ने दोनों को झकझोर दिया।

दयानन्द ने ब्रेक दबाया तो रमा उसके बदन से जा टकराई। उसकी आँखों में गतिरोधक लाँघ जाने की निशानी साफ दिखाई दे रही थी। चेहरे पर मन्द-मन्द स्मित पसर रहा था। नीचे गहरे दर्रे में एक ट्रक उल्टा गिरा पड़ा था, मानो वह उनके संयम की दुर्घटना का ही दृश्य था।

"तुम्हें अब तक कुछ भी महसूस नहीं हुआ ?"

उसके स्वर में सारे बन्धन टूट जाने की ध्वनि थी। उसकी देह में जीभें निकल आई थीं। जिस्म की आँखें खिल-खुल गई थीं।

"भूमिहीनों की यह जमीन कैसी है, देखो। बंजर चरागाह की जमीन कैसी लहलहा रही है।"

"क्या यह जमीन कब्जा आन्दोलन की है ?"

"हाँ ! मुझे अब भी वह सभागार याद आता है। उस जोश और आत्मविश्वास को मैं याद में जीती हूँ।"

पहाड़ों की एक-दूसरे से चिपकी कतारें। उन्हें बाजुओं में भरनेवाले मोड़दार सड़कों के पाश। पहाड़ी मैथुन से जन्मा झरना। धारा में मछलियाँ खोजनेवाले बगुलों के समूह और वन में गूँजती चरवाहों की पुकारें।

"तुम ऐसी ही खड़ी रहो।"

"हम दोनों ऐसे ही खड़े रहेंगे।"

"मैं इन पहाड़ों के साथ तुम्हारी तस्वीर उतारना चाहता हूँ।"

"मेरी अकेली की नहीं।"

"अच्छी बात है।"

विनया प्रधान की कविता में घोर प्रेमभंग की उसाँसें लहकती थीं। उसकी कविता का तरल एकात्म पायल बँधे कदमों से नृत्यमग्न हुआ करता था। उसकी पंक्तियों से साधु के सम्भोग का जंगली हरापन व्यक्त हुआ करता था। उसके शब्दों में उसकी देह की घनघोर तपश्चर्या व्यक्त हो जाती थी।

विनया प्रधान की कविता मानो रसिकों की कलेजे में छिपी एक अविस्मरणीय हूक थी। वह मनोहर लावण्य की धनी थी। उसका बौराया रूप किसी की भी नजर को बाँधने में सक्षम था। विनया की कविता, उसका लोभनीय व्यक्तित्व, काव्य रसिकों से मिली तालियाँ, दयानन्द द्वारा की गई उसकी प्रशंसा, इन सबसे रमा को जलन हुई। उसके बदन में एक आँधी उठने लगी।

घाट से लौटते समय सई साँझ घायल हो चुकी थी। सन्ध्या की ठंडी हवा चुभ रही थी। दयानन्द और रमा भूमिहीनों के खेत के पास से गुजर रहे थे। रमा की नजर चारागाह पर चली गई। फसल काट ली गई थी। यह करतूत तो किसी शासकीय अधिकारी की ही होगी, उसने सोचा। जमीन उध्वस्त धर्मशाला की तरह लग रही थी।

रमा का कलेजा फट गया। दयानन्द तेज गति से सड़क पार कर रहा था। रमा ने हरे जख्म को होठों के पीछे दबाए रखा।

मवेशी घर लौट रहे थे। पंछी अपने घोंसलों की तरफ उड़ान भर रहे थे। प्रकाश धुँधला रहा था। तेजी से पीछे हटनेवाली साँप जैसी सड़क, गहराता हुआ घना गूढ़ अँधेरा। दो बदनों के भीतर सुलगती अतृप्त हवस। तन-मन में जाग उठी तीव्र वासना। मौन की मौन से उतावली पुकार।

रमा दयानन्द के आलिंगन में थर्रा उठी।

मिलिन्द के घर पैंथर की बैठक चल रही थी। ईश्वर इंगले की हत्या से खाली हुई अध्यक्ष पद के लिए चर्चा हो रही थी। नई कार्यकारिणी बनाई जानी थी। इसलिए बैठक काफी महत्त्वपूर्ण थी।

'भारतीय दलित पैंथर' के जिला अध्यक्ष के रूप में मिलिन्द के नाम की घोषणा हो गई। रोहिदास, भीमा, पंडित और चन्द्रकान्त को संगठन में महत्त्वपूर्ण पद प्राप्त हुए।

शाम को एक सार्वजनिक सभा हुई। सभा में भारी भीड़ थी। नई कार्यकारिणी का पुष्पमालाओं से स्वागत किया गया। रोहिदास, भीमा, पंडित और चन्द्रकान्त का हृदयस्पर्शी भाषण हुआ। हर किसी ने अपने मन की बात कही। हर एक की बातों में तेज धार थी।

''दयानन्द, तुम संगठन में होते तो आज अध्यक्ष बन गए होते।''

''मुझे कोई रुचि नहीं है।''

''लेकिन क्यों ?''

''देखो रमा, जब कोई कार्यकर्त्ता चमकने लगता है तो तुरन्त उसे अलग-थलग कर दिया जाता है। उसका प्रभाव कम करने की कोशिश की जाती है। इससे नए कार्यकर्त्ताओं का मोह भंग होता है। सामाजिक कार्य की अपेक्षा अन्य कार्यकर्ताओं की हरकतों का मुकाबला करने में ही ज्यादा समय गुजर जाता है। एक-दूसरे की टाँग खींचना, दूसरों को बदनाम करना, अंटशंट इल्जाम लगाना, यह सब बेहद बुरा षड्यन्त्र है। अपने संगठन में नेता तो पैदा होते हैं लेकिन कार्यकर्त्ता नहीं। हम गलती से नेताओं के चमचों को ही कार्यकर्त्ता मान लेते हैं। अपना संगठन चमचों के झमेले में उलझ गया है। ईमानदार कार्यकर्त्ताओं का कत्लगाह बन गया है।''

दयानन्द बेचैन था। उसका जख्म बह रहा था। उसकी आवाज में कड़वाहट थी।

''तुमने बड़ी चोट खाई है।''

''मैं आत्मघात कर लेता, लेकिन सँभल गया। इस आन्दोलन के लिए मैंने अपनी जिन्दगी का बेहतरीन समय दिया है। आन्दोलन यदि शराब और जुए के अड्डे चलानेवाले कार्यकर्त्ताओं का अड्डा बन रहा है तो क्या मुझे पीड़ा नहीं होगी ! आन्दोलन हमारा सपना था। भव्य सपना।''

"मैंने अकारण ही इस बात को छेड़ दिया।"

"तुम बहुत संवेदनशील हो। आन्दोलन के लिए बेशर्म मन की जरूरत होती है जो अन्याय, अत्याचार से विचलित न हो। शान्त और गम्भीर। तभी किसी प्रकरण को ठिकाने तक पहुँचाया जा सकता है। भावुकता से काम नहीं चलता।"

"तुम्हारी आँखों को देखते रहने को जी चाहता है।"

उसकी नजरों से वह उसके बदन में प्रवेश करता है। शरीर जो एक अभयारण्य है उसकी हँसी तितली की तरह झिलमिलाने लगती है। व्हिस्की के पेग में घुलनेवाली बर्फ की तरह वे एक-दूसरे में पिघल रहे थे।

"रमा..."

"वाहियात कहीं के..."

"तुम बड़ी मीठी हो।"

"दिन चढ़ गए तो..."

"तो दिनों को पकड़ लेंगे अपनी आगोश में।"

हद तक पहुँचनेवाली साँसों की लय। समूचे शरीर का शरारती हो उठना। देहों का लिपटना। मनों का उत्तेजित होना। एक-दूसरे में खो जाने की बेतहाशा कोशिश।

दरवाजे की बेल घनघना उठी।

रंग में भंग हो गया। शरीर विद्रोह करने लगा। जानलेवा तड़फड़ाहट तेजी से जाग उठी। क्षुब्ध भीड़ को जैसे पुलिस घेर लेती है उसी तरह उन्होंने अपनी भावनाओं पर नियन्त्रण पा लिया। रमा ने बाल सँवारे। कपड़े ठीक-ठाक किए। दयानन्द ने दरवाजे से झाँका।

निधि माँगने के लिए दरवाजे पर एक कार्यकर्त्ता आया था।

ईश्वर इंगले का बुत खड़ा करने के लिए निधि संकलन का काम जोरों पर था। रसीद बुक छापी गई थी। कार्यकर्त्ता पैसा इकट्ठा कर रहे थे। लेकिन कोई भी हिसाब नहीं दे रहा था। आन्दोलन पैसा इकट्ठा करने की धूम में खो गया था। कार्यकर्त्ता पैसे के लिए घूम रहे थे। आन्दोलन ठंडा पड़ गया था।

'भारतीय दलित पैंथर' ने मराठवाड़ा विश्वविद्यालय को डॉ. बाबासाहब अम्बेडकर जी का नाम देने की सार्वजनिक माँग की और आन्दोलन परवान चढ़ा। बाबासाहब के नाम से प्रेम करनेवाले हजारों दलित युवक संघर्ष में कूद पड़े। नामान्तर की समस्या से मराठवाड़ा भभक उठा। आग का फैलाव पूरे महाराष्ट्र में हो गया। प्रतिध्वनियाँ सारे देश में सुनाई देने लगीं।

मिलिन्द, रोहिदास और पंडित कानड़े ने पैंथर की बैठक बुलाई—'हमें भी नामान्तर की माँग पर कुछ कार्यक्रम करना चाहिए। लोग लड़ रहे हैं और हम कुछ नहीं कर रहे हैं, ऐसा नहीं होना चाहिए।' काफी देर तक चर्चा होती रही।

नामान्तर की समस्या ने उग्र रूप धारण कर लिया। नामान्तर के विरोधियों की

हिंसक हरकतें भी बढ़ने लगीं। शासन तमाशा देख रहा था। अब दलितों के सामने संगठित होकर संघर्ष करने के अलावा और कोई चारा नहीं था।

मिलिन्द और रोहिदास ने आगे बढ़कर मोर्चा निकालने का निर्णय किया। उसके ब्यौरे तय हो रहे थे कि चन्द्रकान्त अम्भोरे आ पहुँचा। उसने शान्तिनगर में बौद्धों की झोंपड़ियों को जला डालने की खबर सुनाई।

हमले बौद्धों पर ही हो रहे थे। बौद्धेतर पिछड़ी जातियों पर सवर्ण हमला नहीं कर रहे थे। बाबासाहब के कारण महारों में जागृति हुई। उन्होंने अपना आन्दोलन खड़ा किया। संघर्ष किया। सवर्णों के खिलाफ बार-बार लड़े। महारों ने धर्मान्तरण किया। गाँव के पारम्परिक कामों को नकारा। शिक्षा के क्षेत्र में बड़ी तेजी से आगे बढ़े। शासकीय नौकरियों में प्रवेश पाया। राजनीति में उतरे। बाबासाहब के विचारों और आन्दोलन के कारण इस समाज ने हजारों वर्षों की केंचुली उतार नया जन्म धारण किया। जो कल तक लाचार जिन्दगी जी रही थी वही जाति अब आत्मसम्मान से जी रही है, यह सवर्ण कैसे सह सकते थे ? उन्होंने महारों को यातनाएँ देना शुरू किया। जिन विचारों के साथ वे खड़े थे उनका विरोध होने लगा। बाबासाहब के जिस नाम को वे प्राणों से भी प्रिय मानते थे उसको कलंकित करने की चेष्टाएँ होने लगीं।

नामान्तर इस सबके विरोध का एक बहाना बन गया। हजारों वर्षों की सनातन संस्कृति और अछूतों के आत्मसम्मान के बीच लड़ाई छिड़ गई। नामान्तर मात्र नामान्तर नहीं था। एक भवन को एक व्यक्ति के नाम देने भर का सरल समीकरण नहीं था। वैदिक-अवैदिक संस्कृतियों के बीच प्राचीन काल से जो संस्कृति-संघर्ष चल रहा था यह उसी का वर्तमान रूप था।

शान्तिनगर की झोंपड़ियाँ जलकर खाक हो गईं और समाचार पत्रों के पहले पन्ने सुर्खियों से रंग गए। लोक भावनाओं को भड़कानेवाले समाचार नमक-मिर्च लगाकर प्रकाशित होने लगे। दलितों की झोंपड़ियाँ कहाँ जलाई गईं ? कितनी जलाई गईं ? यह जानने के लिए समाचार पत्रों का सामूहिक पाठ होने लगा। अन्याय-अत्याचार करनेवाले लोग समाचारों का आधार लेने लगे। सवर्णों का बल बढ़ने लगा। हर रोज नए समाचारों की ओर लोगों का ध्यान जाने लगा। हर रोज कुछ न कुछ हो रहा था। पुलिस के महकमे में अफरा-तफरी मची थी।

अनिरुद्ध कुलकर्णी जवान दारोगा था। मराठे हवलदार का जमाई। उस्मानाबाद के पुलिस अधिकारी ने अनि को आदेश दिया था। हाडोलती, वाढ़ोना और जलकोट—इन तीन गाँवों के माहौल की जाँच करने की जिम्मेदारी उस पर थी। एक पुलिस जीप और चार कांस्टेबल लेकर अनि निकल पड़ा। वह हाडोलती पहुँचा। गाँव में तनाव था। अहमदपुर में पुलिस फोर्स कम होने के कारण उसे चार ही सिपाही मिल पाए थे। अनि के पास सिर्फ पिस्तौल थी। उसे ज्यादा कुमुक की जरूरत थी।

अनि को पता चला कि जलकोट में माहौल गर्म है। सो उसने एक सिपाही को

एस.आर.पी. फोर्स लाने के लिए भेज दिया। खुद तीन सिपाहियों के साथ वह जलकोट पहुँचा।

रात हो चुकी थी। भीड़ ने पुलिस चौकी पर धावा बोल दिया। भीड़ हिंसक हो चुकी थी। पुलिस थाने पर पथराव होने लगा। अनि के पास पिस्तौल और सिपाहियों के पास डंडे थे। परिस्थिति नियन्त्रण के बाहर हो चुकी थी।

''तुम लोग भाग जाओ। मेरे पास रिवाल्वर है, मैं देख लूँगा।'' अनि ने सिपाहियों को अन्तिम आदेश दिया। सिपाही मुश्किल में पड़ गए।

भीड़ चीखती-चिल्लाती आगे बढ़ रही थी। हिंस्र भीड़ को देख सिपाही पीछे के दरवाजे से भाग गए। चौकी में अनि अकेला ही रह गया।

पुलिस थाने के चारों ओर पत्थरों के ढेर लग गए। एस.आर.पी. की कुमुक अभी भी नहीं आई थी। माहौल पूरी तरह से बिगड़ चुका था। अनि ने भीड़ को काबू में करने के लिए हवा में दो गोलियाँ चलाईं। लेकिन भीड़ पर इसका कोई असर नहीं हुआ। वह और भी आक्रामक हो गई। अनि विवश हो गया। अपनी जान बचाने के लिए उसने भीड़ पर गोलियाँ चलाईं। दो-चार घायल हो गए।

गोलीबारी के डर से भागने के बजाय भीड़ और भी उग्र हो गई। लोगों ने पुलिस चौकी पर हल्ला बोल दिया। अनि ने चौकी का दरवाजा बन्द कर लिया। भीड़ का शोर बढ़ता रहा। अनि पीछे के दरवाजे से भाग निकला। पड़ोस के घर में घुस गया। लेकिन भीड़ ने उसे देख लिया था। घर में घुसकर उसे बाहर खींचा गया। लातों, घूसों, पत्थरों से मार-मारकर उसे घायल कर दिया। अधमरे-बेहोश अनि के जख्मी शरीर को खींचकर भीड़ उसे पुलिस थाने ले आई।

पुसिल थाने में लकड़ी, कड़बी आदि रखकर अनि को जिन्दा जला दिया गया। पुलिस थाने में लगी आग देखकर जान बचाकर भागे सिपाही अहमदपुर पहुँच गए और अधिकारियों को रपट दी।

सुबह पुलिस की कुमुक जलकोट पहुँच गई। गाँव में खामोशी थी। गाँववाले रिश्तेदारों के पास भाग गए थे। सिर्फ बूढ़े, लाचार रह गए थे। सबका एक ही जवाब था–

''हमें कुछ नहीं मालूम, साब।''

दूसरे दिन समाचार पत्रों में अनिरुद्ध कुलकर्णी हत्याकांड सुर्खियों में छपा।

जहाँ पुलिस चौकी को जलाया जाता है।

जहाँ दारोगा को जीवित जलाया जाता है।

वहाँ अछूतों की जान की क्या कीमत !

दलितों ने गाँव छोड़ना शुरू कर दिया।

मिलिन्द, रोहिदास, पंडित और चन्द्रकान्त ने पैंथर की बैठक बुलाई। नामान्तर की माँग के लिए मोर्चे का फैसला किया गया। पर पुलिस ने मंजूरी नहीं दी। ''वातावरण बिगड़ जाएगा। कुछ भी हो सकता है, मोर्चे मत निकालो।''

पुलिस ने संगीन परिस्थिति के बारे में चेताया।

मिलिन्द का मन काँप उठा–"युद्ध में जान की हानि होती है इसलिए क्या युद्ध न किया जाए ? जान बचाने के लिए क्या अन्याय को खुली आँखों देखते रहें ? यह जीवित होने की निशानी नहीं है। मृत्यु की कोई अहमियत नहीं। मृत्यु से बढ़कर है न्याय। और हमें वह मिलना ही चाहिए। हम मोर्चा निकालेंगे। पुलिस को जो करना है, करेगी।" मिलिन्द ने अपना निर्णय सुना दिया। रोहिदास, पंडित और चन्द्रकान्त ने उसका समर्थन किया।

पैंथर मोर्चे की तैयारी में जुट गए। पर घर के लोगों का मोर्चे से विरोध था–

"बेकार में चिनगारी मत डालो। हमारे घर जल जाएँगे। मोर्चा-वोर्चा मत निकालो।"

मिलिन्द की समझ में नहीं आया कि क्या करे ? दस लोगों का ही सही, हम मोर्चा जरूर निकालेंगे। पुलिस पकड़ लेगी। पकड़ने दो। हम पीछे नहीं हटेंगे। लेकिन पुलिस के डर से कुछ लोग पीछे हट गए।

मिलिन्द 'दलित पैंथर' का नेता था। उसका भाई देवीदास गाँव में खेती करता था। अपना भाई पैंथर का लीडर है, इसलिए वह भी गाँव में नेता बना बैठा था। गाँववालों को उसका व्यवहार खटकता था। वह गाँववालों की आँखों की किरकिरी बन गया था।

गाँव के मन्दिर में अस्पृश्यों का प्रवेश बन्द था लेकिन देवीदास मन्दिर में जाकर देवी के दर्शन करता। गाँव के नाई दलितों की हजामत नहीं बनाते इसलिए देवीदास ने उन पर केस दायर किया था। गाँव में एक ही होटल था। यहाँ दलितों के लिए अलग बर्तन थे। देवीदास ने होटल पर भी मुकदमा चलाया। गाँव के साहूकार के खिलाफ भी इसलिए केस चलाया कि उसने जातिवाचक अपशब्द बोलकर अपमान किया है। चुप बैठे, तो देवीदास धर्म-विरुद्ध व्यवहार कर रहा है, और उसे रोकें तो पुलिस पकड़ लेगी। गाँववाले पशोपेश में पड़ गए थे।

नामान्तर आन्दोलन के कारण सारे सवर्ण एक हो गए। उनके मन में धुन्धुआता, दलित द्वेष उफनकर बाहर आ गया। बदला लेने का अच्छा अवसर देख गाँववालों ने डंडे, कुल्हाड़ियाँ लेकर बौद्ध बाड़े पर हमला बोल दिया।

किसी ने बताया–"देव्या घर में ही है।" लोग उधर मुड़ गए। तब तक देवीदास सावधान हो गया था। जान के डर से भाग गया। बेतहाशा। जहाँ राह दिखी वहाँ।

पूरा गाँव देवीदास के पीछे पड़ा था। आगे देवीदास, पीछे डंडे, कुल्हाड़ियाँ लिए गाँववाले। आखिर भीड़ ने उसे पकड़ लिया। डंडों, कुल्हाड़ियों से मारा। उसकी लाश को खींचकर गाँव ले आए और सिंहद्वार पर टाँग दिया। यह घटना समाचार पत्रों में फिर सुर्खियाँ बन गईं। चारों तरफ सन्ताप की लहर दौड़ गई।

मोर्चा निकल पड़ा।

मिलिन्द सबसे आगे था। नामान्तर के नारे दिए जाने लगे। हजारों लोग हिम्मत

करके मोर्चे में शामिल हो गए थे। शहर घबरा गया था। पुलिस की तादाद मोर्चे से ज्यादा थी। सबके चेहरे पर यही डर था कि न जाने कब गोली चल जाए, लाठी चार्ज हो, कब आँसू गैस का गोला फूट पड़े। कुछ होने लगा तो निकल भागने का रास्ता हर किसी ने मन में सोच लिया था। मोर्चे में औरतें, बच्चे, बूढ़े, छात्र और जवान भी थे। सबके लहू में बाबासाहब के बारे में असीम श्रद्धा का भाव था और था विषम व्यवस्था के विरोध में उफन रहा आक्रोश। मोर्चा आँधी-तूफान की तरह गरजता हुआ बढ़ रहा था। भीड़ बेकाबू हो रही थी। पुलिस रोक नहीं पा रही थी। सो पुलिस ने मोर्चे को रोक दिया। दलित युवकों ने पुलिस का घेरा तोड़ दिया। पुलिस ने लाठी चार्ज किया। मोर्चा बिखर गया। भगदड़ मच गई। मोर्चे में शामिल लोगों पर सवर्णों की बस्ती से पथराव हुआ।

दूसरे दिन फिर समाचार पत्रों में समाचार आया। 'मोर्चे पर पुलिस का हमला। रौंदे जाने से तीन आदमी मरे।' मोर्चे पर लाठी की चोटों से एक मरा। जो मरे थे वे सिर्फ दलित थे।

झोंपड़ियाँ जल रही थीं, पर सिर्फ दलितों की। समूची व्यवस्था दलितों के खिलाफ पाँव जमाकर खड़ी हो गई थी। नामान्तर की लड़ाई लड़नेवाले अकेले होते गए। मोर्चे भी कितने निकालें ! शासन की नींद टूटती नहीं। आन्दोलन करें तो कितने करें ! समाज बदल नहीं रहा है। इसके विपरीत आन्दोलन की धार कुन्द पड़ती जा रही है। मोर्चे का प्रभाव क्षीण होता जा रहा है। आन्दोलन की गम्भीरता ही गायब होती जा रही है।

एक ही समस्या को लेकर आखिर कितने दिन संघर्ष करें ?

कितने वर्ष ?

बाबासाहब के नाम पर लोग चले आते हैं हमारे साथ, लेकिन उन्हें कितनी बार जेल की यात्रा करवाएँ ?

कितनी झोंपड़ियाँ जल गईं ! कितने लोग मर गए ! फिर भी कुछ नहीं हुआ।

मराठवाड़ा के लोगों की भावना का प्रश्न था इसीलिए नामान्तर का झमेला खड़ा हो गया। भावनाएँ क्या सिर्फ मराठवाड़े के सवर्णों की ही होती है ? दलितों की कोई भावना नहीं होती ? लोक भावना पर शासन तो चल सकता है लेकिन सामाजिक परिवर्तन की लड़ाई भावना की अपेक्षा मानव मूल्यों के आधार पर चलती है। शासन मूल्यों की परवाह क्यों करेगा ? उसे तो अपनी सत्ता को सँभालना होता है।

हमें सत्ता में जाना चाहिए। शासक जमात में शामिल हो जाना चाहिए। हम फौज को तैनात करेंगे और नामान्तर करा लेंगे। शासन नामर्द है।

मिलिन्द रात-भर सोचता रहा।

नामान्तर के प्रश्न का क्या होगा ? नामान्तर होना ही चाहिए। नामान्तर नहीं हुआ तो हमारा संघर्ष बेकार चला जाएगा। साम्प्रदायिक ताकतें बढ़ती जाएँगी।

नामान्तर विरोधी लोग भी मोर्चे निकाल रहे थे। सरकारी साधन-सामग्री का नाश

कर रहे थे। दलितों की झोंपड़ियाँ जला रहे थे।

महाराष्ट्र की प्रगतिशील जनता नामान्तर के पक्ष में थी। प्रगतिशील संगठन नामान्तर के प्रश्न पर एकजुट हो गए थे। नामान्तर की माँग का दबाव बढ़ता जा रहा था।

'दलित मुक्ति सेना' ने नामान्तर के लिए लांग मार्च का ऐलान किया।

महाराष्ट्र के कोने-कोने से गाँव-गाँव से लोगों के जत्थे लांग मार्च में शरीक होनेवाले थे। महाराष्ट्र के सारे नामान्तरवादी जन औरंगाबाद आकर विश्वविद्यालय का नाम बदलनेवाले थे।

एक बार फिर माहौल गर्म हो गया। चारों ओर लांग मार्च की तैयारियाँ होने लगीं।

लांग मार्च दलित मुक्ति सेना का कार्यक्रम है। इस कार्यक्रम में दलित पैंथर कैसे शामिल हो सकता है ?

लांग मार्च में प्रगतिशील सवर्ण भी शामिल हो रहे हैं ! लेकिन यह अपने संगठन का कार्यक्रम नहीं है। इसलिए नामान्तर के लिए लड़नेवाले अम्बेडकरवादी लांग मार्च का विरोध कर रहे थे।

समाचार पत्र दोनों तरफ से आग में तेल डाल रहे थे।

सुगाँव आदर्श गाँव के रूप में पुरस्कार प्राप्त गाँव था। वहाँ साक्षरता का अच्छा प्रसार हुआ था। शराबबन्दी हो गई थी। वृक्षारोपण के कार्यक्रम सफल हो चुके थे। सवर्ण और दलित मिल-जुलकर रहते थे। लेकिन नामान्तर के आन्दोलन के कारण गाँव का वातावरण दूषित हो गया।

सुगाँव में एक मिडिल स्कूल था। स्कूल की दीवार पर महात्मा गांधी, लोकमान्य तिलक, बाबासाहब अम्बेडकर और साने गुरुजी की तस्वीरें बनी हुई थीं। रात में किसी सिरफिरे ने बाबासाहब की तस्वीर को गोबर से पोत दिया, और सुबह ही गाँव का माहौल बिगड़ गया।

दलित-सवर्णों में तनाव पैदा हो गया। दलितों ने मोर्चा निकाला। गाँववाले इकट्ठा हो गए। दो युवक आगे बढ़ गए।

"हमने अम्बेडकर की तस्वीर को गोबर से पोता है। हम इस दीवार को भी तोड़ देंगे।"

आठ-दस युवकों ने स्कूल की दीवार को तोड़ना शुरू कर दिया। शिक्षक उन्हें रोकने लगे। गाँववाले भी दीवार तोड़ने के लिए आगे बढ़ गए। कोई सुनने की मनःस्थिति में नहीं था। बच्चे कक्षा के बाहर भाग गए। गाँववालों ने स्कूल गिरा दिया।

गाँव के गुंडों ने दलितों को भगा दिया।

शाम तक पुलिस बल गाँव आ गया। पुलिस ने गाँव के दो सौ लोगों को पकड़ा। गाँव के पुलिस थाने के पासवाले मैदान में सबको बिठा दिया। थाने में इतने लोग समा नहीं सकते थे। मैदान में मंडप बनाया गया। पुलिस ने रात में मीठे भोजन का प्रबन्ध

किया। लोग मंडप में बैठकर भोजन कर रहे थे। सिपाही परोस रहे थे। 'जय भवानी-जय शिवाजी' के नारों के साथ भोजन चल रहा था।

भीमनगर के लोग इस आशंका से गाँव छोड़कर जा रहे थे कि रात में कहीं कोई हादसा न हो जाए।

सुबह बच्चे स्कूल पहुँचे। स्कूल गिरा पड़ा था। शिक्षक बच्चों को गाँव के मन्दिर में ले गए। सारे बच्चे मन्दिर में घुस गए। शिक्षक ने चार पाँच दलित बच्चों को खींचकर बाहर निकाला। उनसे कहा–"आज स्कूल की छुट्टी है। तुम घर चले जाओ।"

मन्दिर में पाठशाला शुरू हो गई। बच्चे जोर-जोर से प्रतिज्ञा कर रहे थे–"भारत मेरा देश है। सभी भारतीय मेरे भाई हैं।"

दलित बच्चे अपने बस्ते उठाकर अपने घरों की ओर चल दिए थे ताकि मन्दिर भ्रष्ट न हो।

PARASWALE

मैं हूँ दयानन्द किणीकर ! दलित लेखक, कवि और अध्यापक !

मेरा अतीत और मैं !

मेरे पिता, मैं और मेरा बेटा विवेक !

हम तीनों के चेहरों में कितना फर्क है !

मैं अपनी जिन्दगी का उत्खनन करता हुआ घर पहुँच गया।

दरवाजे में भावना के पिताजी दिखाई दिए और मैं चकरा गया। मुझे कुछ समझ में नहीं आ रहा था। मैंने सोचा, उनके चरण छू लूँ, लेकिन उन्होंने छूआछूत माना तो ? आप सनातनी हैं, दकियानूसी हैं।

मेरी और भावना की शादी को दस वर्ष बीत चुके हैं। आज इतने दिन बाद वह हमारे घर पधारे हैं। मुझे उनके चेहरे पर प्रसन्नता नजर आ रही है। वे विवेक के साथ बातें कर रहे हैं। विवेक ने मुझे देखा। 'पापा' कहकर पुकारा और भावना के पिताजी खरगोश की तरह हो गए। मैं घर के अन्दर दाखिल हुआ।

"बाबा कब आए ?" मेरा हर शब्द आदर से भीगा हुआ था।

"दुपहर में।"

भावना के हर एक शब्द में खुशी के बादल छाए हुए थे।

मैं फ्रेश होकर आ गया। भावना मेरे लिए चाय बनाने लगी। मैं और भावना के पिताजी दालान में बैठे हुए थे। विवेक अपने नानाजी से चिपक गया था। भावना के पिताजी ने ही संवाद शुरू किया–

"बड़ी अच्छी घर-गृहस्थी बसा ली है। भावना सुख में है। उसने बहुत सहा है। आपने उसे स्वीकार नहीं किया होता तो उसकी जिन्दगी बरबाद ही हो जाती। आपके बड़े उपकार हैं हम पर। मुझसे गलती हो गई। आपको आशीर्वाद देने के लिए दस वर्ष तक रुकना पड़ा। व्यवस्था को लाँघ नहीं सका। अब मैं थक गया हूँ। एक बार जी भर के भावना की गृहस्थी देखना चाहता था। उसका कल्याण हो गया है..." भावना के पिताजी गद्‌गद्‌ होकर कह रहे थे।

मैं भी अभिभूत हो आया था। उनकी आवाज भारी हो गई थी। आँखों में पानी भर आया था।

हमारी शादी का बाबा ने विरोध किया था। मेरा और भावना का विवाह करना एक सांस्कृतिक अपराध था। मुझे दस वर्ष पहले का जमाना याद आ गया।

भावना की शादी हो चुकी थी लेकिन हमें उसका निमन्त्रण नहीं मिला था। अनि ने हमें नजरअन्दाज कर दिया था। हम दलित जो थे ! हम ब्राह्मणों की शादी में कैसे जा सकते थे ? अनि ने अपने ब्राह्मण मित्रों को अपनी बहन की शादी का निमन्त्रण दिया था। हमलोगों में इस बात पर चर्चा हुई। हमने इस बारे में अनि से कुछ भी नहीं पूछा क्योंकि हम उसके घर के माहौल को जानते थे।

एक दिन मैं और रोहिदास कमरे में आए तब अनि दहाड़ें मारकर रो रहा था। हम सोच नहीं सकते थे कि क्या हुआ होगा।

रोहिदास ने पूछा तो अनि ने रोते हुए कहा–"मेरी बहन के पति ने आत्मघात कर लिया है।" हम संजीदा हो गए। एक मास पहले ही तो शादी हुई थी। अनि की इकलौती और लाडली बहन भरी जवानी में विधवा हो गई। अब उसका क्या होगा ? उसका केशवपन किया जाएगा ? उसका पुनर्विवाह होगा ? मेरे जैसे पराए आदमी को भी इन प्रश्नों ने परेशान किया। अनि तो फिर भी उसका भाई था।

"अनि, तुम घर जाओ। अब यहाँ बैठकर रोने से क्या लाभ ?" रोहिदास समझाने के स्वर में कह रहा था–"मेरी बहन ने क्या पाप किया था ? उसकी तकदीर में यह क्या लिखा था ! बाबा इस सदमे को सहन नहीं कर सकेंगे..." अनि विलाप कर रहा था। मैं सन्न रह गया था।

"अनि, तुझे कुछ मदद चाहिए ? तू अपने साथ किसी को ले जा रहा है ? तेरी जातवाला कोई दोस्त हो तो उसका पता दे दे, मैं उसे बुला लाता हूँ।" मैंने अनि से पूछा।

"तुम्हीं दोनों आ जाओ तो अच्छा होगा। तुम चलो मेरे साथ।" अनि दीनता से कह रहा था।

"हमारा आना ठीक होगा ?"

"हमलोगों को ही जाना होगा। आत्मघात का केस है। पुलिस केस होगा। पंचनामे के बाद पोस्टमार्टम होगा। उसके बाद लाश मिलेगी। अनि से यह काम नहीं हो सकेगा। तू मिलिन्द को लेकर बस स्टेशन पहुँच। हम चलते हैं।" रोहिदास ने सूत्र अपने हाथ में ले लिये।

"मिलिन्द गेट पर ही खड़ा है। हम साथ-साथ ही चलेंगे।"

हमने कमरा बन्द कर दिया।

रो-रोकर अनि की आँखें लाल हो चुकी थीं।

"तेरी बहन के पति की उम्र क्या थी ?" मिलिन्द ने सवाल दागा।

"होगी तीस बरस।" अनि की आवाज जैसे बहुत गहराई से आ रही थी।

"उसने आत्मघात किया है, इसका मतलब जरूर कुछ न कुछ कारण होगा। किसे पता, आत्मघात है या खून है ?" मिलिन्द एक के बाद एक शंका उपस्थित कर रहा था।

मैं झुँझला गया।

''जाने दे। हमें क्या करना है, जो होगा उसे पुलिस देखेगी।''

मेरी बात सुनकर रोहिदास बिगड़ उठा–''मिलिन्द ठीक कह रहा है। वहाँ कुछ कानूनी परेशानियाँ भी हो सकती हैं उसके बारे में हमें जानकारी रहे तो ठीक रहेगा।''

मैंने रोहिदास के बिगड़ने को नजरअन्दाज किया। कहा–''अनि, क्या हमें अपनी जात को छिपाना पड़ेगा।''

रोहिदास जोर-जोर से हँसने लगा–''वहाँ कौन तेरी जात पूछनेवाला है ?''

उसके प्रतिप्रश्न पर मैं निरुत्तर हो गया।

हम वहाँ पहुँचे तब तक लाश श्मशान पहुँच चुकी थी। अग्नि दी जा चुकी थी। चिता की ज्वालाएँ भड़क उठी थीं। सब इस बात की प्रतीक्षा में थे कि कब लाश की खोपड़ी फूटे। हम जल्दी-जल्दी वहाँ पहुँचे।

अनि के पिताजी अकेले खड़े थे, चिता की तरह ही। मैं सन्न रह गया।

मानव मर्त्य है। कोई भी हो, महामानव हो या आम आदमी हो, जो पैदा हुआ है उसे मरना ही है। हर बात के विकास में उसका विनाश भी छिपा हुआ है। चिता भड़क उठी थी। मैं भी एक दिन मर जाऊँगा। कैसे मरूँगा ! हर एक को अपनी मौत का पता होता तो ! हम सब अमरधाम के बाहर चले आए।

अनि के साथ मैं, मिलिन्द, रोहिदास और साथ में अनि के पिताजी। मुझे इस बात पर गर्व हुआ कि हम एक सनातनी ब्राह्मण को सहारा दे रहे हैं। ''सब कुछ खतम हो गया।''–हताशा में अनि के पिता आसमान की ओर देखकर बुदबुदाए।

पास में ही ब्राह्मणों में चर्चा चल रही थी।

''आजकल के लड़के जात-पात तोड़ना चाहते हैं। मन्दिर नहीं जाते। ब्राह्मणों को प्रतिष्ठा नहीं देते। उनका चरण-तीर्थ नहीं लेते। पंचगव्य को छूते नहीं। सन्ध्यानुष्ठान नहीं करते। जनेऊ टूट जाने पर उसी को सत्रह गाँठें बाँध देते हैं। चारों ओर अधर्म फैल रहा है।''

मैं ध्यान से उनकी बातें सुन रहा था। हम ब्राह्मणबाड़े पर पहुँच गए।

भावना के गहने निकाल लिए गए थे। उसके कंगन उतार लिए गए थे। उसके मंगलसूत्र का स्वामी चल बसा था। उसका चेहरा आक्रन्दन से मलिन हो चुका था। फिर भी वह सुन्दर दिखाई दे रही थी। मैंने उसे आँख भर देखा।

घर की बूढ़ी विधवा तनतनाती हुई बाहर आई–''इसका मुंडन कर दो और पहनने के लिए कोई मोटी-झोटी साड़ी दे दो।''

बूढ़ी विधवा उसके पति की दादी थी शायद।

भावना का ससुर आगे बढ़ा। उसके चेहरे पर चिता जल रही थी–''तुम लोगों ने लड़की की झूठी जन्म-कुंडली दिखाकर हमें धोखा दिया है।''

लड़केवाले क्रोध से पागल हो गए थे। मुझे तो ऐसा लग रहा था कि सब किराए के गुंडे होंगे। अब तक खामोश अनि ने मुड़कर कहा–''किसने किसको धोखा दिया है ?

लड़के को मिरगी की बीमारी थी। क्या आप लोगों ने इस बात को नहीं छिपाया ?"

अनि की आवाज में सन्ताप से अधिक पीड़ा थी।

"अनि चुप हो जा। अपने ही भाग खोटे हैं, बेटा।"

अनि के पिता ने ठंडी साँस भरी।

भावना डर गई थी। आँधी-बारिश में जिसका घोंसला टूट गया हो ऐसे पंछी जैसी उसकी दशा हो गई थी।

ससुराल के लोगों का आवेश देखकर रोहिदास भड़क उठा—"जो हो गया सो हो गया। अब खामोश हो जाओ।"

तभी एक जवान ने उछलकर पूछा—"तू कौन होता है, हमें समझदारी सिखाने वाला ?"

हम तीनों को गुस्सा आ गया। मैं, मिलिन्द और रोहिदास आगे बढ़े। हमारे भाव देखकर सब लोग खामोश हो गए। बूढ़ी विधवा झुँझलाती रही—"लगता है, किराए के टट्टू ले आए हैं।"

हम वहाँ से निकल पड़े। जैसे लाश की खोपड़ी फूट जाने पर लोग श्मशान से निकल जाते हैं उसी तरह।

अनि, रोहिदास, मिलिन्द, अनि के पिता, भावना और मैं साथ-साथ चल रहे थे।

अनि के पिता दहाड़ें मारकर रो पड़े। अनि और भावना गले मिलकर रोए। हमने उन्हें सान्त्वना दी और सहारा देकर चल पड़े।

जब हम अनि के घर पहुँचे, रात हो चुकी थी। हमने घर को सँभाल लिया। पानी गरम किया। उन्हें नहलाया। चाय बनाई। उनके दुख में पूरी तरह शामिल हो गए।

भावना मेरी आँखों में बस गई थी। मेरे मन ने कहा कि मैं भावना से शादी करूँ। लेकिन मैं अछूत हूँ। यह कैसे संभव है ? मैंने अपनी जाति को गाली दी। हिन्दू धर्म को भी गाली दी।

दूसरे दिन हम वहाँ से निकल पड़े। तब भी मैं भावना के बारे में सोच रहा था। मेरी खामोशी मेरे तन-बदन में धधक रही थी। मैं बेचैन हो उठा था।

भावना का पति उम्र में उससे बड़ा था। उसे मिरगी की बीमारी थी। पहली रात ही जब वह भावना के पास गया तभी उसे मिरगी आई। वह नीचे गिर गया। उसकी आँखें सफेद हो गईं। मुँह में झाग भर आया। बदन काँपने लगा। भावना रोने लगी। उसके साथ धोखा हुआ था। बारिश के दिनों में जब बादल छा जाते और बिजली चमकने लगती तो वह घबरा जाता था। आसमान में बादल आते ही उसे मिरगी का दौरा पड़ता था। वह डर जाता और बेचारगी से भर जाता। घर के किसी कोने में जाकर छिप जाता। सब उसको भला-बुरा कहते। वह विवश हो जाता। भावना खुली आँख से यह विडम्बना देखती रहती।

सब सो गए थे। जोरों की बारिश हो रही थी। बिजली चमक रही थी। बारिश की टप-टप अँधेरे में घुल रही थी। चुभनेवाली हवा तन पर रोमांच खड़ा कर रही थी।

आसमान काले-काले बादलों से घिरा था। अँधेरा रहस्यमय लग रहा था। रात लावारिस लाश जैसी प्रतीत हो रही थी। तभी उसे मिरगी का दौरा पड़ा। वह बेहोश हो गया था। उसका बदन तड़प रहा था। भावना सो रही थी। आसमान गरज रहा था। धारदार बारिश हो रही थी। भावना की सास आई और उसने भावना को भला-बुरा कहा–"रो क्यों रही है, क्या हो गया ? कोई मर तो नहीं गया। आज तक हमने इसकी खूब देखभाल की, अब तुझे देखना है। तेरा पति है।" सास तनतनाती हुई चली गईं।

भावना पति के पास बैठकर रोती रही। उसकी सहायता के लिए घर का कोई नहीं आया।

कुछ देर बाद उसका पति होश में आया। उसने भावना की ओर देखा जैसे आसमान में बादल छा जाते हैं वैसे उसकी नजर में अपराधबोध भर आया था।

वह चुपचाप उठा। उसका बदन अब भी काँप रहा था। आधी रात बीत चुकी थी। वह घर से निकल पड़ा। बाहर बारिश हो रही थी। बिजली चमक रही थी। रास्ते सुनसान थे। वह बारिश में निकल गया।

भावना ने उसे पुकारा। वह नहीं लौटा। भावना चीखी-चिल्लाई। उसका ससुर भी आ गया। उसने उसे समझाया–"वह कहीं नहीं जाएगा। लौट आएगा। तू सो जा..." पिता की ममता से उसने उसे दुलारा, उसके आँसू पोंछ दिए, पीठ थपथपा दिया और पलंग के पास ले गया।

भावना को ससुर का स्पर्श कुछ अजीब-सा लगा। उसने ससुर की बात को साफ नकार दिया। तड़का हो रहा था।

धीरे-धीरे बारिश कम हो गई।

ससुर निकल गया था। कुछ देर बाद सास आ गई–"बीच रात में तूने मेरे बेटे को घर से निकाल दिया। उसका कुछ भला-बुरा हो गया तो मैं तुझे जिन्दा नहीं छोड़ूँगी।"

भावना ने सास की बात का शान्ति से जवाब दिया।

दिन निकल आया।

भावना मायके जाने की तैयारी कर रही थी तभी खबर आई कि उसके पति ने आत्मघात कर लिया था। रेल की पटरी के पास उसकी लाश के दो टुकड़े पड़े थे–धड़ और सिर।

हम बस से नीचे उतर पड़े। पूरी यात्रा में कोई किसी से नहीं बोला था। मैंने शान्ति भंग की–"पुरानी रूढ़ि और परम्परा के शिकार सिर्फ दलित ही नहीं ब्राह्मण भी हैं। ब्राह्मण विधवाओं की पीड़ा भयंकर होती है।"

मुझे किसी ने रिस्पांस नहीं दिया। हर कोई रूख की तरह उखड़ा पड़ा था।

भावना पिताजी के साथ शॉपिंग करने गई। मैं नहीं गया। घर पर ही रह गया ताकि भावना अपनी इच्छानुसार शॉपिंग कर सके।

मैं अपना उत्खनन करने लगा। मैं रोहिदास के साथ अनि के गाँव में दलित छात्र दल की स्थापना के लिए गया था। अनि ने चिट्ठी दी थी। कार्यक्रम समाप्त होने के बाद हम अनि के घर गए। भावना घर में अकेली थी। बाबा कहीं बाहर गए हुए थे। एक वर्ष बाद उसे देख रहा था। उसकी तबीयत खराब रहने लगी थी। चेहरा फीका पड़ गया था। आँखों के आसपास काले-धब्बे उभर आए थे। रोहिदास ने चिट्ठी दे दी। उसने हमारी पूछ-ताछ की। चाय दे दी। मुझसे रहा नहीं गया। साहस करके पूछा—"आप फिर से शादी क्यों नहीं करतीं ?"

"यह कैसे सम्भव है ?"

"मैं आपके साथ शादी करूँगा।"

वह मेरी ओर देखती रह गई। निर्विकार। मैं झेंप गया।

"लेकिन मैं अछूत हूँ।" मैंने जोड़ा।

रोहिदास ने मेरा हाथ पकड़कर मुझे उठाते हुए कहा—"चल, तू पागल तो नहीं हो गया है ?"

मैं पथरा गया था—"रोहिदास, कुछ देर के लिए रुक जा। मुझ पर अहसान होगा।"

रोहिदास आपे से बाहर हो गया—"तू मूर्ख तो नहीं है ! दीदी, आप इसकी बात की ओर ध्यान मत दीजिए।"

रोहिदास मुझे घर से बाहर खींच ले गया।

मैंने क्या गलत कहा था ? मैं उसे अपनी बीवी बना रहा था। वह विधवा बनकर जिन्दगी काटती रहे, यह मुझे मंजूर नहीं था। लेकिन उसकी जिन्दगी का निर्णय करनेवाला मैं कौन होता हूँ !

"दयानन्द, तू दोस्ती का अपमान कर रहा है। वह अपने दोस्त की बहन है। तू इतना भी नहीं जानता कि उसके साथ कैसे पेश आएँ ?"

"तू ही बता। क्या मुझे फिर कभी इस तरह बोलने का अवसर मिलेगा ?"

"अवसर मिल गया इसलिए जो चाहे बोलेगा ?"

"मैं उसके साथ शादी करना चाहता हूँ।"

"अनि को इस बात का पता चलेगा तो वह क्या सोचेगा !"

"तू क्या सोचता है ! यही बता दे !"

"यह तेरी मूर्खता है।"

"तू तो उसके साथ शादी करना नहीं चाहता ?"

रोहिदास ने मेरे मुँह पर एक जोरदार चाँटा रसीद किया। आँखों के तारे छूट गए। मैं बुझ गया। उसके साथ चुपचाप चलने लगा।

भावना हवा के झोंके के साथ आ जाती है जैसे परी हो। विवेक मेरी ओर लपकता है जैसे फुलपाखी हो। बाबा घर आए हैं जैसे कोई सन्त हों। लगता है मेरा घर भर गया है।

बाबा ने मुझे बर्फी दी। मैंने भावना से चिल्लाकर कहा–"बाबा को तूने काम करने को कहा ?"

"बाबा अपने हाथ से आपको बर्फी देना चाहते हों तो ?"

मैं लाजवाब। बाबा मेरे पास बैठ गए।

मुझे अपने बाप महादेव की याद आती है। मेरी माँ काशी। मेरा बचपन। मेरे गाँव को घेरे हुए हाईवे। तेजी से भागनेवाले बादलों की गति को मैं अपनी नजरों में पकड़ लेता था। झपाटे से जानेवाले बादल मेरी आँखों में तिलचट्टे बनकर मर जाते। हाईवे हमारी भाग्यरेखा थी। गाँव की बाजू की ओर पहाड़ का मोड़। बांक-बांक पर पहाड़ लाँघनेवाला यातायात। बाईं ओर नीचे देखो तो नजर को चौंकानेवाली गहरी खाई। दाईं ओर ऊँचे पहाड़ की चोटी। आगे पहाड़ों की कतारें। पहाड़ के शिखर पर बैताल का मन्दिर। पहाड़ के नीचे चुटकी भर का गाँव। घाटी के बीच झर-झर बहनेवाला झरना। झरने के पास बेर का पेड़। बेर के नीचे बैताल का पत्थरों से बना एक और मन्दिर। यहाँ वाहनों की गति मन्द हो जाती है। यात्री बेर के पेड़ पर छोटे बच्चों के पुराने कपड़े और बैताल के सामने सिक्के फेंकते हैं। माई कपड़े उठाती, बाप सिक्के उठाता, इससे हमारी गुजर-बसर हो जाती।

बस के आते ही हमारी नजरें खिड़की की ओर चली जातीं। खिड़की से बाहर कोई हाथ आता तो माई ध्यान से देख लेती। बस के जाते ही सिक्के उठाने के लिए भाग-दौड़ मच जाती। पैसे मिल जाते तो सब खुश होते।

आज भी मुझे वह दुपहर याद आती है। बस आई। हाथ खिड़कियों से बाहर निकले। सड़क पर सिक्के लुढ़कने लगे। हवा में कपड़े उड़ने लगे। माई कपड़ों को पकड़ने के लिए दौड़ी। बाप सिक्के उठाने के लिए बढ़ा। दनदनाती हुई लॉरी आई, पहाड़ की चोटी गिरने जैसी आवाज हुई। जोर से ब्रेक दबाने की आवाज सुनाई दी, मानो बिजली गिर गई हो। कलेजे को चीरती हुई बाप की फटी आवाज। काशीमाई की करुण चीख। लॉरी तेज गति से चली गई। बाप की तड़पती देह खामोश हो गई। सड़क पर खून। लॉरी का टायर बाप के सिर को कुचल गया था। चेहरा विकृत हो गया था। अब बाप फिर कभी दिखाई नहीं देगा, फिर कभी नहीं लौटेगा। एक पल में सब खत्म हो गया।

वाहन आते रहे और जाते रहे। हमारे क्रन्दन के लिए कौन रुकता !

बसें आती हैं। रुकती हैं। यात्री उतरते हैं। दुख प्रकट करते हैं। तरह-तरह के सवाल पूछते हैं। हमें लॉरी का नम्बर नहीं मालूम। रंग बता देते हैं। लोग कहते हैं–"लॉरी निकल जाएगी, उसको ढूँढ़ना मुश्किल है। पुलिस आएगी। पंचनामा होगा। पोस्टमार्टम होगा।"

हमारी समझ में कुछ नहीं आ रहा था। गाँव के लोग आए। स्कूल के बच्चे आए। शिक्षक आए। हमारी बस्ती के लोग भी आ गए। सड़क पर भीड़ हो गई। बाप के चारों

ओर पत्थरों का घेरा तैयार किया गया। औरतें माई को समझाने लगीं। पहचान के बच्चे मेरे पास आ गए। हमारे शिक्षक भी आ गए।

मेरा रुदन बेकाबू हो रहा था।

मुझे बोर्डिंग में भर्ती करा दिया गया, माई अकेली रहने लगी।

एक दिन वह भी गायब हो गई। गाँव में चल रही कानाफूसी मेरे कानों तक पहुँची। किसी लॉरी चालक के साथ वह भाग गई थी।

अतीत को याद करके मैं बेचैन हो जाता हूँ। कैसे यह सब सह लिया ? मिट क्यों नहीं गया ? किस बल पर टिका रह गया ?

बाबा विवेक को पुराण की कोई कथा सुना रहे थे। भावना रसोई में उलझी हुई थी। कामवाली आ गई थी। मेरी ही जाति की है। उसका नाम है सरोज। वह भावना को 'बाईसाहब' कहती है। हम उसे 'सरोज' ही कहते हैं।

सरोज और भावना।

मुझे गौतम गांगुर्डे की याद आती है। आवेश में उसका बोलना याद आता है–

"दयानन्द, तू किसी दलित लड़की के साथ ही शादी कर। तुझे आरक्षण कोटे से नौकरी मिल जाएगी। इसका सुख अपने समाज की लड़की को ही मिलना चाहिए। तू ब्राह्मण लड़की से शादी करेगा। उसे सुख देगा और अपनी लड़कियाँ गोबर उठाती धूप में भटकेंगी। सवर्ण औरतों को अपने घरों में कामवाली बनाकर रखना चाहिए।"

मैं बहुत बेचैन था। मैं सरोज में बीवी खोज रहा था और भावना में कामवाली। गौतम गांगुर्डे के साथ मुझे मधु कांवले की याद आ जाती है। वह मुझे सवर्ण समझता रहा था।

मधु कांवले कहा करता था–"हम लोगों को नौकरी नहीं मिलनेवाली। आरक्षण के पद ही भरे जा रहे हैं। मैं तो दलित लड़की से शादी करूँगा। सम्भव हुआ तो दलित बीवी को आरक्षित स्थान से चुनाव लड़ने को कहूँगा। वह आसानी से विधायक या सांसद बन सकती है। अपनी जात की किसी औरत को 'रखा' जा सकता है।"

गौतम गांगुर्डे ने जो कहा उससे मैं अन्तर्मुखी हो गया था। मधु कांवले ने जो कहा था उससे भी। हमारी शादी का मौसी ने भी विरोध किया था–"बामन की औरत को बीवी मत बना। वह तुझे जहर देकर मार डालेगी। तुझे हमसे अलग कर देगी। हमारे सुख-दुख में शामिल नहीं होगी। घर जाएँगे तो पहचानेगी भी नहीं। अपनी जात की लड़की से ही शादी कर। हम लोग घर तो आ सकेंगे।"

शादी के बाद मैं भावना को लेकर मौसी के घर गया। भावना ने मौसी के बर्तन मांजे, कपड़े धोए, रसोई बनाई, मिल-जुलकर रही। नाजुका मौसी का गुस्सा ठंडा हो गया।

त्रिशरण आ गया। उसके साथ मिलिन्द भी है। सरोज को चाय के लिए कहकर हम

तीनों छत पर चले गए। मिलने पर हम अक्सर दलित साहित्य पर चर्चा किया करते थे। एक-दूसरे की सुनते, रचनाएँ सुनाते। कुछ नया सुझाते।

बाबा भी ऊपर आ गए।

हमारी चर्चा अधूरी रह गई।

''मैं आप लोगों की कविताएँ सुनूँ तो कोई हर्ज तो नहीं ?''

''दलित कविताएँ हैं।''

''कविता तो कविता होती है। वह दलित कैसे हो सकती है ?''

''दलितों का साहित्य अलग है।''

''हम कविता पाठ नहीं कर रहे थे। कुछ ऑफिशियल बातें थीं।''

''भावना ने मुझे बताया कि अपने यहाँ कवि आए हुए हैं। इसलिए मैं चला आया। ठीक है, आप बातें कीजिए।''

बाबा उल्टे पाँव चले गए। मुझे बुरा लगा।

''सवर्ण सम्पादक अपना साहित्य नहीं छापते। हमें अपनी पत्रिका निकालनी चाहिए। अपना प्रकाशन संस्थान खोलना चाहिए। तभी हम अपना साहित्य प्रकाशित कर पाएँगे।''

''हमें सफेदपोश साहित्य के प्रभाव से बचकर लिखना चाहिए। स्थापित मूल्यों को उतार फेंक देना चाहिए। अब तक के साहित्य में हम लोगों का सही चित्रण नहीं हुआ है। अब हमें स्वयं ही लिखना होगा। अपने साहित्य में जाति भेद के विरोध के अलावा विचार भी व्यक्त होना चाहिए। गुलामों को गुलामी का अहसास कराना होगा।''

''जिस भगवतगीता में चातुर्वर्ण्य का समर्थन है वह महाभारत हमारे लिए वन्दनीय कैसे हो सकता है ? जिस रामायण में शम्बूक का वध होता है वह रामायण हमारे लिए पवित्र कैसे हो सकता है ? संस्कृत को देववाणी माना जाता है। शूद्रों को संस्कृत पढ़ने का अधिकार नहीं। शूद्र मन्त्र सुन ले तो उसके कानों में पिघला शीशा डालने का आदेश मनुस्मृति में दिया गया है। हिन्दुओं के ऐसे धर्मग्रन्थों को हम कैसे पूजनीय मान सकते हैं ? सन्तों ने भगवान के दर पर सबको समान माना, फिर भी चोखा मेला का स्थान बाहर की सीढ़ी के पास होता है। हमें नया पुराण साहित्य रचना होगा। नए मिथक गढ़ने होंगे।''

हम अभिव्यक्त होना चाहते थे। हमारा गर्भवास समाप्त हो गया था। प्रसूति पीड़ा आरम्भ हो चुकी थी। आसमान बादलों से भर गया था। तूफान का आगाज होने को था। हम पैदा होने के लिए धक्के दे रहे थे। राहें ढूँढ़ रहे थे।

हमें शब्द मिल गए थे। हम शब्दों को हथियार की तरह भांज रहे थे। शब्दों से घर-बार और देश को जला देने के सपने देख रहे थे। हमें अपनी आवाज मिल गई थी। हमें अपनी अस्मिता की पहचान हो गई थी। फुले-अम्बेडकर हमारे श्वास-उच्छ्वास हो गए थे।

अब तक हमारी नई कलम का तिरस्कार हुआ था। हमारी बस्ती को बहिष्कृत कर

दिया गया था। हमारा पनघट अलग, हमारी श्मशान-भूमि अलग, पाठशाला में बैठने का स्थान अलग, होटल में जगह अलग। मन्दिर में प्रवेश नहीं था। हमारे स्पर्श को और परछाईं को भी अछूत करार दिया गया था।

बाबासाहब न होते तो हम गर्व से लिख भी न पाते। हमें आजादी के अर्थ का पता ही न चलता।

सरोज चाय ले आई। हमने चाय पी और बहस को विराम दिया। भावना के बाबा सन्ध्या-पूजा कर रहे थे।

हमारे लेखन से दलित साहित्य की धारा ने जोर पकड़ा। दलित लेखकों की संख्या बढ़ने लगी। हर कोई अपनी वेदना को अभिव्यक्ति दे रहा था। हजारों वर्षों से दलितों को सत्ता, सम्पत्ति, प्रतिष्ठा और ज्ञान से वंचित रखा गया था। दलितों को शिक्षा, संगठन और संघर्ष का महत्त्व समझ में आ गया। धर्मान्तरण से दलितों में नया आत्मबोध आया। हजारों वर्षों के साहित्य-संस्कृति और सत्ता की चारदीवारी को तोड़ने के लिए एक नई बाढ़ की जरूरत थी। यह ऐतिहासिक जरूरत थी इसी के तहत हम लिख रहे थे।

दलित साहित्य आम आदमी के उद्‌गार का प्रतीक है। दलित साहित्य आन्दोलन के कारण दलित आन्दोलन की गति भी बढ़ी। दलित साहित्य के साथ-साथ दलित समाज और आन्दोलन की भी चर्चा होने लगी।

भावना दलित कविता को समझ नहीं पाती थी। फिर भी मेरी कविता की पहली श्रोता वही होती थी। मेरी कविता बिना वाहवाही के सुनते रहना और सुनने-सुनते मेरी गोद में लेट जाना उसकी आदत थी। मैं कविता-संग्रह तैयार कर रहा हूँ। उसके लिए कविताओं का चयन करना है। कुछ कविताओं में सुधार भी करने हैं।

''बाबा को बहुत खुशी हुई है। जब से आए हैं आपकी तारीफ कर रहे हैं। आपने अच्छी गृहस्थी सँभाली है।''

''लेकिन तुम तो कभी तारीफ नहीं करती !''

''बाबा त्र्यम्बकेश्वर जाना चाहते हैं। मैं भी उनके साथ हो आऊँ ?''

''मेरे साथ जाना गँवारा होगा ?''

''लेकिन आप तो नास्तिक हैं।''

''तुम्हारी खातिर चलूँगा।''

''बाबा कितने खुश होंगे।''

''मेरी एक शर्त है।''

''कैसी शर्त है।''

''मेरी कविता सुननी पड़ेगी।''

''उसे तो मैं दस साल से सुन रही हूँ।''

''एक बात पूछना चाहता हूँ। पूछ लूँ।''

"क्या ?"

"सच बताओगी !"

"मैं झूठ क्यों बोलूँगी ?"

"मैं अछूत हूँ, इस बात का तुम्हें कभी बुरा नहीं लगा ?"

"मैंने कभी आपकी जाति के बारे में सोचा ही नहीं।"

"ब्राह्मण होकर मेरी कविता सुनते हुए तुम्हें कैसा लगता है ?"

"मैं अब ब्राह्मण रह कहाँ गई ?"

"तो तुम कौन कहो ?"

"आपकी पत्नी।"

आधी रात का समय। दीवार पर घड़ी की अथक टिक-टिक। मैं भावना की ओर देखता हूँ। कली की तरह उसका चेहरा खिल उठा है। मेरे खून में जो क्षोभ है उसका शब्द रूप है मेरी कविता। कविता मेरी त्वचा की तरह मेरी है। उतनी ही उन दबे-कुचले दीन-दलितों के उद्रेक की है। सामाजिक न्याय-अन्याय का यह खुला पंचनामा है। इस देश पर अंग्रेजों की सत्ता डेढ़ सौ वर्ष रही लेकिन सवर्णों की सत्ता हजारों वर्षों से निरंकुश होकर हमारा दमन कर रही है।

मेरी कविता मेरे बेचैन मन की अभिव्यक्ति है। समाज के भीषण यथार्थ ने मुझे कभी सुख से नहीं जीने दिया। प्रिया के होठों के पास होता हूँ तब भी मुझे चीखें सुनाई देती हैं, क्रन्दन सुनाई देता है। मैं अत्याचारियों का गला दबाता हूँ। औरतों पर जुल्म ढानेवालों की हत्या करता हूँ। इंसान की इंसानियत से इनकार करनेवालों की आँखें फोड़ देता हूँ। अन्याय-अत्याचार को नजरअन्दाज करनेवाले शासन के खिलाफ विद्रोह करता हूँ। इस देश के प्रति सेना की जितनी निष्ठा है, इस राष्ट्र पर संसद की जितनी नजर है, इस मातृभूमि से देशभक्तों को जितना प्रेम है उनसे अधिक मेरा इस देश से प्रेम है। इस देश में हो रही अप्रिय घटनाएँ मुझे बेचैन कर देती हैं और मैं लिखने लगता हूँ।

भावना मेरी गोद में लेटी हुई है। अजन्ता के सुन्दर शिल्प की तरह।

मेरे रोम-रोम में कविता बस गई है–

क्रान्ति का मतलब है हजारों लाशों की
राशि पर खिला हुआ फूल
क्रान्ति का मतलब है बेहिसाब खून के बहने
के बाद आनेवाली अहिंसा
क्रान्ति का मतलब है गुलामी के खिलाफ
सशस्त्र सफलता
और अनगिनत विधवाओं का विलाप।

बाबा आज गाँव लौट गए। विवेक अकेला रह गया। घर सूना लगने लगा। बाबा

के जाने से लगा कि घर से देवधर्म ही विदा हो गया है। बाबा को विदा करते समय मन भारी हो गया था। जाते समय बाबा ने भावना को आशीर्वाद दिया। उसके आँसू बेकाबू हो गए थे। उन्होंने मेरा हाथ अपने हाथों में ले लिया।

"मेरे अन्तिम संस्कार पर आओगे ?"

उनके प्रश्न ने मुझे घायल कर दिया।

मेरा कविता-संग्रह प्रकाशित हो गया। त्रिशरण का कथा-संग्रह भी आ गया। हमारी पुस्तकों को लेकर चर्चा होने लगी। दलित साहित्य आन्दोलन ने जड़ पकड़ ली। उसका विरोध भी होने लगा। "दलित साहित्य की अलग खिचड़ी क्यों ?" यह प्रश्न पूछा जाने लगा। हम जब लिख रहे थे तब हमारी ओर किसी का ध्यान नहीं था। जब हमने अपना अलग रास्ता अपनाया तब अनुरोध होने लगा कि मध्यवर्ती धारा में शामिल हो जाइए। उनकी धारा मध्यवर्ती। उनकी धारा राष्ट्रीय। हम उससे अलग—अराष्ट्रीय !

राष्ट्र तो सिर्फ उन्हीं की जायदाद। परम्परा सिर्फ उनकी। संस्कृति भी उनकी। हमें उसे बस स्वीकारना है। उसके खिलाफ बोलना नहीं।

लेकिन यह कैसे हो सकता है ?

हमारे इतिहास के अम्बेडकर युग का आरम्भ हो चुका था। हम यहाँ के हिन्दू यथार्थ को स्वीकार क्यों करें ? चली आ रही परम्परा को स्वीकार करने में यहाँ की व्यवस्था का हित है, हमारा नहीं। हमारा सच्चा हित तो इस व्यवस्था के खिलाफ लड़ने में है। हमें यजमान संस्कृति का प्रभुत्व नहीं चाहिए।

हम लिखने लगे। बोलने लगे। लोग हमारी बातें सुनने के लिए आने लगे। मुलाकातें करने लगे।

शाम का समय था। नाजुका मौसी आई। वह गाँव से एक गठरी लेकर आई थी। भावना ने उसके सिर से गठरी उतारी। मौसी सफर से थकी हुई थी।

मैंने मौसी को पानी दिया। मौसी की पोशाक, उसकी भाषा, उसका चेहरा दलित था।

"मौसी, कैसे आई ?"

"नहीं आने को बोलता क्या ?"

"ऐसी बात नहीं है। यूँ अचानक आ गई इसीलिए पूछ रहा हूँ।"

"तो क्या तुझे पहले बताकर आना चाहिए ?"

"मौसी के लिए चाय बनाओ।"

"मौसी, गठरी में क्या है ?"

"सगौती की मटकी लाई हूँ।"

मैं हँसने लगा। मौसी ने गठरी खोल दी।

"बामनी के साथ शादी की तूने। फिर तुझे सगौती कहाँ से मिलेगी ? ये बामनी तुझे थोड़े ही परोसकर खिलाएगी ? दो दिन रहूँगी। तुझे खिलाऊँगी और फिर चली

जाऊँगी। तू मेरे सपने में आया था और मुझसे खाने को गोश्त माँग रहा था। इसलिए चली आई। ऐ भावना, जरा इस मटकी को गरम तो करना।'' मैं मौसी की ओर देखता रह गया।

''मौसी, क्यों तकलीफ उठाती हो ! अब मैंने गोश्त खाना छोड़ दिया है।''

मौसी नाराज हो गई।

''मैंने इतनी मेहनत से बनाया, सो क्या कुत्ते-बिल्ली को खिलाने के लिए ? बचपन में तू कितने चाव से खाता था। अब क्या हो गया ? बामनी के साथ शादी की इसलिए खाना भी छोड़ दिया ?''

मौसी कुछ सुनने को तैयार नहीं थी। मैंने उसे समझाने की कोशिश की–''अपन अब बौद्ध हो गए हैं, इसलिए गोश्त खाना बन्द कर देना चाहिए।''

त्रिशरण आया। मौसी के साथ पहचान थी ही। मौसी ने गोश्त लाने की बात उसे बताई।

त्रिशरण, मौसी और सरोज ने गोश्त खाया। मौसी आखिरी दम तक अनुरोध करती रही।

''अपने मन को मत मार, खा ले।''

त्रिशरण, मौसी की तारीफ के पुल बाँधता रहा।

हमने खाना खाया।

मौसी सफर से थकी हुई थी। सो गई।

मैं और त्रिशरण दलित साहित्य पर चर्चा करने लगे। तभी प्रवीण कोकिल आ गया। उसका चेहरा संजीदा था। वह हमेशा की तरह हँस नहीं रहा था। बोल भी नहीं रहा था। उसका यह बर्ताव मुझे चुभा–''आज तुझे क्या हो गया है ? तू ठीक ढंग से बात नहीं कर रहा है।'' मैंने प्रवीण कोकिल से खोद-खोदकर पूछा।

प्रवीण कोकिल त्रिशरण के कथा-संग्रह पर पिल पड़ा। समझाने लगा उसकी कहानियाँ वामपन्थी विचारधारा को पुरस्कृत करती हैं। मैंने अपने पास जो कथा-संग्रह की प्रति थी, उसे दे दी। वह एक-एक कथा को खोदकर अपना विश्लेषण करने लगा।

त्रिशरण गम्भीर हो चुका था। प्रवीण कोकिल ने त्रिशरण को कम्युनिस्ट करार दिया था। बाबासाहब ने मार्क्स का विरोध किया और बुद्ध को स्वीकार किया है। दलित आन्दोलन को वर्ग संघर्ष की दिशा में ले जाना गलत है।

प्रवीण आवेश में भड़क रहा था–''अम्बेडकर के साथ द्रोह करनेवालों को क्षमा नहीं। हम उनका विरोध करेंगे।''

प्रवीण गुस्से में गालियों की बौछार करने लगा।

त्रिशरण भी क्षुब्ध हो गया। दोनों की बहस तूल पकड़ने लगी।

मैंने बीच-बचाव करने की कोशिश की लेकिन कोई सुनने की स्थिति में नहीं था। प्रवीण कोकिल ने आव देखा न ताव, त्रिशरण के कथा-संग्रह को फाड़ दिया और उसके मुँह पर दे मारा।

शोर सुनकर मौसी जाग उठी। चिल्लाकर पूछने लगी–''अरे क्या चोर आ गए हैं ?''

वह डर गई थी कि कहीं घर में चोर तो नहीं घुस गए हैं।

प्रवीण कोकिल चला गया।

मौसी आँखें मलते हुए आई और पूछने लगी–''क्या हो गया है रे ? और यह कैसा शोर है ?''

मैंने कहा–''कुछ नहीं। तू सो जा। बहस हो रही थी।''

मौसी फिर सो गई।

त्रिशरण के दिल को चोट पहुँची थी। वह भड़भड़ाकर बोल रहा था–''मेरी शोहरत पर जलते हैं भडुए। इनके बारे में चर्चा नहीं होती। अखबार में कोई उनका नाम नहीं छापता। समारोहों में उन्हें कोई बुलाता नहीं। मैं क्या कर सकता हूँ ! दलित सिर्फ अछूत ही नहीं हैं, वे गरीब भी हैं। अगर हम सम्पूर्ण क्रान्ति चाहते हैं तो सामाजिक संघर्ष के साथ-साथ वर्ग संघर्ष भी करना होगा,'' त्रिशरण मन की गहराई से बोल रहा था।

मैं परेशान हो गया था। दलित साहित्य के आरम्भ में ही विवाद छिड़ गए। हममें फूट पड़ गई थी। रिपब्लिकन पार्टी की तरह हमारे आन्दोलन में भी गुट पैदा हो गए।

गतिशील आन्दोलन को गुटबाजी की घुन लग गई थी। हम एक-दूसरे के खिलाफ क्यों खड़े हो गए ? हमारी सोच एक, आन्दोलन एक, जाति एक, इसके बावजूद हम एक-दूसरे के दुश्मन क्यों हो गए ? कहीं न कहीं बड़ी गफलत जरूर है।

मैं रात भर सो नहीं सका। हर एक प्रहर मुझ पर प्रहार कर रहा था। खामोशी कफन की तरह बदन में फैल गई थी। हमने एक साथ बैठकर बहस की। आन्दोलन का बीजारोपण किया। वह बढ़ने लगा। आन्दोलन जब पौधे के रूप में था तब हम एक ही डंठल से जुड़े थे। लेकिन जब उसका वृक्ष बन गया, शाखाएँ फूटने लगीं तो अब शाखाओं को कैसे तोड़ पाएँगे ? वृक्ष का वृक्षत्व ही नष्ट हो जाएगा।

प्रवीण कोकिल ने बौद्धवाद की शरण ली। त्रिशरण को मार्क्सवादी करार दिया गया। अकेला कर दिया गया। उसके खिलाफ प्रचार मुहिम शुरू हो गई। वह कभी-कभार मेरे पास आया करता था। मन को उधेड़कर बोला करता था। वह अपनी पीड़ा खोल देता था–''बाबासाहब का नाम लेकर कलाकार की अभिव्यक्ति की स्वतन्त्रता पर पाबन्दी लगाना चाहते हैं। यह आदेश देना कि लेखक को मार्क्सवादी नहीं होनी चाहिए, उसे बौद्धवाद की शरण में आना चाहिए, यह विचारों की स्वाधीनता पर आक्रमण है। हमें लिखने दो बोलने दो हमें।'' त्रिशरण दुखी होकर अपनी व्यथा प्रकट कर रहा था–''हमें व्यापक और समान विचारों के मित्रों से सम्बन्ध बनाना चाहिए। अपने विचारों को अपनी जाति तक सीमित रखना अपने आन्दोलन की हत्या करने जैसा है। सबसे पहले अम्बेडकरवादियों को अपनी जाति का त्याग करना चाहिए।'' त्रिशरण अपनी भूमिका को और स्पष्ट कर रहा था।

मुझे प्रवीण कोकिल की बातें भी सही लग रही थीं और त्रिशरण की बातों में भी दम था।

हमारा आन्दोलन अभी बाल्यावस्था में है। बाबा साहब के देहान्त के बाद आन्दोलन में शिथिलता आ गई थी। ऐसे समय में सबको एक साथ बाँधना, अपने को और अधिक आक्रामक बनाना और क्रान्ति के रथ को अपने दम पर आगे ले जाना बहुत जरूरी था। जो हमारे समविचारी हैं उनमें सहानुभूति तो है लेकिन उनका साथ बहुत असरदार नहीं होगा क्योंकि समविचारी होने के बावजूद वे आखिरकार सवर्ण हैं। उनका हित व्यवस्था के साथ जुड़ा हुआ है। वे अन्त तक सहानुभूति तक ही सीमित रह जाएँगे। क्रान्तिकारी भूमिका नहीं ले सकेंगे। क्रान्ति आएगी हमारे तन-बदन से होकर। कभी हमें जड़ से उखाड़कर रौंद डालेगी तो कभी छोटे बच्चे की तरह हमारे कन्धों पर बैठकर आएगी।

मौसी विवेक को दुलारना चाहती थी लेकिन वह भाग जाता था। मौसी उसे अपने पास खींचती तो वह जोर-जोर से रोने लगता। वह मौसी को पसन्द नहीं करता था। लेकिन मौसी की ममता अन्धी थी।

"मेरा नाती है। उसे मेरे पास आना चाहिए। वह मेरे पास क्यों नहीं आता ? मैं क्या उसे मारती-पीटती हूँ ?"

मौसी विवेक के पास जाती तो वह आसमान सिर पर उठा लेता।

एक दिन मौसी ने विवेक को अपने पास बिठा लिया। विवेक ने हाथ की बैल्ट से मौसी को पीटा। मौसी का सिर फूट गया। मौसी रोई—"यह बच्चा अपने बाप पर नहीं गया, माँ पर गया है। घर में बामन पैदा हो गया है रे ! कल हमें घर में भी नहीं आने देगा। हम किसके दर जाएँगे ? इस उम्र में ऐसा बरताव !"

मैंने मौसी को समझाया-बुझाया। उसने अपनी गठरी बाँधी और घर से विदा हो ली।

मौसी चली गई। घर वीरान लगने लगा। हमारे घर की यही त्रासदी है। घर में न दादा-दादी हैं, न नाना-नानी। सिर्फ फर्नीचर। बेतरतीब फैला हुआ अकेलापन। भावना किचन में। विवेक खेल में खोया हुआ। मैं बस उल्लू का पट्ठा, अपने आप से टँगा हुआ।

संघ संचालित कॉलेज में मेरी नौकरी लग गई। क्या इसलिए कि मैंने एक ब्राह्मण विधवा के साथ शादी की थी ? मेरे साथ दस और उम्मीदवार साक्षात्कार के लिए आए हुए थे। उनकी उपेक्षा कर मुझे ही सुपात्र क्यों माना गया ! चयन समिति के लिए आरक्षण उम्मीदवार की योग्यता की अपेक्षा उसकी लाचारी का महत्त्व ज्यादा लगता है। आन्दोलन के उम्मीदवार को कंकर की तरह निकाल बाहर किया जाता है।

मुझे प्रो. राहुल बनसोडे की याद आती है। इस महाविद्यालय का वह पहला दलित प्राध्यापक था। मैं दूसरा। उसका स्थानापन्न। प्रो. राहुल बनसोडे ने विश्वविद्यालय और शासन के परिपत्र के अनुसार महाविद्यालय के प्राचार्य पद की माँग की। प्रो. राहुल बनसोडे पीएच.डी. थे। सीनियर भी थे। नियमानुसार उन्हें प्राचार्य पद मिलना चाहिए

था। लेकिन संस्था संघ की थी। संस्था ने राजनीति खेलनी शुरू की। प्रो. बनसोडे की तकलीफें बढ़ने लगीं। अब तक उन्हें एक बार भी मेमो नहीं मिला था। अब सिलसिला ही शुरू हो गया। प्रो. बनसोडे ने प्राचार्य के पास शिकायतें कीं, संस्था के पास शिकायतें कीं। लेकिन कुछ नहीं बदला।

प्रो. बनसोडे ने तंग आकर पुलिस में शिकायत की। पुसिल ने भी ध्यान नहीं दिया। उल्टे परेशानियाँ और बढ़ गईं। छात्रों से शिकायतें लिखवा ली गईं—प्रो. बनसोडे को पढ़ाना नहीं आता। कक्षा में विषयान्तर कर कुछ का कुछ बकते रहते हैं। ऐसे शब्दों का प्रयोग करते हैं जिन्हें सुनकर लड़कियों के मन में लज्जा पैदा होती है। कहते हैं कि इस कॉलेज की लड़कियाँ नालायक हैं। उनमें पढ़ने की लियाकत नहीं। छात्र-छात्राओं से इस तरह की शिकायतें लिखवा ली गईं। प्रो. बनसोडे को चारों तरफ से घेर लिया गया। विश्वविद्यालय के परीक्षा कार्यों से उन्हें हटा दिया गया। स्टाफ रूम में उनका मजाक उड़ाया जाने लगा। प्रो. बनसोडे शिक्षा और अनुभव में सबसे वरिष्ठ थे। इसलिए उन्हें संस्था से निकालने का यही एक तरीका था। वरना एक अछूत प्राचार्य बन जाता। एक दिन प्रो. बनसोडे को प्राचार्य ने अपने केबिन में बुलाया।

केबिन बन्द किया गया। केबिन में घेरकर उन्हें गुंडों से पिटवाया गया—कॉलेज छोड़कर चला जा नहीं तो हमसे बुरा कोई नहीं। प्राचार्य ने बनसोडे को धमकाया। प्रो. राहुल बनसोडे अकेले थे। उन्होंने त्यागपत्र दे दिया। संस्था का रास्ता साफ हो गया। बनसोडे के स्थान पर मेरी नियुक्ति हो गई। मैं अकेला छाछ भी फूँक-फूँककर पी रहा था।

रविवार। सुबह का समय। बहुत दिनों बाद प्रवीण कोकिल आया था। उसे देखकर मुझे खुशी हुई। भावना ने उसे पानी दिया। पर उसने पानी लेने से इनकार कर दिया। उसके चेहरे पर क्रोध के बदल छाए हुए थे। नजर गुलेल की तरह तनी हुई थी। उसने बोलना शुरू किया। तूफान के पहले की शान्ति भंग हो गई।

"तू संघ के मंच पर क्यों गया था ?"

"मुझे किस मंच पर जाना है, इसे मैं ही तय करूँगा। यह पूछने का अधिकार तुझे किसने दिया ?"

"हिन्दुत्ववादी तुझे इस्तेमाल कर रहे हैं।"

"मैं संघ के मंच पर गया जरूर लेकिन मैंने वहाँ अपने ही विचार प्रस्तुत किए। अम्बेडकर सिद्धान्त के विचार सिर्फ अपने ही लोगों के सामने रखना मुझे ठीक नहीं लगता। उसे दूसरों के मंच पर भी रखना चाहिए।"

"उससे क्या फर्क पड़ता है ? इस व्यवस्था ने बुद्ध और चार्वाक तक को हजम कर लिया, वह फुले और अम्बेडकर को भी हजम कर डालेगी।"

"मेरी समझ में नहीं आता कि तुम लोग इस बात की शिकायत करोगे कि हिन्दुत्ववादियों ने हमें नहीं बुलाया और उन्होंने बुलाया तो भी शिकायत करोगे। आखिर हम चाहते क्या हैं ?"

‘‘तुझे मंच पर बुलाकर तेरा सत्कार किया तो क्या जाति व्यवस्था समाप्त हो गई ? तेरा नाम रोशन है इसलिए तुझे बुलाते हैं। दूसरों को क्यों नहीं बुलाते ?’’

‘‘अपने विचारों को प्रस्तुत करने के लिए मैं किसी भी मंच पर जा सकता हूँ।’’

‘‘इससे आन्दोलन पिछड़ जाएगा। हमें इस बात पर गम्भीरता से विचार करना चाहिए।’’

‘‘देख कोकिल, मैं इस आन्दोलन में तब से हूँ जब छात्र था। मैं लिख रहा हूँ, मैं बोल रहा हूँ। पढ़ रहा हूँ। मेरी पूरी जिन्दगी की प्रतिबद्धता सिर्फ आधे घंटे के लिए हिन्दुत्ववादियों के मंच पर जाने से कैसे खत्म हो सकती है ?’’

‘‘तेरे संघ के मंच पर जाने से समाज दिग्भ्रमित होता है। लोगों में यह वहम पैदा होगा कि संघ प्रगतिशील है। जबकि संघ वैसा नहीं है। संघ की यह दाम्भिकता है।’’

‘‘तेरे पथ-प्रदर्शन के लिए आभारी हूँ।’’

कोकिल ने मेरा घर त्याग दिया जैसे विरोधी दल सभा का त्याग करते हैं।

मुझे हिन्दुत्ववादी कहते हुए मेरी आलोचना होने लगी। आन्दोलन से मुझे काट दिया गया। कार्यक्रम के लिए बुलाना बन्द हो गया। पर आमन्त्रित न होने पर भी मैं जाया करता था। मैं अपनी तरफ से बोलने लग जाता तो मेरी बात को नजरअन्दाज किया जाता। कोई जोश में आकर सवाल करता–‘‘आप क्या हिन्दुत्ववादी हैं ?’’

मैं सफाई देने लगता।

मेरे लिए यह सब बर्दाश्त से बाहर हो गया था।

कार्यक्रम के लिए मैं जब गाँव गया था तो महाविद्यालय की साहित्य सभा का उद्घाटन मेरे हाथों हुआ। कार्यक्रम बहुत अच्छा हुआ। मैं खुश था। मेरे आस-पास छात्र-छात्राओं की भीड़ लगी। मेरे हस्ताक्षर लिए गए। अचानक मेरी गर्दन पर पाँच-छह लोगों के हाथों की पकड़ मजबूत हो गई। क्या हो रहा है यह समझने से पहले ही मेरा चेहरा काला कर दिया गया। लड़कियाँ भाग गईं। भीड़ तितर-बितर हो गई। दलित छात्र घोषणा करते हुए निकल गए–‘‘हिन्दुत्ववादी मुर्दाबाद !’’ मैं हड़बड़ा गया।

महाविद्यालय के प्राचार्य और कर्मचारी मेरे पास आए। मैं प्राचार्य के केबिन में घुस गया। वॉश बेसिन के सामने। चपरासी पास में खड़ा था। उसके हाथ से साबुन-टॉवल लिया। प्राचार्य आपे से बाहर हो गए थे–‘‘मेहमान की बेइज्जती हो गई। इन लोगों को अब रस्टिकेट ही करना पड़ेगा। अपने ही कॉलेज के थे न ? भड़वों को मस्ती आ गई है। शासन की सहूलियतों का लाभ उठाकर पढ़ने के बदले गुंडागर्दी करते हैं।’’ मैंने अपने आपको आइने में देखा। जब बोर्डिंग में था तब हम बच्चे एक-दूसरे के चेहरे काले करते थे और दिल खोलकर हँसते थे। क्योंकि रंगपंचमी के दिन रंग खेलने के लिए हमारे पास फूटी कौड़ी भी नहीं होती थी। मन ही मन मैं मुस्कुरा दिया। बचपन याद आ गया था।

15 जून

दूरदर्शन पर समाचार सुन रहा था। राज्य मन्त्रिमंडल के विस्तार का समाचार आया। मन्त्रिमंडल में रिपब्लिकन को प्रतिनिधित्व दिया गया था। मेरे कान खड़े हो गए। मन चौकड़ियाँ भरने लगा। रोहिदास को मन्त्रिमंडल में शामिल किया गया था। रोहिदास मेरा करीबी दोस्त था। स्वभाव से कार्यकर्ता। मेरा बदन पतंग की तरह हवा में तैरने लगा। मैं झट उठा। भागता गया। होटल में घुसा। मिठाई खरीदी और लोगों को बाँटने लगा।

"हमारा नेता मिनिस्टर बन गया !" मैं खुशी से पागल हो गया था। मानो मैं ही मिनिस्टर बन गया था। मुझे ऐसा ही लग रहा था।

बाबासाहब अम्बेडकर ने कहा था—"शासनकर्ता जमात में शामिल जाओ। सत्ता और अधिकार के स्थानों पर कब्जा करो।" कांग्रेस ने रिपब्लिकन पार्टी को सत्ता में सहभागी बना लिया था।

16 जून

ध्यान समाचारों की ओर ही था। रिवाज के मुताबिक रोहिदास को समाज कल्याण विभाग की कैबिनेट मिनिस्ट्री मिल गई थी। सवर्ण जिस तरह होटलों में दलितों के लिए अलग चाय की प्यालियाँ रखते हैं, उसी तरह दलित के लिए समाज कल्याण विभाग आरक्षित था। मुझे गुस्सा आया। झल्लाकर रह गया। शपथग्रहण समारोह में रोहिदास को दूरदर्शन पर सूट-बूट में देखा।

मन्त्री बनते ही अपने कार्यकर्ता के पहनावे में आमूलचूल परिवर्तन आ गया था। रोहिदास महामहिम राज्यपाल जी से हाथ मिला रहा था, तभी सहसा दूरदर्शन के पर्दे पर एक टूटी झोंपड़ी और फिर रोहिदास की बूढ़ी माँ दिखाई दी। उसे समझ में नहीं आ रहा था कि हँसे या रोए ! आम आदमी तकसीम हो गया था। एक टुकड़ा रोहिदास की माँ के रूप में और दूसरा मन्त्री रोहिदास के रूप में। एक कार्यकर्ता मन्त्री बन गया है। वह आम आदमी की समस्याएँ जानता है। आन्दोलन से निकलकर आया है। अब तक के नामधारी रिपब्लिकन मन्त्रियों की अपेक्षा वह अवश्य ही कुछ अच्छा काम करेगा। सभी कार्यकर्ता खुश थे। दलित समाज को भी अच्छा लग रहा था।

20 जून

मुंबई के कार्यकर्ताओं ने रोहिदास को हाथी पर बिठाकर जुलूस निकाला। उसे मिठाइयों से तौला गया। हाथी पर बैठे रोहिदास की तस्वीरें समाचार पत्रों में मुख्य रूप से छपीं। मैंने और रोहिदास ने कई बार एक थाली से निवाले खाए थे। रोहिदास के लिए मैंने कई बार कपड़ा खरीदा था। हम दोनों साथ-साथ रहते थे। कई बार वह मेरे ही कपड़े पहन लेता था। मैं भी उसके कपड़े पहन लेता था। आज रोहिदास मन्त्री बन गया है और मेरे बुरे दिन आ गए हैं। मुझे रोहिदास से मिलना होगा। उसे शुभकामनाएँ देनी चाहिए।

लक्ष्मी मेरी कशमकश को समझ रही थी।

मैंने लक्ष्मी के गले का मंगलसूत्र बेचा और मुंबई चला आया।

रोहिदास को भींचकर गले लगाऊँगा, दिल खोलकर उसको हसरत-भरी नजर से देखूँगा, आँख भरकर उसका दफ्तर देखूँगा, ऐसा सोचते हुए मैं मुम्बई पहुँच गया।

21 जून

सुबह-सबह ही बंगले पर पहुँचा। मुझे गेट पर रोका गया। पूछताछ की गई। बंगले के अहाते में रोहिदास से मिलने आए लोगों की भीड़ लगी थी। हर कोई फूलमाला, गुलदस्ता, मिठाई आदि लेकर आया था। सरकारी अधिकारियों की दो-एक कारें भी खड़ी थी। नौ बजे पचास-साठ लोगों का यह हुजूम ! आपरेटर फोन रिसीव कर रहा था– ''साहब सो रहे हैं। कार्यक्रम से देर से आए। उन्हें फोन नहीं दिया जा सकता। आप दस के बाद फोन कीजिए।''

साढ़े नौ के आसपास सफारी पहने एक आदमी डोलता हुआ आया। उसके हाथ में ब्रीफकेस था। ''पी.ए. आ गए, पी.ए. आ गए'' शब्दों से भीड़ में कुछ हलचल सी हुई।

पी.ए. चिन्मय देशमुख और बॉडीगार्ड कवड़े शासकीय भाषा में बोलने लगे।

''आज साहब का क्या कार्यक्रम है ?'' बॉडीगार्ड ने पी.ए. से पूछा।

''साहब आज मन्त्रालय में ही रहेंगे। शाम को ठाणे जाना है। वहाँ उनके सरकारी समारोह का आयोजन है।''

पी.ए. चिन्मय देशमुख ने ब्रीफकेस से कार्यक्रम पत्रिका निकालकर एक प्रति बॉडीगार्ड को दे दी और दूसरी टेलीफोन ऑपरेटर को।

''लोगों के फोन आ रहे हैं। साहब के कार्यक्रम के बारे में पूछ रहे हैं ? मैं लोगों को क्या जवाब दूँ ? कार्यक्रम पत्रिका रात ही में बंगले पर भेज देनी चाहिए थी।'' टेलीफोन ऑपरेटर की आवाज में नाराजगी थी।

''नाराज मत हो, बच्चे। मैंने कार्यक्रम पत्रिका देकर काम्बले को बंगले पर भेज दिया था। अरे, चाय के लिए बोल देना।'' देशमुख ने टेलीफोन ऑपरेटर को

समझा-बुझाकर चाय के लिए आर्डर दे दिया।

''देशमुख साहब, नाश्ता भी मँगवाइए...'' कवड़े बॉडीगार्ड ने लाड़ में आकर कहा।

''मेरी शादी है कि रोजाना तुझे नश्ता खिलाऊँगा...'' देशमुख ने कवड़े को उकसाया। कवड़े ने मुझे पास बुलाया। पूछताछ की।

''देशमुख साहब आ गए हैं। जाओ, चाय-नाश्ता बोल दो।'' कहकर मुझे मानो आदेश ही दे दिया।

मैंने जेब से पचास का नोट निकाला। कवड़े ने उसे छीन लिया। काम्बले चपरासी कैंटीन की तरफ दौड़ा–''आठ बड़ा और आठ कप चाय, जल्दी ले आ। साहब जाग जाएँगे।'' देशमुख ने चपरासी से कहा।

''मेरा पान भी ले आना।'' टेलीफोन आपरेटर ने अपनी फरमाइश बता दी।

मेरे रुपयों पर वे गिद्ध की तरह टूट पड़े।

फोन की रिंग बजी।

''साहब लाइन पर आ गए हैं।'' टेलीफोन ऑपरेटर चिल्लाया। सब खामोश हो गए। लोगों में लहर-सी दौड़ गई। टेलीफोन ऑपरेटर ने फोन अटेंड किया। साहब उससे कुछ बोले। फोन रख दिया।

''नाई को बुला लाओ। कहाँ गया है काम्बले चपरासी ! भाग जल्दी। नौकरी करनी है या नहीं ?'' ऑपरेटर ने चपरासी को धमकाया। काम्बले चाय की प्याली छोड़ नाई बुलाने भागा।

''मुझे याद किया रे ?'' देशमुख ने टेलीफोन ऑपरेटर से पूछा।

''साहब जाग गए ?'' भीड़ से सवाल आने लगे।

''यहाँ भीड़ मत लगाइए। चलिए अन्दर। वेटिंग रूम में बैठ जाइए। साहब नीचे आनेवाले हैं। कतार में बैठ जाइए। अपनी-अपनी चिट्ठियाँ दीजिए।''

काम्बले के कहने पर भीड़ बंगले के वेटिंग रूम में चली गई। जगह पकड़कर बैठ गई। काम्बले ने सबको कागज के कोरे टुकड़े दे दिए। हर कोई उस पर अपना नाम और गाँव लिखने लगा। किसी ने किसी से पेन उधार लिया। किसी ने दूसरे से पूछा कि कागज पर क्या लिखना है। निरक्षरों ने दूसरों से अपनी चिट्ठियाँ लिखवा लीं। कुछ लोगों ने चिट्ठी के स्थान पर अपने विजिटिंग कार्ड दे दिए। चपरासी ने सबकी चिट्ठियाँ इकट्ठी की। दो-एक ने अपनी चिट्ठी ऊपर रखने की प्रार्थना चपरासी काम्बले से की। कुछ देशमुख के साथ सांठगांठ करने लगे। देशमुख केबिन में घुस गया और अपनी डायरी उलटने-पुलटने लगा। मैंने भी अपने नाम की चिट्ठी लिख दी।

आलीशान बंगला। भीड़ में अदब और जल्दबाजी। पुलिस का आना-जाना। कवड़े का दबंग होकर घूमना। चपरासी के आदेश। पी.ए. का रुतबा, अधिकारियों की आमदरफ्त। हरदम बज उठनेवाले फोन। बंगले के सामने खड़ी डी.वी. कार। मन्त्री से मिलने के लिए उत्सुक भीड़ का चेहरा। लोगों से मिलनेवाला मन्त्री।

पहली कतार में बैठे वी.आई.पी. अधिकारी। उनके बाद कुछ प्रतिष्ठा प्राप्त नेता।

भीड़ में बिखरे राज्य-भर के कार्यकर्ता। ध्यान खींच लेनेवाली दो नाजुक और सुन्दर युवतियाँ। और कुर्सी में परेशान-सा बैठा हुआ मैं।

बेल बजी।

काम्बले ने एक साथ पाँच लोगों को अन्दर भेजना शुरू किया। लोग भीतर जा रहे थे, बाहर आ रहे थे ! काम्बले नाम पुकार रहा था। लोग भीतर जा रहे थे। कवड़े भीतर गए लोगों को बाहर कर रहा था। साहब को दिए गए निवेदन, फूलमालाएँ, गुलदस्ते, मिठाई देशमुख इकट्ठा कर रहा था।

मेरा नम्बर आया।

मैं अन्दर गया। जी चाहा कि रोहिदास को गले लगा लूँ। लेकिन बॉडीगार्ड ने मुझे दूर खड़े रहने के लिए कहा। रोहिदास ने मेरे फूलमाला को स्वीकार किया। पूछा–"कब आया ?" तब तक बॉडीगार्ड ने मुझे बाहर निकाल दिया। रोहिदास ने मुझे फिर से बुलाया। कहा–"तू मन्त्रालय में आ जा !" मुझे अच्छा लगा। मुझे इस बात की खुशी हुई कि रोहिदास ने मुझे मन्त्रालय में बुलाया है।

मिलनेवालों की भीड़ छँट गई। मोहिते ड्राइवर ने गाड़ी लगाई। चपरासी अर्जियों की फाइल लेकर बाहर आ गया। पीछे मिनिस्टर साहब भी आ गए। साथ में बॉडीगार्ड था। पी.ए. पीछे से दौड़ा आ रहा था। रोहिदास कार में बैठा। कुछ कार्यकर्ता भी बैठ गए। पल-भर में कार बंगले के फाटक से बाहर निकल गई। उसके पीछे पुलिस की जीप गाड़ियाँ, फिर टेम्पो, जीपों, और कारों का काफिला चल पड़ा। बची हुई भीड़ बिखर गई। मैंने मन्त्रालय जानेवाली बस पकड़ ली और मन्त्रालय के पास उतर गया।

गेट पर पुलिस ने रोका। पास माँगा। मेरे पास पास नहीं था। मैंने कहा–"मैं साहब का दोस्त हूँ।" पुलिस ने मुझे ऊपर से नीचे तक देखा और कहा–"आप कोई भी हों, दोपहर को दो बजे के बाद आना।" पुलिस की दो-टूक भाषा से मैं आहत हुआ। सवाल था कि दो बजे तक क्या करें ?

मैं पब्लिक टेलीफोन बूथ पर गया। मन्त्रालय को फोन लगाया लेकिन फोन बार-बार एंगेज जा रहा था। बहुत कोशिश करने के बाद फोन की रिंग बजी। उधर से आवाज आई–"नमस्कार, मैं मन्त्री महोदय रोहिदास जी नागदेव साहब का पी.ए. मालवे बोल रहा हूँ।"

मैंने आवाज चढ़ाकर कहा–"मैं साहब का दोस्त बोल रहा हूँ। साहब ने मुझे मिलने के लिए बुलाया है। पुलिस छोड़ नहीं रही है। आप पास भेज दीजिए।" एक साँस में मैं बोल गया।

सुनकर मालवे का पारा चढ़ गया–"दो के बाद आना।" जवाब में मुझे भी गुस्सा आ गया–"साहब को फोन दो।" पी.ए. मुझ पर उखड़ गया–"साहब मीटिंग में हैं। उन्हें फोन नहीं दिया जा सकता। आप दो बजे आइए।" पी.ए. ने फोन पटक दिया। मैं नर्वस हो गया।

दो बजे के बाद लाइन में खड़ा रहा। चार-पाँच सौ लोगों की लम्बी कतार धीरे-धीरे आगे बढ़ रही थी। पुलिस ने मेरे बैग की जाँच की। बैग से कपड़े निकालने को कहा। चोरों की तरह मेरी तलाशी हुई। फिर मेटल डिटेक्टर से पार हुआ। एक कतार समाप्त हुई तो लिफ्ट के लिए दूसरी कतार में खड़ा होना पड़ा।

आखिर लिफ्ट मिली। पाँचवीं मंजिल पर पहुँचा। मन्त्री रोहिदास जी के कार्यालय के सामने भारी भीड़ लगी हुई थी। पुलिस ने सबको कतार में खड़ा कर दिया। मैं फिर एक कतार में खड़ा हो गया। अब तक मेरा सारा जोश पानी हो चुका था। कतारों में खड़े रह-रहकर संयम टूटने के कगार पर पहुँच गया था।

यहाँ भी लोगों की चिट्ठियाँ लेकर उन्हें अन्दर भेजा जा रहा था। सुबह देखे कई चेहरे यहाँ भी भीड़ में खड़े थे। मैं भी कतार के साथ आगे धकेला जा रहा था।

आखिर केबिन में पहुँचा। रोहिदास राजा की मानिन्द कुर्सी पर विराजमान था। सामने लम्बा-चौड़ा टेबुल। आगन्तुक कुर्सियों पर बैठे हुए थे।

"और कितने लोग बाकी हैं ?"

"काफी भीड़ है।" चपरासी ने सविनय जवाब दिया था। रोहिदास के चेहरे पर खुशी चमक रही थी।

"चलो फटाफट। बैठे मत रहो। काम की बात करो। बाहर भीड़ है, चलो..."

दो मिनट में कुर्सी पर बैठे सब लोग मिलकर बाहर चले गए। साथ ही नए मिलनेवालों की भीड़ अन्दर चली आई।

"गाँव कब जा रहे हैं ?" रोहिदास ने मुझसे पूछा।

"आज चला जाऊँगा।" मैंने मुस्कुराते हुए जवाब दिया।

"ठीक है, आओ।" रोहिदास मुझसे बोल ही रहा था कि भीड़ पास आ गई। उसने रोहिदास को फूलमालाएँ भेंट की, मिठाई दी। काम्बले ने मुझे बाहर निकाल दिया।

10 जुलाई

मेरी बेटी प्रज्ञा बीमार है। घर में रुपया नहीं है। वह ज्वर से तड़प रही है। दो दिन हो गए ज्वर नहीं उतरा। प्रज्ञा ने चाय माँगी। घर में न शक्कर थी, न चायपत्ती। गरम पानी में थोड़ा-सा नमक मिलाकर उसे पिला दिया। मेरा जी भर आया। मेरा एक दोस्त राज्य का कैबिनेट मिनिस्टर है और मैं अपनी बेटी की दवा तक नहीं जुटा सकता। एक दलित के मन्त्री हो जाने से सबकी गरीबी तो नहीं हट जाती।

हम जहाँ थे, वहीं पर हैं।

रात में बेटी उल्टियाँ करने लगी। मैं घबरा गया। पसीना-पसीना हो गया। घर से बाहर निकल पड़ा। आँगन में बैठकर फूट-फूटकर रोया—"हे भगवान, मेरी बेटी को ठीक कर दे !"

मैंने घर में सजी भगवान की मूर्तियाँ कूड़ेदान में फेंक दी थीं। कूड़ेदान पर जाकर मैंने उन्हें ढूँढ़ने की कोशिश की। पर भगवान नहीं मिले। मैंने आकाश की ओर देखकर हाथ जोड़ दिए।

21 जुलाई

आज रोहिदास जिले के दौरे पर आनेवाला था। मन्त्री बन जाने के बाद पहली बार वह आ रहा था। चारों ओर उसके स्वागत की जोरदार तैयारियाँ चल रही थीं।

जगह-जगह कमानें खड़ी कर दी गई थीं। दलित कार्यकर्त्ताओं के साथ-साथ कांग्रेस के कार्यकर्त्ता भी मेहनत कर रहे थे, इसलिए पैसे और मानव श्रम-शक्ति का अभाव नहीं था। नीले झंडों के साथ कांग्रेस के झंडे भी फहरा रहे थे। समाचार पत्रों में आर.पी. आई. के कार्यकर्त्ताओं के साथ कांग्रेस के नेताओं की तस्वीरें भी छप रही थीं। "कांग्रेस रिपब्लिकन गठबन्धन अमर रहे।" आदि नारों से दीवारें रँग गई थीं।

मेरी कुछ समझ में नहीं आ रहा था। गठबन्धन का इस धूमधाम में बहते जाना ठीक है या नहीं ? बाबासाहब अम्बेडकर ने कहा था–'कांग्रेस एक जलता मकान है।' यदि ऐसा है तो हम इस लाक्षागृह में प्रवेश क्यों करें ? बाबासाहब के पश्चात् दलित राजनीति कांग्रेस के सहारे ही आगे बढ़ रही है। बाबासाहब ने कहा था–'जनतन्त्र में सशक्त प्रतिपक्ष की आवश्यकता होती है।' हम, बाबासाहब के अनुयायी सत्ताधारी पक्ष के हाथों को मजबूत बना रहे हैं। रिपब्लिकन प्रतिपक्ष नहीं रहा, गठबन्धन का हिस्सा बन गया है। मुझे पीड़ा हुई।

राजनीति को बाबासाहब ने सही समझा था या हमने ?

कुछ युवक घर-घर में कुछ पत्रक बाँट रहे थे। लक्ष्मी ने एक पत्रक मेरे हाथ में धर दिया। "कांग्रेस रिपब्लिकन गठबन्धन अमर रहे" का पत्रक था। बाबासाहब अम्बेडकर और महात्मा गांधी की तस्वीरें एक साथ छपी हुई थीं। बोल्ड टाइप में बाबासाहब का वाक्य छपा था–"दूसरे लोग हमें मत नहीं देते और हम दूसरों को नहीं देते। यह एक प्रकार से चहारदीवारी बनाना है। दुर्भाग्य कि हमारी जनसंख्या कम है। हम मात्र अल्पसंख्यक हैं। इसलिए यह देखना होगा कि अन्य समाजों में हमारे दुख को बूझने-समझनेवाले कौन हैं। इन सबको साथ लेते उनके साथ जाने के लिए हमें प्रस्तुत होना चाहिए।" यदि बाबासाहब ने ऐसा कहा है तो हमें उनके साथ जाने के लिए प्रस्तुत होना ही चाहिए। मैंने कपड़े पहन लिए और तैयार होकर स्टेशन की तरफ चल पड़ा। रोहिदास के आने का समय हो चुका था।

हम बाबासाहब के विचारों का अर्थ अपनी सुविधा के अनुसार निकाल रहे थे या कि एक नया राजनीतिक प्रयोग करने जा रहे थे, मेरी समझ में कुछ नहीं आ रहा था।

रेलवे स्टेशन पर भारी भीड़ थी। जो कल तक रोहिदास को जानते तक नहीं थे मन्त्री बन जाने पर ऐसे लोगों की भीड़ उसकी आरती उतारने आई हुई थी। मुझे अपनी

दोस्ती पर शर्म आई। ये लोग उत्साह से मचल रहे हैं और मैं इतना ठंडा !

हर कोई जल्दबाजी में था।

ट्रेन आ गई। भीड़ का जोश उमड़ पड़ा।

साहब, बॉडीगार्ड, पी.ए. और मुम्बई के कार्यकर्त्ता बाहर आ गए। रोहिदास की चाल में राजनीतिक वैभव की शान थी। चेहरा दमक रहा था। भीड़ ने जयघोष के नारे लगाने शुरू किए। साहब जीने से बाहर आए। हजारों पटाखे फूट पड़े। एक हजार एक सम्भ्रान्त महिलाएँ रोहिदास की आरती उतारने के लिए खड़ी थीं।

नारों की गूँज बढ़ने लगी। रोहिदास के चारों ओर पुलिस का घेरा था। भीड़ खुशी से पागल हो रही थी।

मुझे भीड़ ने दूर धकेल दिया। रोहिदास तक पहुँचना नामुमकिन था। इतने बड़े हुजूम में रोहिदास की नजर का मुझ तक पहुँच पाना सम्भव ही नहीं था।

रोहिदास लालबत्ती की गाड़ी से रेस्ट हाउस की ओर चल पड़ा। पीछे-पीछे गाड़ियों का काफिला चला। भीड़ भी हरसंभव वाहन से रेस्ट हाउस की ओर चल पड़ी।

मैं भी साइकिल पर रेस्ट हाउस पहुँचा। साहब घंटा-भर नहाते रहे। भीड़ रेस्ट हाउस के आँगन में बिखर गई थी।

देशमुख लगातार फोन कर रहा था। उसकी आवाज में आवेश के भाव थे।

"अब साहब का क्या कार्यक्रम है ?" कांग्रेस के एक नेता ने देशमुख से पूछा।

"पत्रकार सम्मेलन होगा। उसके बाद अधिकारियों के साथ बैठक। बैठक के बाद कार्यकर्त्ताओं के साथ चर्चा। फिर दोपहर का भोजन। फिर दो से चार तक का समय आरक्षित। शाम चार बजे नागरिक अभिनन्दन और रात में मुम्बई के लिए रवाना।" देशमुख ने आकाशवाणी के वृत्त निवेदक की तरह एक साँस में पूरा कार्यक्रम बता दिया।

"मुंबई रवाना होने से पहले क्या साहब मेरे घर पधार सकेंगे ? मेरे बेटे की सालगिरह है।" कांग्रेसी नेता ने देशमुख से बड़े अदब से पूछा।

"साहब के पास बिल्कुल समय नहीं है। आज का शेड्यूल बहुत टाइट है।" देशमुख हमेशा की तरह अकड़कर बोल रहा था।

कांग्रेसी नेता ने देशमुख को कोने में ले जाकर उससे कुछ निजी बातचीत की।

देशमुख के चेहरे पर मुस्कुराहट खिल उठी।

"तो फिर आप ही साहब से कहिएगा। मैं आपको अन्दर भेज देता हूँ।" कांग्रेसी नेता का चेहरा भी चमक उठा।

प्रधान कार्यकर्त्ताओं की दौड़धूप चल रही थी। लोग निवेदन लेकर आए थे। पुलिस बातों में खो गई थी। अधिकारी पहले से ही आ बैठे थे। खानसामा रसोई बनाने की जल्दी में था। टेलीफोन ऑपरेटर टेलीफोन अटेंड कर रहा था।

"पत्रकार कौन आए हैं ? चलिए, साहब बुला रहे हैं।" देशमुख ने पत्रकारों को निमन्त्रित किया। सात-आठ पत्रकार और दो फोटोग्राफर हॉल की तरफ बढ़ गए।

"पत्रकारों के अलावा और कोई नहीं।"

देशमुख भीड़ लगानेवालों को डाँट रहा था।

पत्रकारों ने अपना-अपना स्थान ग्रहण किया।

''बस, इतने ही पत्रकार ?'' मिनिस्टर ने देशमुख को फटकारा।

देशमुख झेंप गया।

''क्या सबको बुलाया नहीं गया ?''

मिनिस्टर देशमुख से जिरह कर रहे थे।

''साहब, पत्रकार सम्मेलन आमतौर पर शाम को हुआ करता है। हमने उन्हें आज सुबह बुलाया और फिर आज रविवार है। इसलिए कम पत्रकार आए हैं। अपने जिला सूचना अधिकारी आए हैं। वह समाचार छपवाने का प्रबन्ध करनेवाले हैं।'' देशमुख अपनी सफाई पेश कर रहा था।

''अच्छा, पत्रकारों के लिए जलपान का इंतजाम कर दो।''

मिनिस्टर ने देशमुख को आदेश दिया। इस पर देशमुख ने मिनिस्टर से कुछ कानाफूसी की।

''भोजन का समय है। पत्रकारों को भोजन देना होगा।''

मिनिस्टर ने देशमुख के सुझावों को ठुकरा दिया, अगली बार देखेंगे। अभी सिर्फ चाय के लिए बोल दो।''

देशमुख चाय बोलने के लिए चला गया। साहब पत्रकारों के सामने आकर बैठ गए। पत्रकारों के साथ हास्य-विनोद होने लगा। पत्रकार परिषद् शुरू हो गई।

पत्रकार चले गए।

''अधिकारी कौन से आए हैं ? साहब ने बुलाया है। मीटिंग है, चलिए...'' देशमुख ने उपस्थित अधिकारियों को मिनिस्टर का आदेश सुनाया। अधिकारी जल्दी से आगे बढ़े।

''सर, क्लास वन और क्लास टू अधिकारी हैं। अपने सभी डिपार्टमेंट्स के अधिकारी हैं। लेकिन विभागीय समाज-कल्याण अधिकारी नहीं दिखाई दे रहे हैं।''

''उसका तबादला करना पड़ेगा। उस पर नजर रखो। देखो कि दौरे में आता है या नहीं।''

''यस सर।''

अधिकारीगण साहब के सामने आकर बैठ गए। सब अपनी-अपनी फाइल लेकर आए थे। हर एक ने अपना परिचय दिया।

मिनिस्टर ने हर एक से काम की जानकारी ली। प्रश्न पूछे। अधिकारियों ने ब्यौरे के साथ जवाब दिए। मीटिंग चालू हो गई। बाहर मिलने के लिए आए लोग उतावले हो रहे थे।

''मीटिंग कब खत्म होगी ?'' हर कोई पूछ रहा था। चारों ओर कार्यकर्त्ता बिखरे हुए थे।

अधिकारियों की मीटिंग सम्पन्न हो गई। अधिकारी बाहर आ गए। देशमुख ने अधिकारियों को पकड़ा। रेस्ट हाउस के भोजन के सब बिल चुकाने के लिए कहा। रात की ट्रेन का अपना टिकट भी बुक करवाने को कहा। रात को ट्रेन पर साहब पी.ए. और बॉडीगार्ड के लिए भोजन के टिफिन भेजने का आदेश भी दे दिया। अधिकारी हाँ कहकर चले गए।

मिनिस्टर से मिलने के लिए कार्यकर्त्ताओं की भीड़ उमड़ पड़ी। मैं भी भीड़ में घुस गया। रोहिदास का ध्यान खींचने की कोशिश करने लगा। रोहिदास ने मुझे बैठने के लिए कहा। मैं एक कुर्सी पर बैठा रहा। रोहिदास ने मुम्बई के कार्यकर्त्ताओं से मेरा परिचय करा दिया।

''ये मिलिन्द हैं। अपने पुराने कार्यकर्त्ता हैं। तुम अध्यापक ही हो ना ?''

मैंने सिर हिलाकर हाँ कह दिया। नौकरी मिलते ही मैंने आन्दोलन छोड़ दिया था। नौकरी न करता तो आज आन्दोलन में होता। रोहिदास के साथ-साथ होता। नौकरी से गरीबी खत्म नहीं हुई लेकिन दो जून की रोटी का सवाल हल हो गया। महीने के अन्त में खींचातानी होती है। कर्ज का पहाड़ है। बहन की शादी, भाइयों की जिम्मेदारी और बड़ा बेटा होने से माँ-बाप की जिम्मेदारी–इन सबसे मैं कुचला जा रहा था। बीवी कम पढ़ी-लिखी थी। घर के कामों में ही उसका दिन कट जाता था। वह कहाँ से क्या कमाएगी ? कमानेवाला मैं अकेला बाकी सब भकोसनेवाले। लग रहा था जिन्दगी एक बामशक्कत कैद है।

मुझे भी मिनिस्टर बन जाना चाहिए।

रोहिदास ने लोगों से निवेदन स्वीकारना शुरू किया। साथ-साथ देशमुख को हिदायतें देता रहा। देशमुख हर बात पर 'जी' करता रहा। 'इनको पत्र लिखो', 'इनको फोन करो', 'इस अर्जी को मेरी डायरी में रख दो,' 'यह काम तो हमें करना ही होगा,' 'इस पर खास बात का रिमार्क करो।' मिनिस्टर के कहने के अनुसार देशमुख हर निवेदन पर टिप्पणी लिखता गया।

''साहब, अपने कार्यकर्त्ता निकम मामा की माँ की मौत हो गई है। उससे मिलना चाहिए। दो दिन पहले ही चल बसी।'' एक कार्यकर्त्ता ने रोहिदास को बताया। रोहिदास ने 'हाँ' कहा।

''गाड़ी लगाने के लिए बोल दो। हमें निकम मामा के घर जाना है।''

रोहिदास का आदेश सुनते ही हड़बड़ शुरू हो गई।

रोहिदास गाड़ी में जाकर बैठ गया। उसके पीछे-पीछे कार्यकर्त्ता भी कार में घुस गए। कार में जगह नहीं थी। फिर भी कार में भीड़ हो गई। बॉडीगार्ड और देशमुख को रोहिदास ने पुलिस वाहन में बैठने के लिए कहा। कार में बैठने के लिए होड़ मची थी। मुझे कहीं पीछे ढकेल दिया गया। मैं भी फिर पुलिस वाहन में घुस गया। पुलिस मुझे बाहर निकालने लगी। देशमुख ने बीच-बचाव किया।

''इन्हें बैठने दो, साहब के आदमी हैं।''

रेस्ट हाउस से कारों का काफिला निकल पड़ा। सायरन की आवाज। सड़क पर अन्य वाहनों को रोका गया। ट्रैफिक पुलिस की सीटियाँ। तेज चलनेवाली लाल बत्तीवाली गाड़ी। उसके पीछे पुलिस की जीप। वाहन। कार्यकर्त्ताओं की कारें।

काफिला भीमनगर पहुँच गया।

पाँच मिनट के बाद गाड़ियाँ फिर चलने लगीं। एक के पीछे एक सारे वाहन तेजी से भीमनगर के बाहर निकल पड़े। कार्यकर्त्ता फुर्ती से गाड़ियों में बैठ गए। मुझे कहीं भी जगह नहीं मिली। मैं नीचे ही रह गया। सारी गाड़ियाँ चली गईं। निकम मामा को सान्त्वना देकर मैं विदा हो गया।

चौराहे पर आ गया। सहसा एक अम्बेसडर कार आकर रुकी। पंडित कानड़े बाहर आया। मुझे पुकारा–"साहब ने आपको बुलाया है। रेस्ट हाउस पर चलिए।" मैं कार में बैठ गया। इतनी सारी भीड़ में रोहिदास मुझे भूला नहीं था।

मैं खुशी से भर उठा।

25 जुलाई

लोड शेडिंग के कारण आज आटे की चक्की बंद थी। आटा कल से ही खत्म था। लक्ष्मी पड़ोस से आटा उधार ले आई। लक्ष्मी मेरे दुख का हिस्सा है। उसी से मेरी यह टूटी-फूटी गिरस्ती चल रही है।

लगा कि बाहर से कोई 'मिलिन्द' कहकर पुकार रहा है। मैंने बाहर झाँककर देखा। आँगन में कार खड़ी थी। कोई एक अजनबी और पंडित कानड़े मुझसे मिलने आए थे। पंडित कानड़े ने आँख मारी। मैं पशोपेश में पड़ गया। घर में आटा तक नहीं और ये मेहमान कहाँ से चले आए ! मैं कई सवालों के जाल में गिरफ्तार हो गया।

"आइए, घर में बैठते हैं।"

"बाहर ही चलते हैं। काम की बातें करनी हैं।"

मैं सहम गया। इन लोगों को मेरे साथ क्या काम हो सकता है ? बाहर ही जाना होगा। चाय के लिए घर में दूध भी नहीं है।

मैं कार में बैठ गया। रोहिदास जैसे बैठा था उसी अंदाज में। लक्ष्मी ने दरवाजे से देख लिया था। मुझे गुदगुदी होने लगी। हवा में मेरी जुल्फें उड़ने लगीं।

हम होटल के पास पहुँचे। होटल प्रीतम। मैं, पंडित कानड़े और वे दोनों अजनबी। उनके नाम थे–माणिकचन्द और गोपीचन्द।

माणिकचन्द मेनू कार्ड पढ़ रहा था। गोपीचन्द ने वेटर को पुकारा।

"एक क्वॉर्टर आर.सी., एक सोडा, पंडित कानड़े तुम क्या लोगे ?"

"एक खजुराहो।"

मिलिन्द जी, आप क्या लेंगे ?"

"जी, मैं...कुछ नहीं।"

''पंगत में बैठने पर कुछ तो लेना चाहिए।''

''बियर लीजिए।''

''नहीं, नहीं।''

''बियर से क्या होगा ? औरतें भी पीती हैं।''

''आप लीजिए। मैं कम्पनी दूँगा।''

''मिलिन्द जी के लिए थम्सअप ले आओ।''

''थम्सअप चलेगा।''

''स्नैक्स में क्या है ? ऐसा करो, ग्रीन सॅलाड और पापड़ ले आना। उसके बाद चिकन चिली और चिकन मंचूरिअन लाना। और सुनो, बाद में खाना भी खाना है। चिकन हाडी का आर्डर ले रखना, और ज्यादा तेज मत बनाना। मीडियम चलेगा। ग्रेवी होना चाहिए। समझ गए ? जाओ।''

माणिकचन्द ने पेग लगाए। पंडित कानड़े का पेग गोपीचन्द ने भर दिया। वेटर ने मेरे सामने थम्सअप खोलकर रख दिया। सबने चिअर्स किया। मैंने स्ट्रॉ को मुँह से लगा लिया।

बातों में रंग भर गया।

माणिकचन्द ने चोरी-चोरी मेरे थम्सअप में दो बूँद आर.सी. की डाल दीं। मैं चिल्ला उठा।

''दो ही तो बूँद हैं यार, हमारी नई दोस्ती की खातिर ले लेना।''

मैं उन दो बूँदों को इनकार नहीं कर सका।

मुख्य विषय आरम्भ हो गया।

चिकन चिली मैं पहली बार ही चबा रहा था। गोपीचन्द ने मेरे थम्सअप में और दो बूँदें आर.सी. की डाल दीं। रगों में जोश उमड़ रहा था। तनाव डूबा जा रहा था। परेशानियाँ दूर हट रही थीं। एक-एक पेग से नशे की बाम्बी बढ़ती जा रही थी। मनवा नाग की तरह डोलने लगा था। बदन पंख की तरह हल्का हो रहा था।

''आप साहब को कैसे जानते हैं ?''

''जान-पहचान नहीं, हमारी तो दोस्ती है।''

''आप उनके साथ काम करते थे ?''

''हाँ ! हमने पैंथर बनाया। हमने एकसाथ काम किया। उसमें नेतापन के गट्स हैं।''

''साहब पीते हैं ?''

''साहब की पर्सनलिटी मिनिस्टर के काबिल है। आदमी रोबीला है।''

माणिकचन्द ने वेटर को बिल दे दिया। पंडित कानड़े ने वेटर को रोका–''इस बिल में एक और बिरयानी का बिल जोड़ दो। मुझे पार्सल ले जाना है।''

''दो पार्सल बिरयानी बना देना।

''एक साथ बाँध दूँ ?''

"नहीं, अलग-अलग बाँधना।

"दो किसके लिए ?"

"एक कानड़े ले जाएगा, एक मिलिन्द ले जाएँगे।"

मैं चुप्पी साधे हुए था।

रास्ते में कानड़े को छोड़ हम आगे निकले। कार घर के सामने आकर रुकी। बिरयानी का पैकेट मेरे हाथ में था।

"साला, कानड़े बहुत नालायक है। उससे बचके रहना !"

माणिकचन्द मुझे समझा रहा था।

मैंने हाँ कह दिया। "इसे रहने दीजिए।" कहते हुए माणिकचन्द ने मेरी जेब में पाँच सौ का नोट ठूँस दिया।

मैं सिर्फ मुस्करा दिया।

कार चली गई। लक्ष्मी ने दरवाजा खोला।

"पीकर आए हो ना ? लगता है, इसीलिए बाहर चले गए थे। मिल गए दारू पिलानेवाले ? घर में खाने को अनाज नहीं, और आप दारू पीकर भटक रहे हैं ?"

"मैंने अपने पैसे से नहीं पी है।"

"लेकिन पी ही क्यों ?"

"मैं रोज नहीं पीता। मैं कोई शराबी नहीं हूँ। आज एक दिन पी ली तो क्या हुआ ?"

"धीरे-धीरे शराबी भी बन जाओगे। आपका क्या भरोसा ?"

"मैं तेरे लिए बिरयानी लाया हूँ।"

"मुझे नहीं खानी है।"

"अरी, बहोत बढ़िया है।"

"कह दिया न, मुझे नहीं खानी है।"

मैं झुँझला उठा। मेरा नशा काफूर हो गया। लक्ष्मी नाराज थी। प्रज्ञा सोई हुई थी। लक्ष्मी भी सो गई। बिरयानी का पैकेट वैसे ही पड़ा रह गया। मैं भी लेट गया। लक्ष्मी के साथ झगड़ा होने से मैं डिस्टर्ब हो गया। मेरी नींद उड़ गई थी।

चालीस की उम्र हो गई। एक पैसे की भी बचत नहीं। बल्कि सिर पर कर्ज चढ़ता जा रहा है। कल कुछ उल्टा-सीधा हो गया तो किससे पैसे माँगेंगे ? मकान बनाने की बात तो दूर, मामूली जगह भी नहीं खरीद सकते। मनमाफिक पोशाक नहीं बना सकते। मेरा क्या होगा ? यह गरीबी कैसे दूर होगी ?

दो नम्बर के रुपयों के बिना मैं अमीर नहीं बन सकूँगा।

मैं सो नहीं सकता। लक्ष्मी भी जाग रही है। झगड़ा होने से शायद वह भी नहीं सो पा रही है।

नौकरी करने में भी जल्दबाजी की मैंने। फिर शादी करने में जल्दबाजी की। और पढ़ना चाहिए था। अच्छी नौकरी के लिए कोशिश करनी चाहिए थी। मैं बेहद उलझ

गया हूँ। डूबना...सिर्फ डूबना ही अब मेरे हाथ में है।

बिरयानी का पैकट कुत्तों ने उठा लिया।

26 जुलाई

शाम का वक्त। फिर कार आ गई। माणिकचन्द सीधे घर के अन्दर घुस आया। लक्ष्मी को नमस्कार किया। अपना परिचय दिया। मैंने बैठने के लिए अनुरोध किया। गोपीचन्द दरवाजे पर मुस्कुराता खड़ा था। कानड़े को साथ नहीं लाए थे। मैंने चाय के लिए मनुहार किया। वे मुझे बाहर ले गए। लक्ष्मी ने कुछ भी नहीं कहा। शायद वह मेरे नए दोस्तों को नाराज नहीं करना चाहती थी।

हम प्रीतम होटल आ गए। कल वाले टेबिल पर ही बैठ गए।

''आप मुझे होटल ले आए, लेकिन मेरी जेब तो खाली है।''

''आपको थोड़े ही बिल चुकाना है ? हम जो हैं।''

''कभी तो मुझे भी चुकाना चाहिए न ?''

''आप एक कैबिनेट मिनिस्टर के दोस्त हैं। हमें क्यों शर्मिन्दा कर रहे हैं ?''

''सच, मैं मजाक नहीं कर रहा हूँ। मैं बहुत गरीब आदमी हूँ।''

''आपकी गरीबी हटा देंगे। बस, हमारी बात मान लीजिए।''

''मुझे क्या करना होगा ?''

''लोगों के काम करना और पैसे लेना। आपकी गरीबी हट जाएगी।''

''साहब से बात कर लीजिए। काम हम ले आएँगे।''

मैं उलझन में पड़ गया। क्या करूँ ? हाँ कर दूँ या ना ?

एक तरफ मेरी गरीबी, दूसरी तरफ सुख का प्रलोभन।

वेटर आ गया। माणिकचन्द ने उसे निरखा।

''एक क्वार्टर आर.सी. ले आओ।''

''मुझे नहीं चाहिए।''

''ऐसा भी कभी हुआ है ? आपको तो लेना ही होगा। चाय पर कहीं काम की बातें होती हैं ? अब लेने की आदत डाल लीजिए। लोगों के साथ बैठना होगा तो पीने से मुँह मोड़कर नहीं चलेगा। डायलॉग तो तभी होगा न ?''

''मुझसे नहीं हो पाएगा।''

''थोड़ी-सी लीजिए। जिन ही लीजिएगा न ! मुँह से बू भी नहीं आएगी। लेडीज ड्रिंक है।''

मेरा इनकार ढीला पड़ता गया। माणिकचन्द ने पेग बनाया। खाने के लिए चिकन तंदूरी का आर्डर दिया। मैं मन-ही-मन सुखिया बन गया था। पहली बार जिन का जायका लिया। चिकन तंदूरी खा गया। मुझे लक्ष्मी की याद आई। उसे भी ऐसी अच्छी चीजें खाने को मिलनी चाहिए। क्या मैं कभी उसे ऐसे शानदार होटल में ले जा सकूँगा

? इतना पैसा मेरे पास होगा ? तीसरा पेग खाली हो गया था। बदन हवा में तैरने लगा था। मेरी नस-नस में तृष्णा शीतल होती जा रही थी। पेग में पिघलने वाला बर्फ का टुकड़ा। माणिकचन्द के होंठों पर जल रहा सिगरेट। गोपीचन्द का नशे में धुत्त चेहरा। तश्तरी में खतम होने को आ रहे मूंगफली के दाने। ऐश ट्रे में सिगरेटों के बुझे टोटे। आधी बोतल खाली। सभी टेबिल ग्राहकों से भरे हुए। बहस बातचीत से खिले हुए। वेटरों की दौड़धूप। काउंटर से मैनेजर की वेटरों को हिदायतें। खाली जगह न होने से खड़े कस्टमर। गोल-गोल घूमता पंखा। धीमी-धुंधली रोशनी। शोरगुल में डूबे मुकेश के गाने। और पंछियों के झुंड की तरह नजरों पर उतरनेवाली बेहोशी। आज भी लक्ष्मी झगड़ा करेगी।

27 जुलाई

सुबह-सुबह पंडित कानड़े आया। उसका मूड खराब था। मैंने उसे बिठाया। लक्ष्मी ने चाय बनाई।

"सुना, कल आप बैठे थे ?"

"हाँ।"

"पर, मेरे बिना ?"

"तुम्हें कैसे मालूम हुआ ?"

"मुझे वेटर ने बताया। वह हमारी गली में ही रहता है न ?"

"तो इसमें मेरा क्या दोष ? उन्होंने मुझे बुलाया, मैं चला गया।"

"यही तो गलती हो गई। मैंने तुम्हारा परिचय करा दिया। और तुमने मेरा ही पत्ता काट दिया। वो अच्छे लोग नहीं है। तुम अकेले उनसे बात मत करना। बहुत पहुँचे हुए लोग हैं वो।"

पंडित कानड़े को चोट पहुँची थी। उसे पता चल गया था कि उसे टालकर रात में पार्टी मनाई गई थी। उसकी उम्मीद भंग हो गई थी। उसकी बातों से दुख और आक्रोश उफन रहा था। लक्ष्मी सुन रही थी। कानड़े ने चाय पी। सब्र से काम लेने को कहकर बोला–"आता हूँ।"

"कैसी पार्टी ? कौन लोग ?"

"बात तेरे समझने की नहीं है। चुप कर।"

"हर बात का मुझे पता होना चाहिए। ये कौन लोग हैं जो हमारे पास आ रहे हैं ? क्यों आ रहे हैं ?"

"उनका कुछ काम है। काम से आते हैं। मैं रोहिदास को जानता हूँ इसलिए खिलाते-पिलाते रहते हैं।"

"तो जाकर मिनिस्टर से क्यों नहीं मिलते ? उनसे क्यों नहीं काम करवाते ? आपको बीच में क्यों ला रहे हैं ?"

''मन्त्री से मेरी जान-पहचान है, इसलिए। उनकी पहचान होती तो वो क्यों हमारे पास आते ? हम कोई मुफ्त में काम नहीं करने वाले। वो लोग पैसे भी देने वाले हैं।''

''मुझे खराब पैसा नहीं चाहिए।''

कुल मिलाकर विषय चूल्हे-चौके तक पहुँच गया था। घर धुंधुआने लगा।

29 जुलाई

पंडित कानड़े स्कूल में ही चला आया। शनिवार था, सो दोपहर में छुट्टी थी। हम दोनों ने सड़क पर चाय ली। वहाँ मेरा उधारी का खाता था।

''पंडित कानड़े, तुम बहुत जल्दी नाराज हो जाते हो यार। तुम्हारा स्वभाव भी बड़ा शक्की है। गुस्सा मत करो। दोस्त होने के नाते साफ-साफ बोल रहा हूँ।''

''तुम्हारे लिए नजदीक कौन है, मैं या माणिकचन्द ? तुम माणिकचन्द के साथ डायरेक्ट बात मत करो। मुझे बीच में रहने दो। वह तुम्हें धोखा देगा। आफत में उलझा देगा।''

''हमारी ऐसी कोई बात नहीं हुई है। हम कुछ भी नहीं बोले किसी काम के बारे में।''

''हम बोलेंगे। टोकन के रूप में दस हजार ले लेंगे। पाँच तुम ले लेना, पाँच मैं ले लूँगा। अभी मैं कुछ मुश्किलों से गुजर रहा हूँ।''

''दस ?''

''हाँ, जितनी बड़ी रकम माँगोगे, उतना ही काम का वजन बढ़ जाता है। वह तुम्हें दारू पिलाकर गोल कर देगा। रकम की माँग करो। साहब से भी बात कर लेंगे।''

''और अगर काम नहीं हुआ तो ?''

''काम कैसे नहीं होगा ?''

''मेरी समझ में तो कुछ नहीं आता इस मामले में।''

''मैं हूँ न ! कुछ फिक्र मत करो। आज माणिकचन्द से मिलने पर सीधे धंधे की बात कर लो।''

''मुझसे नहीं हो सकेगा।''

''तुम्हारी ओर से मैं बात करूँ ?''

''नहीं।''

''तुम्हें पैसे चाहिए या नहीं ? बताओ, नहीं तो मैं निकम मामा को पकड़ लेता हूँ और उससे काम करवाता हूँ।''

''मुझे सोचना होगा।''

''तुम जिन्दगी भर सोचते रहो। मौका तुम्हारे लिए रुका नहीं रहेगा। मौका आया है, लाभ उठाओ।''

''वाह ! क्या बात है !''

3 अगस्त

माणिकचन्द ने मुम्बई के लिए चारों का आरक्षण करा दिया था। मैं, पंडित कानड़े, माणिकचन्द और गोपीचन्द रात की गाड़ी से चल पड़े। मैं रात-भर सो नहीं सका। मुम्बई जा तो रहे हैं लेकिन रोहिदास के साथ पैसे के बारे में कैसे बात करेंगे !"

"मैं अकेला ही रोहिदास से बात करूँगा। तुम लोग साथ नहीं आओगे।"

"अच्छी बात है। तुम ही बोल लेना। हम बाहर रुके रहेंगे। पैसे के बारे में बात कर लेना। काम होना चाहिए।"

यात्रा में हम बातें करते जा रहे थे। पैसा कमाने की योजनाएँ पेश की जा रही थीं।

4 अगस्त

"बोलो।"

"मुझे दो मिनट के लिए कुछ निजी बात करनी है।"

"क्या है ? यहीं पर बोल दो ना।"

"मुझे कुछ अलग बात करनी है।"

मिनिस्टर उठ गए। अंदर चेम्बर में चले आए। मैं भी उनके पीछे-पीछे चला गया। मेरे हाथ-पाँव काँप रहे थे। समझ में नहीं आ रहा था कि पैसे के बारे में बात करें तो कैसे करें ? चेहरे पर हवाइयाँ उड़ रही थीं, नसों में तनाव महसूस हो रहा था। आँखों में डर समा गया था। रोहिदास ने मुझे पुलिस के हवाले कर दिया तो ? मिनिस्टर से रिश्वत की बात करना अपराध है।

"बोलो, जो कुछ कहना है, जल्दी कह डालो।"

"काम की बात है।"

"हाँ, हाँ बोलो तो।"

"बिअर बार के लिए परमिशन चाहिए। पार्टी रकम देने को तैयार है।"

रोहिदास मुस्कुराया। उसकी मुस्कुराहट में आश्चर्य भी था और गुस्सा भी। पर उसने मुझे टोका नहीं। शायद उसे इस बात का बुरा लगा होगा कि मेरे जैसा कार्यकर्त्ता मिनिस्टर के पास अन्याय की कोई घटना लेकर नहीं, बल्कि बिअर बार की परमिशन के लिए आया है। पल-भर के लिए वह सोच में पड़ गया। मैं उसकी नजर से नजर नहीं मिला सका। मैं स्वयं को अपराधी अनुभव कर रहा था।

"ऐसे काम मत लेना। आन्दोलन की बदनामी होगी।"

"दोस्त का काम है।"

"तुम तो आन्दोलन के हो न ?"

"जी साहब।"

''कल सुबह बँगले पर आओ।''

''जी, कल आ जाऊँगा।''

मैं मन्त्रीजी के कार्यालय से बाहर आ गया। पसीने से बदन तरबतर हो गया था। बाहर कानड़े, माणिकचन्द और गोपीचन्द मेरी राह देख रहे थे। मुझे देखकर उनके चेहरे चमकने लगे।

''क्या हुआ रे ?'' पंडित कानड़े ने अधीर होकर पूछा।

''कल बुलाया है...'' मैं खुशी से बोल पड़ा। माणिकचन्द ने हाथ पर हाथ मार दिया।

''आज की शाम, मिलिन्द के नाम।'' गोपीचन्द ने खुश होकर हाथ मिलाए।

हम मन्त्रालय की सीढ़ियाँ उतर आए। मन्त्रालय के पोर्च में मरीन लाईन के किनारे आती ठंडी हवा के झोंकों में लोग सुस्ता रहे थे।

मन्त्रालय के अहाते में शासकीय गाड़ियाँ खड़ी थीं। पुलिस अपना काम सही ढंग से कर रही थी। नेता और उनके कार्यकर्त्ताओं के झुंड घूमते-फिरते नजर आ रहे थे। मन्त्रालय के कर्मचारी अपनी-अपनी पार्टी के साथ गुफ्तगू करते हुए दिखाई दे रहे थे।

मन्त्रालय तो एक माया बाजार ही है।

मैं, पंडित कानड़े, माणिकचन्द और गोपीचन्द मन्त्रालय के गेट के बाहर निकल आए। महाराष्ट्र के कोने-कोने से आए हुए लोग इधर-उधर बिखरे पड़े थे। हम एम. एल.ए. हॉस्टल की ओर चल पड़े। सड़क के किनारे कई गाड़ियाँ पार्क की हुई थीं।

''जूस लेंगे ?''

''नहीं भैया। भड़ुवा आधा जूस आधा पानी देता है।''

''अब सीधे अड्डा जमा लेते हैं।''

''कहाँ जाएँगे ?''

''आप ही तय कर लो। मुझे तो मुम्बई की कुछ भी जानकारी नहीं है।''

''कोलाबा जाएँगे।''

''टैक्सी लेकर चलते हैं।''

हम टैक्सी में बैठ गए। टैक्सी दौड़ने लगी। फिर भी मुझे जूसवाला याद आ रहा था। लोगों को सिर्फ ऊपर से निचुड़ने वाला जूस दिखाई देता था, लेकिन वह नीचे के बरतन में पहले से ही पानी रख देता था। लोग पीते थे और पैसे देते थे। चारों तरफ धोखाधड़ी फैली हुई है। धोखेबाजों के साथ धोखे का ही व्यवहार करना चाहिए।

अभी सात नहीं बजे थे। इसलिए परमिट बार नहीं खुले थे। सात बजे तक हमने गेटवे ऑफ इंडिया पर टाइम पास किया। समुन्दर को देखते हुए मूँगफली खाईं। नावों में बैठे शौकीन गाँववालों को देखा। गेटवे ऑफ इंडिया जाकर पुस्तकें देखीं। टॉयलेट गए। घूमते-घूमते ताजमहल होटल के बाहर आ पहुँचे।

''नाइट क्लब चलेंगे ?''

''चलो...''

पराई औरत के बदन में पूरी तरह डूब जाने का बेकाबू आकर्षण मुझे क्यों घसीटता ले जा रहा है ? इस बदन का राज क्या है ? वह इतना दिलचस्प क्यों लगता है ?

15 अगस्त

देश का स्वाधीनता दिवस। स्कूली बच्चों और शासकीय कार्यालयों के अलावा यहाँ कौन है जो स्वाधीनता दिवस को अहमियत देता है ?

देश का विभाजन हिन्दुओं का दुख है। यह दुख कम होने के बजाय बढ़ता ही जा रहा है। कड़वा होता जा रहा है। उसकी प्रतिक्रिया भारतीय मुसलमानों पर हो रही है।

दलित स्वाधीनता को काले दिन के रूप में मनाते हैं। आज हमारी भारतीयता को सन्देह की नजरों से देखा जाने लगा है।

मैं माणिकचन्द के घर पानी भी नहीं पीता, क्योंकि गिलास धोना पड़ता है। माणिकचन्द उम्र में मुझसे छोटा है, फिर भी मुझे उसको नमस्कार करना पड़ता है।

"हमारे साथ भोजन कर सकते हो लेकिन हमारी औरतें तुम्हारी जूठी थाली साफ नहीं करेंगी।" गोपीचन्द कहता है।

ये साले सब जातिवादी हैं। पीड़ा अलग रहने की नहीं, बहिष्कृत होकर जीने की है।

मेरा गाँव कहाँ है ? जहाँ मुझे अछूत नहीं कहा जाएगा। जहाँ मेरा अपना पनघट होगा, मन्दिर होगा, सरपंच और मुखिया मुझे काम देंगे।

1 सितम्बर

दस-बारह दिन के बाद हम मिल रहे थे। मैं, माणिकचन्द, गोपीचन्द और पंडित कानड़े फिर एकसाथ आ गए थे। गोपीचन्द ने आर.सी. का एक खम्बा लिया, एक किलो भेल ली और हमारी कार शहर के बाहर दौड़ने लगी।

"आज मैं नहीं पीऊँगा। मेरा अनशन है।"

"कैसा अनशन ?"

"मैं अनशन करता हूँ।"

मुझे गुदगुदी हो रही थी। कार तेजी से दौड़ रही थी। मेरे बाल हवा में उड़ रहे थे। रांजण गाँव से पहले कोरेगाँव आया। वहाँ कोरेगाँव स्मृति स्तम्भ है। यह वही स्थान है, जहाँ महान सैनिकों ने अंग्रेजों की तरफ से लड़ते हुए पेशवा को हराया था। इन वीर महार जवानों की स्मृति में कोरेगाँव में स्तम्भ बना दिया गया था। मैंने स्तम्भ देखा। पेशवाई में अछूतों को सड़क पर थूकने की मनाही थी। थूकने के लिए उनको गले में मटकी बाँधनी पड़ती थी। सड़क पर अछूत के कदमों की निशानी न रहे इसलिए कमर में झाड़ू बाँधकर उन्हें चलना पड़ता था। अछूत अंग्रेजों की तरफ से लड़े और उन्होंने

अपने खिलाफ हो रहे अन्याय की लड़ाई में जीत प्राप्त की थी।

"निकम मामा से बात कर लूँ।"

"मैं आपका काम कर देता हूँ। मैं नहीं करूँ तब बोल लेना। मुझे कुछ वक्त तो दीजिए।"

"काम जल्दी हो जाना चाहिए। नहीं तो दूसरी पार्टी को मिल जाएगा। तुम लोग जोर नहीं लगा रहे हो। कहते रहते हैं कि मिनिस्टर दोस्त हैं..."

"काम हो जाएगा। फिकर मत करो।"

"आज ही फोन पर बात कर लेना।"

"रात में कर लेंगे।"

"निकम मामा लोगों के काम करता है। तुम भी करो। मौका है। बहती गंगा में हाथ धो लो।"

माणिकचन्द ने निकम मामा का नाम लिया था। निकम मामा–उसकी लकड़ी की टाल मराठावाड़ा विश्वविद्यालय के नामान्तरण के दंगे में जल गई थी और रात ही रात में उसका नाम हर किसी की जबान पर था। पत्रकार, नेता और कार्यकर्त्ता उसको सांत्वना देने आए थे। निकम मामा को शासकीय सहायता मिली। प्रसिद्धि की लहर का लाभ उठाकर निकम मामा ने चुनाव लड़ा। लोगों की सहानुभूति थी ही। चुनाव जीत गया। आरक्षण के कारण महापौर बन गया। अब भूतपूर्व महापौर है। राजनीति करता है। आज उसका एक बँगला है। जिले में साहब का राइट हैंड है।

10 सितम्बर

सुबह प्राध्यापक राहुल बनसोडे घर पर आए थे। बाबासाहब अम्बेडकर की मूर्ति के लिए चन्दा इकट्ठा कर रहे थे। कॉलेज में मैं उनसे पढ़ा था।

"राहुल सर, आप बाबासाहब की मूर्ति के लिए चन्दा इकट्ठा कर रहे हैं, इसकी बजाय आप दलित छात्रों के लिए छात्रावास क्यों नहीं बनवाते ? अपने बच्चे पढ़ेंगे।"

"मैं अपने समाज को साक्षर नहीं स्वाभिमानी बनाना चाहता हूँ। शिक्षा देनेवाली संस्थाएँ बहुत हैं। एक संस्था बनाकर शासकीय अनुदान में गलत व्यवहार करना मुझसे नहीं हो सकेगा।"

"मैं जानता हूँ कि आप भ्रष्टाचार के विरोधी हैं, लेकिन जानते हैं लोग क्या कहते हैं ? कहते हैं कि इनकी नौकरी चली गई इसलिए बाबासाहब का पुतला खड़ा कर रहे हैं। पैसा जमा करते हैं, और खा जाते हैं।"

"हम लोगों के मुँह बन्द नहीं कर सकते। हमें अपना काम करते रहना है।"

"राहुल सर, आप चन्दा इकट्ठा करने के लिए गाँव-गाँव भटक रहे हैं। भाभीजी गृहस्थी चला रही हैं। बच्चों का क्या होगा ?"

"जिए जाएँगे। हम लोगों का क्या हुआ ? बड़े होने तक मैं उनको रोटी-कपड़ा-मकान

और शिक्षा दूँगा। आगे वो हाथ-पैर मारेंगे। हमें इतनी फिक्र नहीं करनी चाहिए।''

प्रो. राहुल बनसोडे के सुखी जीवन को ध्वस्त होते हुए मैंने देखा था। मैंने उनकी सहायता भी की थी। वैसे मैं भी फटीचर ही था।

एक बार उनकी पत्नी बच्चों को लेकर हमारे घर आईं थीं। उनके बुरे दिन चल रहे थे। मेरी पत्नी ने उनके साथ अच्छा व्यवहार नहीं किया।

''हमारा महीने का बिल बढ़ रहा है।'' इस बात पर झगड़ा हो गया। प्रो. राहुल बनसोडे बीवी-बच्चों को लेकर घर छोड़कर चले गए। मैंने भी नहीं रोका। उसके बाद वह आज मेरे पास आए थे।

उन्होंने मेरे घर सिर्फ चाय ली और चले गए। पुतले के लिए मैंने पचास रुपए की रसीद कटा ली थी।

27 सितम्बर

आज मैं बहुत बेचैनी महसूस कर रहा था। फिर मेरा और लक्ष्मी का झगड़ा भी हो गया। मैं बाहर निकल पड़ा। सोचा, कानड़े के घर जाऊँगा। उसके पास फोन था। फोन लगाया। पंडित कानड़े फोन पर मिला। मैं उसके पास चला गया। घरवाली से झगड़ा होने के कारण मन बहुत मैला हो गया था।

''अच्छा हुआ, तुम आ गए। वर्ना मैं ही तुम्हारे पास आनेवाला था। एक काम आ गया है।''

''कैसा काम ?''

''बदली का। एस.टी. ड्राइवर है। सीताफले नाम का। अपनी पहचान का है।''

''तबादला होगा ?''

''काम कोई भी हो, 'नहीं', नहीं कहने का। न होनेवाले काम के लिए भी कहना कि 'जरूर करूँगा'। पिछले हफ्ते रोहिदास के डी.ओ. से एक कंडक्टर की बदली हो गई। हम मुम्बई जाएँगे।''

''और अगर काम नहीं हुआ तो...?''

''हमारा काम बस मिनिस्टर की चिट्ठी ला देने का है। फिर बदली हो या न हो। पार्टी खर्चा करने के लिए तैयार है।''

''लोग खिलाते हैं, पिलाते हैं...!''

''तो क्या हुआ ? हम उनको मिनिस्टर से मिलाते हैं। मिनिस्टर से सिफारिश ला देते हैं।''

''मिनिस्टर से मिलने या उसकी चिट्ठी ला देने से काम तो नहीं होते।''

''अपन पार्टी को मुम्बई ले जाएँगे। अपना खर्चा पार्टी करेगी। मिनिस्टर से मिलेंगे। निवेदन दे देंगे। उससे डी.ओ. लेटर लेंगे। अपने पैसे खर्च करके साहब से मिलना क्या हमारे लिए सम्भव है ? पार्टी के खर्चे से साहब से मिलना होगा। मुम्बई में दो दिन मौज

करेंगे। तुम नहीं चलोगे तो मैं निकम मामा को मुम्बई ले जाऊँगा।''

''हम चलेंगे।''

''पहले हम सीताफले ड्राइवर के घर जाएँगे। उसको बाहर ले चलेंगे, उससे पार्टी वसूल करेंगे।''

29 सितम्बर

''साथ में काफी पैसे लिए हो या नहीं ?''

''आप पैसे की फिक्र मत करो। मेरा काम करा दो।''

''तुम्हारा काम हो जाएगा यार।''

''साहब, अगर मेरा हो गया तो आपके पास काम करवानेवालों की कतार लग जाएगी। एक बार लोगों को पता चले कि आपसे काम हो जाता है, तो लोग पैसे लेकर आपके पास दौड़े आएँगे। हाँ, लेकिन मेरा काम हो जाना चाहिए। इसे टेस्ट केस ही मान लो। अभी से चार-पाँच ड्राइवरों और कंडक्टरों ने मुझसे बात भी की है। मैं आऊँगा आपके पास लोगों को लेकर।''

''अरे हम तो काम कराने के लिए ही बैठे हैं। मिनिस्टर दोस्त है। किसी भी डिपार्टमेंट का काम करवा सकते हैं।''

पंडित कानड़े और ड्राइवर सीताफले के बीच बातें चल रही थीं। मैं नींद का नाटक कर रहा था। रेल की गति का ताल, बर्थ पर उनींदे मुसाफिर, सुनसान अँधेरे में तेजी से घुसनेवाली रफ्तार, दुर्घटना घटी तो ? कल्पना से ही मेरा मन चौंक गया।

सुबह मुम्बई पहुंच जाएँगे। एम.एल.ए. हॉस्टल पर जाकर फ्रेश होंगे। फिर साहब के बँगले पर जाएँगे। रात में मुम्बई की बाँहों में ऐश करेंगे। आज बुधवार है, साहब मुम्बई में ही होंगे। आज कैबिनेट होगी।

सुबह हम बँगले पर पहुँच गए। मैंने मालवे पी.ए. को नमस्कार किया। पूछा, ''पहचाना ?'' उसने पहचानने से इनकार किया।

''रोज इतने लोग आते हैं। किस-किस को पहचानूँगा मैं ?''

मैं आहत हुआ। आवाज ऊँची करके कहा–

''साहब मेरे दोस्त हैं।''

मालवे का पारा चढ़ गया।

''बहुत लोग आते हैं। कहते हैं, मैं साहब का दोस्त हूँ।'' मालवे मेरी तौहीन कर रहा था। पार्टी के सामने इस तरह अपमानित होना खतरनाक होता है। मैंने अपने आपको शान्त कर दिया। निकम मामा भी अपने कार्यकर्ताओं के साथ आ गया था।

''साहब नीचे आनेवाले हैं। चलिए अन्दर...'' मालवे ने आदेश दे दिया।

मिलने के लिए आई भीड़ हॉल में चली गई। मैं बाहर ही रुका रह गया। बॉडीगार्ड

ने मुझे हॉल में बैठने के लिए कहा। चपरासी ने फरमाया, ''अपने-अपने नाम लिखकर दो।''

गाड़ी की आवाज आई। साहब पिछले दरवाजे से गाड़ी में जाकर बैठ गए। गाड़ी तेजी से बँगले के बाहर चली गई। चपरासी ने घोषणा की, ''साहब कैबिनेट के लिए चले गए।'' मिलने के लिए आई भीड़ निराश हो गई। भीड़ हॉल के बाहर निकल मन्त्रालय की ओर चल पड़ी।

''चलो, हम भी मन्त्रालय चलते हैं।''

मन्त्रालय के गेट पर रोका गया। हमारे पास प्रवेश-पत्र नहीं था। दो बजे तक यहीं रुकना होगा।

''मिनिस्टर कैबिनेट के लिए गए हैं। अन्दर जाने से भी कोई फायदा नहीं।''

''तब तक खाना खा लेते हैं।'' हम एम.एल.ए. हॉस्टल के कैंटीन में घुस गए।

विधायकों के लिए कुछ टेबल आरक्षित थे। हमने तीन चिकन राइस प्लेट का ऑर्डर दिया। मुझे लक्ष्मी की याद आ गई। मैंने टेबल पर रखा पानी का गिलास खाली कर दिया।

''काम होते ही आज चल पड़ेंगे।''

''मन्त्रालय के काम कभी एक दिन में नहीं होते।''

''आज मुम्बई घूमेंगे।''

टेबल पर चिकन राइस प्लेटें आ गईं। हम टूट पड़े। मुझे जोरों की भूख लगी थी। हर टेबल का मुआयना किया। हर टेबल पर बिल चुकानेवाला कोई एक ही था। बाकी सब मुफ्तखोर थे।

बिल चुकानेवाला काम करवानेवाला था। खाने वाले मन्त्रालय के कर्मचारियों या मिनिस्टरों की पहचानवाले।

मैंने वॉश बेसिन में हाथ धोए। वॉश बेसिन के लिए भी कतार लगी हुई थी। मैं सौंफ चबाता हुआ बाहर आ गया। पंडित कानड़े और सीताफले ड्राइवर पान खाने के लिए पान ठेले पर पीछे रह गए। मैं एम.एल.ए. हॉस्टल के परिसर में घूम रही औरतों-युवतियों पर नजरें गड़ाता रहा।

डेढ़ बजे से ही मन्त्रालय के हर एक गेट पर भीड़ कतार लगाने लगी। हम भी कतार में खड़े हो गए। पुलिस ने हमारे बेगों की जाँच की। हम मन्त्रालय के दरवाजे में रेंग रही एक लम्बी कतार में जाकर खड़े हो गए। मन्त्रालय के कर्मचारी कतार तोड़कर भीतर घुस रहे थे। रोब दिखा रहे थे।

मेटल डिटेक्टर से बाहर आ गए।

फिर लिफ्ट के लिए कतार।

पाँचवीं मंजिल पर पहुँचे।

साहब के कार्यालय के सामने भारी भीड़ लगी हुई थी। मैंने साहब के कार्यालय में झाँककर देखा। पी.ए. साहब कुर्सी पर बैठे हुए थे। उनके सामने भीड़ थी। भीड़ में

प्रो. राहुल बनसोडे भी थे।

"मैं पैन्थर का कार्यकर्ता हूँ। साहब मुझे जानते हैं। आज तक मैंने कभी नहीं माँगा है। मैं पहली बार मन्त्रालय में आया हूँ। मुझ पर अन्याय हुआ है। संस्था ने मुझे इसलिए निकाल दिया है कि मैं दलित हूँ। आप फोन कर दीजिए।"

प्रो. राहुल बनसोडे की आवाज सुनकर मैं निढाल हो गया। राहुल जी पी.ए. से विनती कर रहे थे और पी.ए. उनकी बातों को अनसुना कर रहा था।

"आपका काम नहीं होगा। आप कोर्ट में जाइए।" पी.ए. ने राहुल जी को सबके सामने सलाह दी।

"साहब, कोर्ट में जल्दी फैसला नहीं होगा। मेरे बीवी-बच्चे बेसहारा हो जाएँगे। आप फोन तो कर दीजिए। आपके एक फोन से फर्क पड़ सकता है।" प्रो. राहुल बनसोडे की आवाज में पीड़ा थी, विवशता थी।

मुझ से सुना नहीं गया। मैं वहाँ से उठ गया। मन्त्री के केबिन के सामनेवाली कतार में जाकर खड़ा हो गया। मेरे पीछे पंडित कानड़े और सीताफले ड्राइवर खड़े हो गए।

आधा घंटा गुजर गया। किसी को भी अन्दर नहीं जाने दिया जा रहा था। भीड़ परेशान हो गई थी। शोर बढ़ने लगा। पुलिस ने भीड़ को चुप कराया।

"साहब सबसे मिलेंगे। खामोश रहिए। अन्दर प्रेस कांफ्रेंस चल रही है।"

भीड़ शान्त हो गई। हम अपने नम्बर के इन्तजार में खड़े रहे।

निकम मामा दरवाजे से भीतर घुसा। चपरासी ने उसे नहीं रोका। भीड़ ने भी कोई शिकायत नहीं की। मैंने दरवाजे से भीतर घुसने की कोशिश की। लेकिन पुलिस ने मुझे ढकेल दिया। मैं फिर कतार में आकर खड़ा हो गया। कुछ देर बाद पी.ए. भीतर चला गया। उसके पीछे चन्द्रकान्त अम्भोरे चला गया। आर.पी.आई. का नेता। हरदम साहब के साथ रहनेवाला।

भीतर जानेवाले बाहर नहीं आ रहे थे। बाहर खड़े लोग भीतर नहीं जा रहे थे। मेरा मन गुलेल की तरह तन गया था।

शाम छः बजे सारा मन्त्रालय खाली हो गया। मन्त्रालय के चपरासी कार्यालय के ताले लगाने लगे। लेकिन रोहिदास नागदेव का कार्यालय भीड़ से भरा था। लोग निवेदन दे रहे थे। मन्त्री उन पर हस्ताक्षर कर रहे थे। गली-कूचों में रहनेवाली भीड़ जिन्दगी में पहली बार मन्त्रालय आई थी। रोहिदास नागदेव के कारण झुग्गी-झोंपड़ियों में रहनेवाला आदमी मन्त्रालय में आकर निवेदन देने का साहस कर रहा था। इस फटीचर आदमी को पहली बार मन्त्री और मन्त्रालय के दर्शन का अवसर मिल गया था। लोग इतनी भीड़ क्यों लगाते हैं ?

गुंडे सताते हैं। बिल्डर झोंपड़ियाँ गिराते हैं। नौकरी नहीं है। नौकरी के लिए चिट्ठी चाहिए। आरक्षण के लिए पत्र चाहिए। रेस्ट हाऊस में कमरे के लिए फोन कीजिए। तबादला चाहिए। सेवायोजन कार्यालय के साक्षात्कार के पत्र नहीं मिलते। पाठशाला में

प्रवेश के लिए फोन कीजिए। पानी की सुविधा नहीं है। हमारे कार्यक्रम में पधारिए– ऐसे सवाल और ऐसा हुजूम।

आम आदमी के रोजमर्रा के सवालों के लिए एक अलग मन्त्रालय होना चाहिए जहाँ मन्त्री लोगों से सिर्फ निवेदन ले ले और उन पर कार्रवाई करे।

हम मन्त्रीजी के सामने कतार में खड़े हो गए। मन्त्रीजी बिना थके निवेदन स्वीकार कर रहे हैं। मैंने भी निवेदन दे दिया।

''बदली करवानी है। ये अपने कार्यकर्त्ता हैं। पक्ष के कार्यक्रम में मदद करते हैं।'' मैंने झिझकते हुए कहा–

''ये कहाँ का कार्यकर्त्ता है ? मैं इस कार्यकर्त्ता को नहीं जानता। सीधे बोल दो ना कि ड्राइवर की बदली करवानी है। झूठ क्यों बोलते हो ?''

रोहिदास की बात सुनकर मैं झेंप गया। मन्त्रीजी ने 'फोन' लिख दिया। अब कोई पी.ए., डी.सी. को फोन करेगा।

''बँगले पर आ जाओ।'' रोहिदास नागदेव ने मुझसे कहा। विनय से मुस्कुराते हुए मैंने हाँ कह दिया। हाथ जोड़कर मन्त्रीजी के कार्यालय से बाहर आ गया।

''मेरी बदली होगी न ?''

''कल साहब का पी.ए., डी.सी. को फोन करेगा। साहब के पी.ए. का फोन आने पर डी.सी. को तो बदली करनी ही पड़ेगी।''

''मन्त्रीजी से फोन आया है यह जानकर मुझे मेमो तो नहीं मिलेगी ? ऑफिस से बिना इजाजत लिए ही आया हूँ।''

''फिक्र मत करो। हम हैं न। डी.सी. की बदली कर देंगे। तुम नहीं जानते मिनिस्टर की ताकत क्या होती है। तुम तो अभी अंडे के चूजे हो। चलो।''

''फोन कब होगा ?''

''कल। हम मन्त्रालय आएँगे। कल पी.ए. फोन घुमाएगा। साहब ने बँगले पर बुलाया है। हम बँगले पर जाएँगे।''

''अब कुछ पेट पूजा की जाए।''

सीताफले ड्राइवर खर्च करने में हाथ खींच रहा था। पंडित कानड़े उसे खर्च के लिए मजबूर कर रहा था।

हम बँगले पर पहुँच गए।

साहब अभी नीचे नहीं उतरे थे। मिलने के लिए लोग जत्थों में आ रहे थे। टैक्सी आ गई। उससे निकम मामा और चन्द्रकान्त अम्भोरे उतरे। निकम मामा ने हमारी तरफ देखा लेकिन अनदेखा करके दोनों बँगले में चले गए। निकम मामा के पास कहने को चार कार्यकर्त्ता भी नहीं थे, लेकिन वह नेता बना बैठा था। पोशाक पहनकर शान दिखाता फिरता था। साहब पर फ्लैश मारता था। हरदम साहब के साथ। साहब भी

अपने खुशामदगारों को तूल देते थे। साहब के आसपास इम्प्रेशन मारनेवालों की भीड़ जमा रहती थी। भीड़ बँगले में, गाड़ी में, कार्यालय में, दौरे में हर तरफ हुआ करती थी। साहब और उनकी चौकड़ी मन्त्रालय का कारोबार चलाती। आन्दोलन भी चलाती। निकम मामा पी.ए. की कुर्सी में बैठकर फोन घुमाता रहता। फोन पर अधिकारियों को डाँटता रहता।

साहब नीचे आ गए। बेल बज उठी। पी.ए., बॉडीगॉर्ड और चपरासियों की सरगर्मी शुरू हो गई। मिलने के लिए आए लोगों ने अपने-अपने आसन ग्रहण किए। यही लोग मन्त्रालय में भी मौजूद थे। बँगले पर भी वही लोग। क्या इन लोगों को निवेदन देने के अलावा दूसरा कोई काम नहीं है ?

हम साहब से मिले। साहब ने मुझे बैठने के लिए कहा। सीताफले ड्राइवर और पंडित कानड़े बाहर चले गए। लोगों के निवेदनों को स्वीकार करते हुए साहब मुझसे पूछताछ कर रहे थे। मैं खुश हो गया।

"अपने कार्यकर्त्ता तबादले के काम लेकर आते हैं। इससे अपने समाज की समस्याओं का हल नहीं निकलनेवाला। कार्यकर्त्ता भी ऊपर नहीं उठ सकेंगे। मैं इसलिए निवेदन पर कार्यकर्त्ता की सिफारिश लाने को कहता हूँ कि कार्यकर्त्ता को भी कुछ आमदनी हो, उसके उदर-निर्वाह का भी तो सवाल है। इससे निवेदन देनेवाले को कार्यकर्त्ता के पास जाना पड़ता है। कार्यकर्त्ता से अनेक लोगों की जान-पहचान बढ़ती है। अपनी पार्टी को बढ़ाने के लिए काम आती है यह बात। लेकिन कार्यकर्त्ताओं को व्यक्तिगत कामों की अपेक्षा सामाजिक काम भी लेने चाहिए। लोगों के तबादले करवाने से समाज नहीं बदलेगा। शासन की योजनाओं को लोगों को समझाना जरूरी है। इन योजनाओं से लाभ उठाना चाहिए। अपने कार्यकर्त्ताओं को सहकारिता के क्षेत्र में घुसना चाहिए। रचनात्मक कार्य करना जरूरी है। मैं आज मन्त्री हूँ। कल नही रहूँगा। मन्त्री पद हमेशा के लिए नहीं रहता। जब तक अपने हाथ में सत्ता है तब तक लाभ उठाना चाहिए। अपने कार्यकर्त्ताओं को इस बात को जान लेना चाहिए।"

मन्त्री रोहिदास जी की बातें मुझे जँच रही थीं। मैं प्रभावित होकर सुन रहा था।

14 अक्टूबर

चौदह अक्टूबर। धम्मचक्र-प्रवर्तन दिन। आज के दिन एक सांस्कृतिक क्रान्ति हुई। हिन्दू धर्म की विषम जाति-व्यवस्था को नकारकर बाबासाहब अम्बेडकर जी ने अपने हजारों अनुयायियों के साथ बौद्ध धर्म स्वीकार किया। भारतीय इतिहास में इतनी बड़ी संख्या में धर्मान्तरण पहले कभी नहीं हुआ था।

धर्मान्तरण से दलितों में नया आत्मबोध आया। दलितों ने हिन्दू देवी-देवताओं को अस्वीकार कर दिया। सवर्ण हिन्दुओं के काम करना छोड़ दिया। मरे हुए जानवरों का मांस खाना छोड़ दिया। ऐसे जानवरों को उठाने का काम बन्द कर दिया। "हम भी

तो इंसान हैं।" निर्भय होकर दलित बोलने लगे। इससे गाँवों-देहातों में झंझटें पैदा होने लगीं। अब शूद्रों के काम कौन करेगा ? हिन्दुओं ने दलितों का सामाजिक बहिष्कार किया। दलितों को यातनाएँ दीं। लेकिन धर्मान्तरण की लहर रुक नहीं सकी।

दूरदर्शन पर आए समाचारों में मन्त्री रोहिदास जी दीक्षाभूमि के कार्यक्रम में भाषण करते हुए नजर आए। सरकारी संचार माध्यमों को दलितों के कार्यक्रम प्रसारित करने का अच्छा कारण मिल गया।

20 अक्टूबर

आज दिन-भर मैं बेचैन था। मुझे अपनी गरीबी पर बेहद गुस्सा आ रहा था। अपनी अनपढ़ बीवी पर गुस्सा आ रहा था। अपनी तनख्वाह पर गुस्सा आ रहा था। इस गरीबी से ऊपर कैसे उठ पाएँगे ? अमीर बन जाने के शॉर्टकट कौन से हैं ? इस तनख्वाह में तो अपना मकान बनना नामुमकिन है। बेटी की शादी भी मन से नहीं कर सकेंगे। अपने पीछे जायदाद रहेगी ? बुढ़ापे में कैसे जी पाएँगे ? कोई खतरनाक बीमारी हो गई तो दवादारू के लिए पैसे कहाँ से आएँगे ? मेरी नौकरी का मतलब था दो वक्त का भोजन और महीने के अन्त की परेशानियाँ।

मैंने लाटरी ले ली। नहीं लगी। चाहे जो करना पड़े, धन कमाना जरूरी है—मैंने सोचा। मैं अपने सामने भीषण असुरक्षा देख रहा हूँ। हर रोज विकट परेशानियों में बीत रहा है। लोग धन कमा रहे हैं। मौज कर रहे हैं। मेरे घर में मामूली रंगीन टी.वी. नहीं है। मुझे अपने ऊपर गुस्सा आता है। मैं नपुंसक हूँ। मुझमें धन कमाने की हिम्मत नहीं है। निकम मामा गाड़ी में घूम सकता है, मैं कुछ नहीं कर सकता।

28 अक्टूबर

काले धन की जरूरत है। दो नम्बर के पैसे के बिना कुछ नहीं किया जा सकता। यह एक समान्तर अर्थव्यवस्था है, इसको नष्ट नहीं किया जा सकता।

30 अक्टूबर

समाचार-पत्र में निकम मामा का समाचार बड़े चौखटे में छपा है। उसने माँग की है कि जेल रोड पुलिस अधिकारी के भ्रष्टाचार की जाँच होनी चाहिए। निकम मामा डेअरिंग बाज है। वह पुलिस के खिलाफ छपवा सकता है। मुझमें ऐसी हिम्मत नहीं है। हौज भरे तो फव्वारा छूटे न !

1 नवम्बर

शाम को पंडित कानड़े आया। उसके साथ दो आदमी थे। कानड़े ने परिचय कराया। सिविल ड्रेस में पुलिस के सिपाही थे। मैं चौंक गया। पुलिसवाले समाचार बनवाकर लाए थे। मेरे नाम से पत्रक प्रकाशित करवाना चाहते थे कि जेल रोड की पुलिस कर्त्तव्यदक्ष है। पंडित कानड़े मुझे समझा रहा था।

पुलिसवालों ने मैनेज किया और समाचार-पत्रों में समाचार दे दिया गया।

2 नवम्बर

समाचार प्रकाशित हुआ। समाचार में मेरा नाम था। लिखा था कि निकम मामा लोगों से हजार-डेढ़ हजार के हफ्ते वसूल करता है, पुलिस ने इसका विरोध किया तो पुलिसवालों को बदनाम करने के लिए उन पर भ्रष्टाचार के आरोप लगा दिए। पुलिसवाले दरअसल कर्त्तव्यदक्ष हैं। मुझे नहीं पता था कि समाचार में निकम मामा का नाम आनेवाला है।

निकम मामा और चन्द्रकान्त अम्भोरे मेरे घर टपक पड़े। उनका पारा चढ़ा हुआ था।

''समाचार मैंने नहीं दिया है। पत्रक पर मेरे हस्ताक्षर नहीं हैं। प्रेस में जाकर पत्रक देख सकते हो। मेरी इजाजत के बिना मेरा नाम छापा गया है।''

मैं बार-बार स्पष्टीकरण दे रहा था लेकिन निकम मामा सुनने को तैयार नहीं था।

''मैं तुम पर मानहानि का केस दायर करूँगा।'' धमकाते हुए उसने कहा।

मैंने समझाने-बुझाने की बहुत कोशिश की।

''तूने किस अधिकार से पत्रक निकाला ?'' चन्द्रकान्त अम्भोरे ने मुझसे अशिष्ट भाषा में पूछा।

मुझे भी गुस्सा आ गया।

''मुझसे पूछताछ करने का अधिकार तुझे किसने दिया ?''

इस पर निकम मामा बेकाबू हो गया।

''क्यों रे, तू पुलिस का चमचा है क्या ? पत्रक निकालने के लिए कितने पैसे लिए ?''

मैं फिर समझाने के सुर में बोला–

''मैं पुलिसवालों से मिला भी नहीं।''

तो चन्द्रकान्त अम्भोरे उछल पड़ा–''तू अध्यक्ष को साथ लिए बिना पुलिसवालों के पास गया ही क्यों ?'' अब मैं परेशान हो गया।

''हमारे मुँह लगा तो याद रख...।'' निकम मामा और चन्द्रकान्त अम्भोरे जोशोखरोश के साथ निकल गए।

मेरा मन घबरा गया था। लक्ष्मी तो रोने ही लगी थी।

10 नवम्बर

यह सोचकर कि शायद आनेवाले कुछ दिन निकम मामा परेशान करेगा, मैंने लक्ष्मी को उसके मायके भेज देने का विचार किया। माणिकचन्द से मोटर-साइकिल लेकर लक्ष्मी को उसके घर पहुँचा आया। लक्ष्मी को छोड़कर घर लौट रहा था कि खामगाँव सड़क के पास निकम मामा के लोगों ने मुझे रोकने की कोशिश की। बदमाशों को चकमा देकर मैंने मोटर साइकिल आगे निकाल ली। इससे वे चिढ़ गए। उन्होंने गाड़ी से मेरा पीछा शुरू किया। थोड़ी दूर जाकर मुझे धक्का देकर रौंदने की कोशिश की। गाड़ी के धक्के से मैं मोटरसाइकिल से सड़क के पासवाले एक गड्ढे में नीचे गिर गया। अप्पा लोंढे नामक गुंडे ने मेरी दिशा में गोली चलाई। उसका निशाना चूक गया इसलिए दूसरी गोली दागने के लिए उसने घोड़ा दबाया लेकिन यान्त्रिक दोष के कारण दूसरी गोली चल नहीं सकी। मैं बच गया।

यह बिना देखे कि मैं किस हालत में पड़ा हूँ, गुंडों की टोली चली गई। मैं घायल दशा में किसी तरह घर पहुँचा। पड़ोसी की मदद से एक खानगी दवाखाने गया। वहाँ प्राथमिक उपचार कराने के बाद मैं पुलिस थाने पर चला गया। मुझ पर जो बीती थी उसका बयान किया। पुलिस तुरन्त खोज-मुहिम पर जुट गई। रात तीन बजे के आसपास हथियारों से लैस गाड़ी में बेरोकटोक जा रहे इन गुंडों को पकड़ लिया गया।

मैं खूनी हमले से बच गया था। मुझे बेहद मनोवैज्ञानिक बोझ का अनुभव हो रहा था।

20 नवम्बर

एक कार्यकर्ता ने सन्देश दिया कि मन्त्री श्री रोहिदास जी ने मुझे मुम्बई आने के लिए कहा है।

27 नवम्बर

मैं, निकम मामा और अम्भोरे बार में बैठे हुए थे। पार्टी निकम मामा की ओर से थी। रोहिदास के कहने पर मैंने केस वापस ले लिया था। मुझमें और निकम मामा में दिल जमाई हो गई थी। निकम मामा मुझे समझा-बुझा रहे थे।

अम्भोरे व्हिस्की नहीं लेता। इसलिए हम सबने रम ली। मुझे फिक्र लग रही थी। अम्भोरे पैग-भर रहा था। मुझे आर.पी.आई. के नेताओं के साथ बैठकर रम पीने का अनुभव बड़ा विलक्षण लग रहा था।

"साहब की बातों में इन दिनों औपचारिकता आ गई है। पहले जैसी नमी नहीं हैं..." निकम मामा अपना दुखड़ा रो रहा था।

"साहब को शासन का अनुभव नहीं है। अधिकारी उनकी बातें नहीं मानते। कार्यकर्ताओं के काम नहीं होते। भीड़ साहब को काम नहीं करने देती..." चन्द्रकान्त अम्भोरे ने अपनी राय दी।

"सी.एम. ने अधिकारियों को आदेश दिया है कि अपने साहब की सिफारिश का कोई काम न करो। साहब कितनी भी चिट्ठियाँ क्यों न भेजे, क्या लाभ होगा ? साहब को चाहिए कि हर किसी को चिट्ठी न दें। जो काम हो सकता है उसी के लिए चिट्ठी दें।" निकम मामा बोला। कुछ बोलना चाहिए इसलिए मैंने कहा–"लोग बड़े अरमान लेकर आते हैं। उन्हें नाराज तो नहीं किया जा सकता। पहले किसी को मिनिस्टर की चिट्ठी भी नहीं मिल पाती थी। अपने साहब की वजह से मन्त्री की चिट्ठियाँ तो सबको मिलने लगी हैं। आम आदमी को भी डी.ओ. लेटर मिलने लगा है। साहब के कारण ही तो यह हो सका है...।" मेरी बातों से साहब के प्रति भक्ति का भाव व्यक्त हो रहा था। अम्भोरे ने तुरन्त बात बदल दी।

"कांग्रेस ने किसी भी दलित संगठन को उठने नहीं दिया। अपना खिलौना बनाकर रख छोड़ा।"

"कांग्रेस सोचती है कि पैसे से किसी भी पक्ष को मिटाया जा सकता है। गरीबों को खरीदा जा सकता है। चाहे जिसे चुनाव जितवाया जा सकता है। कांग्रेस के इस समीकरण को झुठलाना होगा।"

मैंने कांग्रेस का पक्ष लेते हुए कहा–"लेकिन कांग्रेस की वजह से ही तो हम शासन में पहुँचे हैं। नहीं तो हमारे लिए चुनाव मुश्किल ही था।"

मेरा सुर उन दोनों से निराला था। अम्भोरे ने पैर से धक्का देकर मुझे खामोश रहने का इशारा किया।

मैंने अपना पैग खाली कर दिया। पैग फिर भरा गया। अब किक कुछ अच्छी महसूस होने लगी थी। तन्दूर के बाद मूँगफली खाना बेस्वाद लग रहा था। वेटर ने खाना लगाया।

"खाना खाते-खाते आखिरी पैग खत्म करना था। खाने-पीनवाले हर पक्ष में होते हैं। ऐसा नहीं है कि हम ही खा-पी रहे हैं।"

"ऐसा नहीं कि अपने पक्ष में बहुत गुटबाजी है। सभी राजनीतिक पार्टियों में गुटबाजी होती ही है।"

"हमें राजनीति करना नहीं आता।"

खाना हो चुका। वेटर ने बिल ला दिया। निकम मामा ने पाँच सौ के दो नोट वेटर को थमा दिए। हम बाहर आ गए।

"साहब से दस प्रतिशत स्कीम में घर ले लेना चाहिए। हम दुनिया के काम करते हैं। अपना ही काम नहीं होता।"

अम्भोरे ने मेरे हाथ पर ताली दी। मैं और निकम मामा एम.एल.ए. हॉस्टल पहुँच गए।

29 नवम्बर

दुख का एक चेहरा नहीं होता। दुख के कई चेहरे होते हैं।

2 दिसम्बर

मन्त्री महोदय रोहिदास जी के हाथों साहित्य सम्मेलन का उद्घाटन था। सम्मेलन का आयोजन संघ परिवार ने किया था। दलित के हाथों सम्मेलन का उद्घाटन कराने में संघ परिवार ने समझदारी का प्रदर्शन किया था। भाजपा के विधायक शिरोले जी इस सम्मेलन के लिए खून-पसीना एक कर रहे थे।

मैंने सोचा था कि रोहिदासजी को सम्मेलन का निमन्त्रण इसलिए दिया गया होगा कि वह मन्त्री हैं लेकिन उन्हें दलित होने के कारण निमन्त्रण दिया था। वह उनके लिए प्रगतिशीलता का प्रमाण था।

कुछ देर बाद भाजपा के विधायक शिरोले जी पधारे। उन्होंने मन्त्री महोदय को अपने घर चाय का न्योता दिया। फिर एक बार मिसाल कायम हो गई कि दलित को घर पर चाय पिला दी।

लाल बत्ती की गाड़ी शिरोले जी के घर पहुँची। गाड़ी में जगह नहीं थी इसलिए मैं नहीं गया।

सम्मेलन के मंडप में बैठने की अपेक्षा मैं उस लॉज पर चला गया जहाँ अतिथियों के निवास का प्रबन्ध किया गया था। मन्त्री का दोस्त था इसलिए लोग मुझसे अदब से पेश आ रहे थे।

"दस प्रतिशत की स्कीम में घर पाने के लिए क्या साहब हमारी सिफारिश करेंगे ?"

"साहब को शराब से ऐतराज तो नहीं ?"

"आपके साहब को औरतों का शौक तो नहीं है ?"

"साहब पैसे लेकर काम करते हैं ?"

ऐसे कई सवाल करन्दीकर और पाटणकर नाम के दो लेखक कर रहे थे। उनके हर प्रश्न का उत्तर मैं नहीं दे पा रहा था।

समीक्षक जोशी जी और वलसंगकर जी आ पहुँचे। अभी-अभी यात्रा से आए थे। हमारी बातें चल रही थीं। श्री जोशी और श्री वलसंगकर ने स्नान कर लिया। श्री करन्दीकर ने उनसे मेरा परिचय कराया। श्री जोशी ने घुंडा महाराज की तस्वीर सूटकेस पर रख दी और करन्दीकर तथा पाटणकर को पुकारा। चारों ने मिलकर प्रार्थना की। मुझे नहीं बुलाया।

चाय आ गई। हमने चाय ले ली। चाय के दौरान वलसंगकर जी नए साहित्य को लेकर शिकायत करते रहे।

"आजकल के लोग, कोई कुछ पढ़ता नहीं। उनके पास तपस्या का अभाव है। आजकल कोई भी उठता है और लिखना शुरू कर देता है। वर्तनी भी ठीक से नहीं आती। फिर भी पुस्तकें निकालते रहते हैं। सरस्वती के दरबार में इस तरह की गन्दगी नहीं आनी चाहिए।"

जोशी जी की भी यही भूमिका थी।

"आज की संगोष्ठी में यही बात मैं जोर से कहनेवाला हूँ।" श्री वलसंगकर अपनी बात निश्चयपूर्वक कह रहे थे। मैं तमाशाई बना बैठा था।

6 दिसम्बर

आज महापरिनिर्वाण दिन। आज बाबासाहब अम्बेडकर जी का महापरिनिर्वाण हो गया।

बाबा अम्बेडकर हजारों वर्षों के रौरव अँधेरे में हुआ सूर्योदय थे। यह सूर्य कभी डूब नहीं पाएगा।

मन्त्री महोदय रोहिदास जी के साथ हम चैत्यभूमि पर गए। वहाँ जनसागर उमड़ पड़ रहा था। कुछ दलित युवकों ने हुल्लड़ मचाया। रोहिदास जी को चैत्यभूमि पर आने से रोका गया। 'सत्ता के लिए समाज को कांग्रेस की नाँद में बाँधनेवाले रोहिदास मुर्दाबाद' के नारे लगाए गए।

पुलिस ने हस्तक्षेप किया। वातावरण बिगड़ा हुआ था। हम शीघ्र ही लौट पड़े।

चैत्यभूमि पर अधिकार किसका ?

बाबासाहब पर अधिकार किसका ?

अँधेरा सूरज पर अधिकार जताए या सूरज आकाश पर अपना अधिकार जताए ?

बाबासाहब, आपको चैत्यभूमि में बन्दी नहीं होना चाहिए। कहिए, कुछ तो कहिए।

मन्त्री रोहिदास को 'जयभीम' कहनेवाले झुंड दिखाई देते हैं। उसी तरह उनका धिक्कार करनेवाले नारे भी सुनाई देते हैं।

17 दिसम्बर

निकम मामा के घर गया। वहाँ निकम मामा का साक्षात्कार लेने प्रवीण कोकिल आया हुआ था। कोकिल साक्षात्कार लेकर चला गया। निकम मामा ने कहा—"शुरू में पत्रकारों को राइस प्लेट खिलाकर साक्षात्कार देता था अब बिअर पिलाकर देता हूँ।"

31 दिसम्बर

आज इयर एंड।

कल ही इयर एंड की तैयारियाँ की गई थीं। सब गोपीचन्द के अपार्टमेंट में इकट्ठा

हुए। गोपीचन्द के घर में और कोई नहीं था। मैं, पंडित कानड़े, माणिकचन्द और गोपीचन्द। सीताफले ड्राइवर भी पार्टी में आनेवाला था। गोपीचन्द ने अपनी कामवाली से रसोई बनवा रखी थी। देसी चिकन बनाया हुआ था। माणिकचन्द रम और फरसाण ले आया था। सीताफले ड्यूटी पूरी करने के बाद आनेवाला था। साथ में लड़की को भी लानेवाला था। मैं कंडोम ले आया था।

गोपीचन्द ने नीचे के अपार्टमेंटवाले मनोज को पुकारा। मनोज के पिता दिलीप देसाई बैंक में अधिकारी थे। मनोज कॉलेज का युवक था। वह हमारी वेटरनुमा मदद कर रहा था। पानी दे रहा था। बातों में भी शामिल हो गया था। दरवाजे की बेल बजी। हमने सोचा, सीताफले आया होगा। लेकिन दरवाजे पर मनोज के पिता दिलीप देसाई दिखाई दिए। वह सीधे अन्दर घुसे। मनोज किचन में छिपा हुआ था।

"मनोज आया है ?"

"नहीं तो।"

"गोपीचन्द, झूठ मत बोलो। वह जरूर यहीं होगा। तुम लोगों ने उसे बिगाड़ रखा है।"

"वह कोई बच्चा नहीं है।"

'मनोज कहाँ है ?"

"यहाँ नहीं है।"

"घर में ही होगा।"

"तो ढूँढ़ो।"

दिलीप देसाई मनोज को किचन से खींचते हुए बाहर ले आए। पैर की जूती से उसे पीटा और साथ ले गए।

"मनोज ने शराब पी है ?"

"आज इयर एंड है।"

"उसे तुमने बुलाया ?"

"वह खुद चला आया। मैं उसे निकाल तो नहीं सकता।"

"तुम झूठ बोल रहे हो।"

पंडित कानड़े को गुस्सा आया।

"हमारा मूड खराब मत करो। अपने बेटे को बाँधकर रखो। चलो, निकलो बाहर। आवाज नहीं करना यहाँ।" दिलीप देसाई चुपचाप चला गया।

कानड़े ने दरवाजा बन्द कर दिया।

"साला, रास्कल। बेटे को क्या ये अपना पालतू कुत्ता समझता है ?"

गोपीचन्द पर कोई असर नहीं था। साढ़े ग्यारह बजे सीताफले आ गया। उसके साथ लड़की थी। जीन्स और टी-शर्ट में मॉडल लग रही थी। लड़की को देखकर उनके चेहरे खिल उठे। नजरों में ताजगी आ गई।

"क्या नाम है ?" माकिचन्द ने पूछा।

"रश्मि..." उसने शरमाते हुए जवाब दिया।

उसने सबसे हाथ मिलाया। गोपीचन्द ने उसके हाथ को चूम लिया। सीताफले मेरे पास बैठा हुआ था। रश्मि गोपीचन्द को गोद में जाकर बैठ गई।

"हर एक की गोद में पाँच-पाँच मिनट बैठो। सिर्फ उसी की गोद में बैठी रहोगी ?"

हमने माणिकचन्द की राय पर जोरदार सम्मति जताई।

"नाइट का कितना ?" मैंने सीताफले से पूछा। सीताफले ने मुझे चुप करा दिया।

"पैसे की फिक्र क्यों करते हो ? गोपीचन्द चुका देगा..." इस पर गोपीचन्द ने तड़ाक् से कहा–

"इसके साथ सोने का पैसा हरेक को अपना-अपना देना होगा..."

मैं और पंडित कानड़े एक-दूसरे का मुँह देखते रह गए।

रश्मि मेरी गोद में आकर बैठ गई। मैंने 'नहीं, नहीं' कहा, पर सबने मिलकर जबर्दस्ती उसे मेरी गोद में बिठा दिया। मैंने उसकी पीठ पर हाथ फेरा।

बारह बज गए। सबने हैपी न्यू इयर किया। सब नाचने लगे।

"पहला चान्स मिलिन्द को लेना चाहिए..." सब मुझे जबर्दस्ती तैयार करने लगे।

झिझकते हुए मैंने कहा–"मैं आखिरी में बैठूँगा।"

लेकिन किसी ने मेरी बात नहीं मानी। मैं भीतर के कमरे में चला गया। रश्मि भी आ गई। उसके पीछे-पीछे माणिकचन्द भी।

"जल्दबाजी मत करना। आराम से होने दो। रात अपनी ही है। चाहो तो सेकेंड राऊंड भी कर लो। रश्मि, साहब को खुश कर दो। साहब खुश होना चाहिए।" रश्मि ने दरवाजा बन्द कर लिया। मुझे अपनी बेटी याद आई। उसने चुस्त जीन्स उतार दी। टी-शर्ट भी।

मैंने भी अपने कपड़े उतार दिए थे। वह पास आ गई।

मैंने कहा–

"सारे कपड़े उतार दो।"

उसने उतार दिए। उसके बाएँ स्तन पर चाकू चलने की निशानी थी। मेरी भावनाएँ ठंडी पड़ गईं। उसने पूछा,–"फ्रेंच कर दूँ ?"

आधी रात का पहर। वह वर्ष समाप्त हो रहा था, नया वर्ष शुरू हो रहा था। गोपीचन्द ने टी.वी. की आवाज बढ़ा दी थी। माणिकचन्द घोड़े की नाई हिनहिना रहा था। सीताफले गाना गुनगुना रहा था। मैं नए वर्ष का संकल्प कर रहा था।

नया वर्ष व्यभिचार और भ्रष्टाचार के लिए हो।

मुझे बहुत-सी बेहतरीन औरतें मिलती रहें।

मैं अमीर बन जाऊँ। मुझे दो नम्बर का पैसा मिले। हे देवताओं, जो भी अशुभ हो वह हमारे कानों पर पड़ने दो। जो भी भीषण हो, वह सब हमारी आँखों को दिखने दो।

9 जनवरी

आज निकम मामा की वर्षगाँठ थी। उसके घर पर कई राजनीतिक कार्यकर्ताओं की भीड़ लगी थी। मैं और पंडित कानड़े भी शुभकामनाएँ देने चले गए। निकम मामा के बेटे ने भेंट करते हुए हमारी फोटो खींची।

हम बातचीत में शामिल हो गए।

भीड़ कम हो गई। निकम मामा ने मुझे रोक रखा था।

"मीटिंग का पत्र मिला ?"

"नहीं।"

"साहब ने पार्टी कार्यकर्त्ताओं की मीटिंग बुलाई है।"

"पी.ए. मुझे पत्र ही नहीं भेजता।"

"पिछले महीने में ही मीटिंग हुई थी। हर महीने मीटिंग होने लगी तो कार्यकर्त्ता यात्रा का खर्च कहाँ से लाएँगे ?"

"चुनाव निकट आ रहा है, शायद इसीलिए मीटिंग बुलाई होगी।"

"मीटिंग बुलाकर कहीं चुनाव जीते जा सकते हैं ? हम साढ़े-चार बरस काम करते हैं और चुनाव के छः महीने सोते रहते हैं। इसीलिए हार जाते हैं। वो लोग बस छः महीने काम करते हैं और साढ़े चार बरस सोते रहते हैं। इसलिए वो चुनाव जीत जाते हैं। साहब का टर्म खत्म होने को है और अपना कोई काम नहीं हुआ। मामूली ड्राइवर की बदली तक नहीं करवा सके। चार लोगों के काम हो जाएँ तो वो संगठन से जुड़ जाते हैं। लोगों के काम होना सबसे बड़ी बात है। बातें बनाते रहने से लोग नाराज हो जाते हैं। बदनामी होती है।"

"जो काम करवाने आते हैं वे पार्टी के सदस्य नहीं होते। वे अपने साहब के पास इसलिए आते हैं कि काम करवाना है। हम भी जानते हैं कि उनका काम नहीं होनेवाला। इसके बावजूद हम लोग झेले जाते हैं। हमारा मकसद यही होता है कि इस बहाने साहब से मुलाकात हो जाए। कार्यकर्त्ताओं के काम हो गए तो ही कार्यकर्त्ता बना रहेगा...।"

"पक्ष और शासन दोनों साहब ही सँभाल रहे हैं। पदाधिकारी मुम्बई के बाहर जाने को तैयार नहीं है। पार्टी कैसे चलेगी ?"

"बिल्कुल सही कहा। मुम्बई के कार्यकर्त्ता ही साहब को घेरे रहते हैं। उनसे जब चाहे मिल सकते हैं। लेकिन जो हजारों मील दूर से आते हैं, पहले अवसर उन्हें मिलना चाहिए। बँगला, गाड़ी, केबिन–सब में मुम्बई के ही लोग होते हैं।"

"साहब का पी.ए. भी मुम्बई के कार्यकर्त्ताओं की तरफ ज्यादा ध्यान देता है। आम कार्यकर्त्ता की तरफ देखता भी नहीं। संगठन तो उसी के बलबूते पर चलता है न।"

"सत्ता मिलने के बाद भी कई कार्यकर्त्ता कार्य करते रहे। उन्हें कुछ भी हासिल नहीं हुआ और कुछ लोग ऐसे हैं जिन्हें बिना कार्य किए ही बहुत कुछ मिल जाता है।"

"कार्यकर्त्ताओं की आर्थिक समस्याओं को सुलझाना होगा।"

निकम मामा को शुभकामना देने के लिए नगरसेविका रमा बाबर आ गईं। रमा बाबर की निकम मामा से दोस्ती थी। मैं और पंडित कानड़े बाहर चले आए। एकान्त पाकर रमा बाबर खिल-खिलाकर हँसने लगी। मुझे निकम मामा के प्रति ईर्ष्या का भाव महसूस हुआ।

26 जनवरी

छब्बीस जनवरी–गणतन्त्र-दिवस। लोगों ने लोगों के लिए, लोगों के द्वारा जो चलाया जाता है वह जनतन्त्र होता है। कौन से लोगों ने, कौन से लोगों के लिए, कौन से लोगों द्वारा चलाया जानेवाला कौन सा राज कौन सा जनतन्त्र होता है ?

29 जनवरी

मैं, निकम मामा और पंडित कानड़े मन्त्रालय पहुँचे। साहब किसी कार्यक्रम के लिए ठाणे गए हुए थे। पी.ए. के पास गए। पी.ए. को भीड़ ने घेर रखा था। निकम मामा ने साहब की पूछताछ के लिए ठाणे फोन लगाया। पी.ए. ने निकम मामा के हाथ से फोन खींच लिया।

''फोन को हाथ मत लगाना। बिल चढ़ता है।'' पी.ए. गुस्सा हो गया था।

''यह साहब का कार्यालय है। यह फोन साहब का है और मैं साहब का कार्यकर्त्ता हूँ। मुझे साहब से बात करनी है।'' निकम मामा ने उसे समझाने की कोशिश की।

''कोई भी आ जाता है और फोन उठाकर बैठ जाता है। फोन हरदम एन्गेज्ड रहता है। बाहर से फोन आएगा कैसे ? मैं फोन नहीं दूँगा।'' पी.ए. नाराज था।

सबके सामने पी.ए. ने निकम मामा को खरी-खोटी सुनाई थी। इससे निकम मामा को भी गुस्सा आ गया। निकम मामा ने सीधे पी.ए. का गला पकड़ लिया और डाँटते हुए कहा–

''मैं पश्चिम महाराष्ट्र प्रदेश का अध्यक्ष हूँ। जबान सँभालकर बात कर। चौबीस घंटे के अन्दर तेरी कुर्सी खाली करा दूँगा। अपने आपको मिनिस्टर समझकर काम मत कर...।''

निकम मामा क्षुब्ध हो आया था।

पुलिस दौड़ती हुई आ गई। उसने मुझे, निकम मामा को और कानड़े को बाहर ले जाकर समझाया-बुझाया। हमने उन्हें छाछ पिला दिया। हम तीनों निकम मामा की बहन के पास चले गए। निकम मामा की बड़ी बहन मुम्बई में ही रहती है। उसका पति पुलिस इंस्पेक्टर है। ऐसी शान अपने घर की कब होगी ? मेरी पत्नी ऐसी सुख-सुविधाओं में कब रहेगी ? मैं अपनी बेटी को ऐसे लाड़-प्यार में कब रख सकूँगा ? मैं सोच में डूब गया।

मैंने अपनी सन्तति के लिए क्या कमाया है ? कल जब बच्चे मुझसे जवाब तलब करेंगे तब मैं उन्हें क्या जवाब दूँगा ? मेरे बच्चे फिर अछूतों का काम करने लगेंगे। क्या मैं उनकी शिक्षा का खर्च उठा सकूँगा ? उन्हें नौकरी दिलवा सकूँगा ? उनकी शादियाँ मना सकूँगा ? फिर क्या ? मैंने उन्हें जन्म दे दिया, क्या इतनी ही मेरी पितृत्व की पूँजी होगी ?

मैं मन में छिन्न-विछिन्न हो रहा था।

निकम मामा की बहन के घर अच्छा भोजन मिला।

मुझे अपनी बहन याद आ गई।

मेरी बहन का नाम-सुरेखा। उसकी शादी हो गई। एक बच्चा भी हो गया। फिर उसके पति ने उसे छोड़ दिया। वह मेरे पास आ गई। पर मेरी पत्नी के साथ उसकी नहीं बनी। वह गाँव चली गई। कुछ दिन वहीं रही।

मैं अपनी बहन के लिए कुछ नहीं कर सका। कभी गाँव गया तो उसकी बेटी के हाथ पर मिठाई के लिए दस-पाँच रुपए रख देता बस।

मैंने पढ़ाई की। आरक्षित स्थान पर नौकरी मिल गई। मैं समाज के लिए कुछ भी नहीं कर सका। भाई-बहन के लिए, समाज के लिए कुछ भी नहीं कर सका। बीवी-बच्चों के लिए कुछ नहीं कर सका। हर महीने की तनख्वाह पहले पन्द्रह दिनों में ही उड़ जाती है। आधा महीना कर्ज, उधारी और परेशानी में बीतता।

बहन ने जीने के लिए आखिर मुम्बई की राह पकड़ ली। बाद में पता चला कि कोई बिहारी उसे ले गया। मुझे लगता है उस आदमी ने उसे चकले पर बेच दिया होगा।

मैं जब भी वेश्याओं की बस्ती में जाता हूँ, मुझे अपनी बहन की याद आ जाती है। सुरेखा यहीं कहीं होगी। बनाव-सिंगार कर ग्राहक की प्रतीक्षा कर रही होगी और कहीं मैं ही उसके दरवाजे पर ग्राहक बनकर चला गया तो, वह क्या सोचेगी ? मैं क्या जवाब दूँगा ? मैं बेचैन हो जाता हूँ। आस-पास देखने लगता हूँ। कहूँगा–''तुम्हारी ही खोज में चला आया हूँ। ग्राहक बनकर।''

''तुम सुखी तो हो न ? मैं तुम्हारे लिए कुछ नहीं कर सका। अपनी तरफ ध्यान देना। एड्स फैल रहा है।'' इसी तरह कुछ बुदबुदाता हूँ। आँखें भर आती हैं।

हमने बँगले पर जाकर साहब की राह देखी।

''साहब देर से आएँगे।'' टेलीफोन ऑपरेटर ने बताया। निकम मामा अपनी बहन के घर चला गया। हम एम.एल.ए. हॉस्टल की ओर चल पड़े। टैक्सी को इशारा किया।

''क्लब जाना है।'' पंडित कानड़े हिन्दी अच्छी बोल लेता है।

''हम टैक्सी में बैठ गए।''

''नया ग्राहक चक्कर खाता है। उसे सही जगह नहीं मिलती। पैसा भी ज्यादा लेता है।''

टैक्सी ड्राइवर जानकार था।

"चलो कुलाबा चलते हैं। वहाँ लड़कियाँ हैं। तीन सौ रुपए लेंगी।"

टैक्सी ड्राइवर हमें अलग-अलग स्थानों के बारे में बता रहा था।

"ग्रांट रोड पर भी एक जगह है। वहाँ मिनिस्टरों के पी.ए., बड़े अफसर आते हैं। आठ सौ रुपए लेगी। आप कहेंगे तो उधर चलेगा।"

"आठ सौ रुपए बहुत ज्यादा होते हैं।"

"पचास रुपए की भी औरत मिलेगी। कामाठीपुरा जाना पड़ेगा।"

"नहीं, हमें स्टेशन पर छोड़ दो।"

हम ग्रांट रोड पर आ गए। प्लेटफॉर्म पर कॉलगर्ल घूम रही थी।

2 फरवरी

मुझे गुप्त रोग हो गया था। बीवी को भी हो गया। लक्ष्मी गुस्से में थी।

"आप मुम्बई जाते हैं। वेश्याओं के पास जाते होंगे। पता नहीं किसका रोग ले आए हैं। आप वफादार नहीं हो, तो फिर मैं भी आपके साथ वफा क्यों करूँ ?"

मैं चुपचाप उसका भीतर से टूटना सुन रहा था।

18 फरवरी

ईश्वर इंगले की बीवी आम्रपाली ने अनशन शुरू किया था। समाचार-पत्रों में उल्टी-सीधी खबरें आ रही थीं। लोगों को चर्चा के लिए एक विषय मिल गया।

ईश्वर इंगले की मूर्ति स्थापित होनी चाहिए, आम्रपाली इसीलिए आमरण अनशन पर बैठी थी। पत्रक भी छापा गया, जिसमें कहा गया कि ईश्वर की आधी नहीं पूरी मूर्ति खड़ी करनी चाहिए। उसे दलितों की बस्ती में नहीं, चौराहे पर स्थापित करना चाहिए। आम्रपाली का कहना था कि मेरे पति के बलिदान के कारण मन्त्री पद मिला है। बुत खड़ा करो नहीं तो त्यागपत्र दे दो।

निकम मामा रात में फोन पर साहब को रिपोर्ट करता रहा । चन्द्रकान्त अम्भोरे आम्रपाली की सहायता कर रहा था।

22 फरवरी

मैं, निकम मामा और चन्द्रकान्त अम्भोरे साहब के बँगले पर पहुँचे। रविवार होने के कारण मिलनेवालों की भीड़ कम थी। जो मिलने आए हैं वो अपनी-अपनी पर्ची देंगे।

"हॉल में जाकर बैठिए। जूते बाहर निकालकर बैठना" काम्बले चपरासी आए हुए

लोगों को निर्देश दे रहा था।

निकम मामा ने चन्द्रकान्त अम्भोरे से कहा–"साहब से कह देंगे कि ईश्वर इंगले की बीवी कांग्रेसवालों की सलाह पर अनशन करने बैठी है।"

चन्द्रकान्त अम्भोरे निकम मामा की हर बात पर हाँ कहता जा रहा था। मिलने आई भीड़ धीरे-धीरे चली गई।

हम तीनों मिनिस्टर के सामने चले गए।

"मादरचोद ! मस्ती आ गई है ! मेरे खिलाफ पत्रक निकालते हैं ! सबको ट्रक में भरकर ले जाऊँगा और गोली चलाऊँगा। समझता क्या है ? तेरी औकात ही क्या है ? भेनचोद ? तेरा मर्डर करके लावारिस लाश करार देकर जला डालूँगा। याद रखना।"

मैं पहली बार रोहिदास को इस रूप में देख रहा था। मिनिस्टर ने बेल दबाई। बॉडीगार्ड, चपरासी, पी.ए. सब दौड़ पड़े।

"इस मादरचोद को बाहर निकाल दो। मेरे खिलाफ पत्रक निकालता है..."

चन्द्रकान्त अम्भोरे को घसीटकर निकाला गया।

हम सन्न रह गए।

26 फरवरी

खाने की चीज मिले तो लोग कूड़े पर भी चले आएँगे, नहीं तो मन्दिर भी नहीं।

पैसे ले लो, लेकिन काम हो जाना चाहिए।

न हो पानेवाले काम के पैसे मत लेना।

काम नहीं हुआ तो पैसे लौटा दो...

"मेरा काम कीजिए," कहते हुए वह पैरों से लिपट गया।

आदमी डेंजरस हो तो पैसा मत लो।

इस काम में किसी को दुखाना नहीं।...बस...बस नहीं तो आदमी ट्रैप हो जाता है।

पार्टी पैसे देनेवाली थी इसलिए खरीदने की चीजों की फेहरिश्त बना ली, लेकिन पार्टी आई ही नहीं।

लोग काम तुरन्त करवाना चाहते हैं।

लोग अकारण पैसा देते हैं। यही भ्रष्टाचार की जड़ है।

किसी को मिलता हो तो, खाने दो, तुम्हारा क्या जाता है ?

खानेवाले खाते हैं, मरनेवाले भूखे मर जाते हैं।

सत्ता के स्वार्थ से आए लोगों ने साहब को घेर लिया है।

धनी-धींगरों की समस्याएँ सुलझ जाती हैं। उनसे पैसे वसूल किए जा सकते हैं। गरीबों के कामों को कौन हाथ लगाएगा ? उनकी बात तो कोई नहीं सुनता।

मैं मामूली काम लेता ही नहीं। बड़ा काम लेता हूँ। इंनीनियरों के तबादले करवाता

हूँ। एक दो तबादले कर दिए तो बस हो गया...

पाप का धन खत्म नहीं होता। लेकिन लेनेवाले के हाथ जल जाते हैं।

किसी की भी सरकार आ जाए, भ्रष्टाचार खत्म होनेवाला नहीं।...किसी मन्त्री ने गैरकानूनी आदेश दे दिया तो उसे यह बताने की हिम्मत अधिकारियों के पास होनी चाहिए कि कानून के दायरे में इस तरह की हरकत नहीं की जा सकती। सम्बन्धित नियमों या कानूनों में संशोधन किए बिना मन्त्री के गैरकानूनी आदेश को चुपचाप सिर आँखों पर लेना उस अधिकारी की बौद्धिक बेईमानी ही कही जाएगी। भ्रष्टाचार बेईमानी का दूसरा चेहरा है। गैरकानूनी बातों ने सभी क्षेत्रों में धूम मचाई है। लेकिन राजपत्रित अधिकारी के भ्रष्टाचार की तरफ ध्यान न देने का यह बहाना नहीं होना चाहिए। दोषी अधिकारी को भ्रष्ट क्लर्क से ज्यादा बड़ी सजा मिलनी चाहिए।

4 मार्च

रिपब्लिकन पार्टी को छोड़कर अनेक लोगों ने कांग्रेस में प्रवेश किया। मुआवजे में कांग्रेस ने किसी को सभापति बनाया तो किसी को अध्यक्ष, किसी को मन्त्री तो किसी को राज्यपाल। कांग्रेस-रिपब्लिकन गठबन्धन से जो दलित पहले से ही कांग्रेस में थे, वे नाराज हो गए। कांग्रेसी दलितों की अपेक्षा रिपब्लिकन दलितों को महत्त्व दिया जाने लगा। कांग्रेस रिपब्लिकन पार्टी को सत्ता के विभिन्न स्तरों पर सहभागी बनाने लगी। कांग्रेस के दलित उबल पड़े। उन्होंने दलित-रिपब्लिकन गठबन्धन के विरोध में पत्रक निकाला। कांग्रेस को रिपब्लिकन नेताओं के साथ नहीं जाना चाहिए। कांग्रेस को चाहिए कि वह सत्ता के स्थान रिपब्लिकन नेताओं को न देकर कांग्रेस के दलितों को दे। कांग्रेस के दलित कांग्रेस के साथ निष्ठा रखते हैं। गठबन्धन से कांग्रेस को कोई लाभ नहीं है।

पत्रक पढ़कर मुझे बहुत गुस्सा आया। रिपब्लिकन पार्टी का विरोध करनेवाले दलित कांग्रेसियों को सबक सिखाना होगा। जरूरत पड़े तो हुल्लड़बाजी भी करनी होगी।

5 मार्च

आन्दोलन जनता के नाम पर होते हैं लेकिन दरअसल होते हैं सत्ता के लिए।

आम आदमी की शासन में हिस्सेदारी मतों के सौदे तक ही सीमित होती है।

आन्दोलन का नेतृत्व मध्यमवर्गीय मानसिकता के नेता कर रहे हैं, इसलिए सम्पूर्ण क्रान्ति नहीं हो पाती।

संरचना की बुनियाद हमारी है। उस पर खड़ी इस मंजिल को तोड़ना होगा।

सत्ता कभी भी बेदाग नहीं होती। वह चलती है व्यभिचार, भ्रष्टाचार और गुनहगारी के कदमों से और मुँह में बात होती है राष्ट्र और जनता की।

9 मार्च

हमारे जिले की बैठक मुम्बई में बुलाई गई थी। जिला कार्यकारिणी तहसील अध्यक्ष और सेक्रेटरी आमन्त्रित थे। मीटिंग के लिए मैं, निकम मामा और पंडित कानड़े चले गए। निकम मामा ने महात्मा फुले पिछड़ी जाति विकास महामंडल से प्रपोजल देकर गाड़ी सैंक्शन करवा ली थी। सीताफले को ड्राइवर बनाकर साथ में ले लिया।

गठबन्धन के विरोध में समाचार देने के कारण साहब ने अपने पी.ए. चिन्मय देशमुख को काम से निष्कासित किया और उसकी जगह गौतम गांगुर्डे को अपना पी. ए. बनाया। गौतम अपना आदमी था। पार्टी का कार्यकर्त्ता था। साहब ने उसे पार्टी के काम सौंपे थे। गौतम के कारण दो-चार काम बन जाने की आशा थी।

काम कराने के लिए कार्यकर्त्ता पी.ए. को खिलाते हैं। पी.ए. भी खाता है। पी.ए. की खुशामद में कार्यकर्त्ता रौंदा जाता हैं वह स्वयं भूखा रहकर पी.ए. को खिलाता रहता है।

साहब के पास हमेशा भीड़ लगी रहती थी। पी.ए. इस भीड़ से पेरशान हो गए थे, लोगों से ठीक व्यवहार नहीं करते थे। जनता की समस्या का हल चाहे न निकले लेकिन उसके साथ प्रेम और सहानुभूति का व्यवहार होना चाहिए। लोग दूर-दूर से आते हैं, उनका मोह भंग हो जाएगा। पी.ए. को जिले के प्रमुख कार्यकर्त्ताओं से सम्पर्क बनाए रखना चाहिए। उनके काम करने चाहिए। लेकिन पी.ए. उतने ही काम करते हैं जितने मन्त्री महोदय उन्हें बताते हैं। मुम्बई के बाहर जाने पर पी.ए. को सम्मान हासिल हो जाता है। साहब का पी.ए. कार्यकर्त्ता की मदद नहीं करता। उसके कामों का समर्थन नहीं करता। उसे चाहिए कि अधिकारियों पर दबाव बनाए। इससे अच्छे परिणाम दिखाई देंगे। लेकिन पी.ए. साहब के पत्रों-कागजों को छिपाकर रखता है और बाद में फाइल कर देता है।

हम बँगले पर पहुँचे। मैं दरवाजे में खड़ा हो गया, यह देखकर मालवे पी.ए. बेकाबू हो गया–"दरवाजे में मत खड़े रहो। साहब के पास चिट्ठी भेज दी है। साहब बुलाएँगे। दरवाजे में ऐसे खड़े होने से साहब नाराज हो जाते हैं।"

हम लोग पैसे खर्च करके मुम्बई आते हैं। काम नहीं होता। मुकाम करने के लिए जगह नहीं होती। यहाँ ठहरकर काम करवाना मुश्किल होता है। लौट जाना, फिर से आना–जेब इसकी इजाजत नहीं देती। वक्त की पाबन्दी होनी चाहिए। निश्चित दिन आना और काम करवा लेना चाहिए। कार्यालय से सम्बन्ध बनाए रखकर शासकीय काम करवाने चाहिए।

मुझे मन्त्रालय के शुरू के दिन याद आते हैं।

विनया प्रधान। फ्रीलान्स जर्नलिस्ट। कॉलेज के जमाने से परिचय था। उसने

दो-एक बार साहब के साक्षात्कार छपवाए थे। साहब के पास उसका आना-जाना था। मैंने विनया प्रधान को इसलिए साथ लिया क्योंकि मिनिस्टर और पी.ए. के साथ कैसे बातें की जाती हैं, यह मैं नहीं जानता था। उसने मुझे खिलाया-पिलाया। टैक्सी में घुमाया। शराब के लिए पूछा। मैंने भी हर बात की जानकारी उसे दे दी।

विनया प्रधान ने मेरे प्रस्ताव को अपना प्रस्ताव बनाकर पेश किया और मंजूर भी करवा लिया। लोन भी उठा लिया। उसने मेरे साथ दगा किया। मैंने उसकी स्लीवलेस बगलों में धोखा खाया।

बैठक शुरू हो गई। साहब का पी.ए. मालवे और बॉडीगार्ड कवड़े साहब के आज के कार्यक्रम के बारे में चर्चा कर रहे थे। दूसरे मन्त्रियों के पी.ए. पॉश इलाके में रहते हैं। अपने साहब के पी.ए. ऐसे क्यों नहीं रहते ? लेकिन उनमें मालवे फिर भी कुछ ठीक रहता है। गौतम गांगुर्डे आ गया। उसने साहब के कान में कुछ कहा। गौतम गांगुर्डे बैठक के लिए आए कार्यकर्त्ताओं के लिए बिरयानी के पैकेट लेकर आया था। बैठक खत्म नहीं हो रही थी। निकम मामा कांग्रेस पर जोरदार टीका-टिप्पणी कर रहे थे–''हम कांग्रेस के साथ मिक्सअप नहीं हो सकते। उनके सामने लोटना हमारे लिए नामुमकिन है। कांग्रेस में जाने से जनता टिप्पणी करती है। हमें आक्रामक रुख ही अपनाना होगा। गठबन्धन है तो क्या हुआ ? हमें शासन के खिलाफ मोर्चे निकालने चाहिए। कांग्रेस हमें हमारा वाजिब हिस्सा नहीं दे रही है। कांग्रेस में भी दो गुट हैं। एक सहकार्य करता है दूसरा नहीं करता। कांग्रेस अगर साथ नहीं देगी तो हमें अपना शक्ति-प्रदर्शन करना ही होगा।''

''जिन लोगों ने हम पर पत्थर, अंडे और टमाटर फेंके उन्हीं के साथ हमें काम करना पड़ रहा है। कार्यकर्त्ताओं की निजी समस्याओं का कोई हल नहीं निकला है। हमें न कोई संस्था मिली, न कमेटी। प्राथमिक स्कूल, हाईस्कूल, आश्रमशाला या जूनियर कॉलेज भी नहीं। संजीदगी से समस्याओं की ओर देखा ही नहीं गया। आम आदमी के काम की कोई कीमत नहीं रह गई। कांग्रेस वाले पूछते नहीं। 'आओ, बैठो' भी नहीं कहते। हमें उम्मीदवार दिए गए लेकिन वहाँ दूसरे चुने गए। उनके उम्मीदवारों के हार जाने पर भी उन्हें कमेटी में या महामंडल में लेते हैं। निश्चित जीत के स्थान कांग्रेस लेती है। उनकी सूची बन जाने के बाद हारवाली सीटें हमें दी जाती हैं। फिर तो हम हारेंगे ही न। यह नहीं चलेगा। गठबन्धन सम्मानजनक होना चाहिए। गठबन्धन के बाद कार्यकर्त्ताओं को अन्यान्य कमिटियों में प्रतिनिधित्व देकर सत्ता में शामिल कर लेना चाहिए। लेकिन ऐसा हुआ नहीं। हमारी पार्टी को पाँच एम.एल.सी., पाँच केन्द्रीय सदस्यों और बीस महामंडल सदस्यों के स्थान मिलने चाहिए थे।''

''लोग बड़ी आस लेकर मुम्बई आते हैं। कम-से-कम उनकी समस्याओं का समाधान तो होना चाहिए। सत्ता में जब से गए हैं तब से न कोई रैली, न कोई मोर्चा। विधायकों को सहकार्य नहीं मिलता। वे काम नहीं करते। अपने लिए स्कूल,

महाविद्यालय और सरकारी पैसे लूट लेते हैं। कार्यकर्त्ता सन्तुष्ट नहीं हुआ तो वह पार्टी को धोखा देता है। कार्यकर्त्ता को जीना चाहिए। वह जिएगा तो आन्दोलन जिएगा। उसके जीने का सवाल हल हो जाना चाहिए। कार्यकर्त्ता टिकेगा तो शहर की ओर नहीं भागेगा। गाँव के स्तर पर ही अपनी समस्याएँ सुलझा सकेगा।''

''पैन्थर आन्दोलन के कार्यकर्त्ता पिछड़ गए हैं। मुम्बई आने के लिए उनके पास पैसा नहीं है। गिने-चुने कार्यकर्त्ता ही यहाँ तक आ पाते हैं। फ्लैश मारते हैं। फटीचर कार्यकर्त्ता दूर खड़ा रह जाता है। नेता सवालों को नहीं सुलझाते। आनेवाली पीढ़ी चोरी करेगी क्योंकि परम्परागत कामों को छोड़ दिया गया है। कार्यकर्त्ता जिन्दगी से हार जाएँगे। वे जाएँगे तो कहाँ जाएँगे ?''

निकम मामा का भाषण दो-टूक था। इससे सब तरफ बेचैनी छा गई। निकम मामा का भाषण सुनकर साहब का चेहरा बदल गया। उन्हें शायद निकम मामा की टिप्पणी गैरजरूरी लग रही थी। सभी कार्यकर्त्ता कांग्रेस के साथ सख्ती से पेश आ रहे थे।

मैं उठ गया। मैंने गठबन्धन के पक्ष में बोलने की सोची–''हम सत्ता में होंगे तो भी सत्ता सबको नहीं मिलेगी। जिनके काम हो जाते हैं वे खुश होते हैं, जिनके नहीं होते वे नाराज हो जाते हैं। अब कार्यकर्त्ताओं को लाने के लिए इधर-उधर दौड़ना पड़ता है। जो आगे बढ़ गए, उन्होंने पीछेवालों को भुला दिया। कार्यकर्त्ता काम तो कर रहे हैं लेकिन अब उनमें पहले जैसी ईमानदारी नहीं रही है। पहले कार्यकर्ता एक-दूसरे से प्यार करते थे। अब एक-दूसरे के खिलाफ शिकायतें करते हैं। सत्ता के कारण कार्यकत्ताओं में सुस्ती आ गई है।''

''साहब के पास व्यक्तिगत समस्याओं की बजाय सामाजिक समस्याओं को लाना चाहिए। पार्टी का काम बताकर अपने निजी काम करवाने का तरीका बन्द होना चाहिए। चार लोगों के काम करवाना या मुम्बई आना यह कोई असली काम नहीं है। रचनात्मक कामों से हमारा ध्यान हटता जा रहा है। जनता के कर्जों की माफी मिलनी चाहिए। दलितों को जमीन पर किए हुए अतिक्रमण पर स्वामित्व का अधिकार मिलना चाहिए। बंजर जमीनें लोगों को मिलनी चाहिए। निराधार परिवारों का कल्याण होना चाहिए। कार्यकर्त्ता जनता के घरों तक नहीं जाता। हर कोई उठता है और मन्त्रालय की राह पकड़ लेता है। तहसील में क्या चल रहा है, इसका पता कार्यकर्त्ता को नहीं होता। पक्ष मजबूत करने के लिए क्या करना चाहिए इससे कार्यकर्त्ता अनजान है। बस, मन्त्रीजी के सामने शेखी बघारने का काम हम लोग कर रहे हैं।''

''कांग्रेस के साथ गठबन्धन करने से हमारा संघर्ष कुन्द नहीं पड़ा है। हम शासन में हैं इसलिए हमारी ओर देखने का जनता का नजरिया बदल गया है। 'बच्चे हैं, ये क्या कर सकते हैं ?' यह अधिकारियों की सोच थी। सरकारी कार्यालयों के कार्यकर्ताओं के साथ सम्मान का व्यवहार होने लगा है। हमें मन्त्रालय के कामों का अनुभव नहीं था। अब वह हमें मिल रहा है। माना कि हमारे सारे काम नहीं होते हैं लेकिन दस फीसदी तो हो रहे हैं। मन्त्रीजी हमारे हैं। इसलिए हम आसमान को नहीं छू सकते इस बात

को जानना जरूरी है। हम सत्ता में हैं और हमें यही सोचना चाहिए कि इसका अधिक-से-अधिक लाभ कैसे उठाया जा सकता है।''

बैठक समाप्त हो गई।

हर एक ने बिरयानी का पैकेट ले लिया।

निकम मामा अपनी बहन के घर चला गया। मैं, कानड़े और गांगुर्डे टैक्सी से कुलाबा चले आए। मेरे दिमाग में चिन्ता-चक्र घूम रहा था। गौतम गांगुर्डे की वजह से अपने कुछ काम तो होंगे। सीताफले का तबादला किया जा सकता है। माणिकचन्द और गोपीचन्द को बिअर बार दिलवाया जा सकता है। दस प्रतिशत कोटे में अपने लिए घर बनाया जा सकता है।

हम वृन्दावन बार में घुस गए।

''हम बिअर पी रहे हैं। अपने कार्यकर्त्ता भी यहाँ पीने के लिए आएँगे और देखेंगे। अपनी बदनामी करेंगे।''

''ड्यूटी खतम होने के बाद क्या हमारी अपनी कोई निजी जिन्दगी नहीं होती ? और क्या वो नहीं पीते।''

''बदनामी करके हमें साहब की नजरों में गिरा देंगे।''

''साहब ने तो खुद तुम्हें बुलवा लिया है।''

''और ये कहाँ के सच्चे कार्यकर्ता ? सत्ता के लिए साहब के पास मँडरा रहे हैं।''

हम बातें कर ही रहे थे कि मालवे जी आ गए। मालवे जी सीनियर पी.ए. थे। उन्होंने अब तक सात मिनिस्टरों के साथ काम किया था। गौतम ने उन्हें पुकारा। मालवे मेरे पास आकर बैठ गए।

''तुम्हारे कार्यकर्त्ता चोदूभगत हैं।''

''क्यों, क्या हो गया ?''

''हर कोई फोन उठाता है, कहता है मैं तहसील का अध्यक्ष हूँ, साहब को फोन दो। मन्त्री को ये क्या झाड़पाला समझते हैं ?''

''साहब हमारे हैं।''

मालवे नाराज थे। गौतम ने उनका पैग भर दिया।

''मूँगफली क्या खा रहे हैं, चिकन चिली मँगाओ।''

''ऑर्डर दिया जा चुका है।''

''आपके कार्यकर्त्ता दिन-भर कार्यालय में बैठे रहते हैं। पी.ए. की कुर्सी पर बैठकर पेपर पढ़ते रहते हैं। हम काम करें तो कैसे करें ? डी.वी. कार मिनिस्टर के लिए होती है। उस गाड़ी में कितने लोग बैठें ? डी.वी. कार टैक्सी बन जाती है। सात-सात लोग बैठ जाते हैं। पी.ए. के लिए जगह नहीं। बॉडीगार्ड के लिए जगह नहीं। ड्राइवर गाड़ी चलाए तो कैसे ! रेस्ट हाउस में पाँच लोगों का खाना बोल दिया होता है तब पच्चीस घुस जाते हैं। मैं साहब से बात करनेवाला हूँ। नाराज हों तो हों।''

''कल दौरे पर कौन आनेवाला है ?''

"मैं..."

"गांगुर्डे जी, आप दौरे पर जा रहे हैं लेकिन क्या फोन से सबको इत्तला दी है ? अपने अधिकारियों को ? जिला सूचना अधिकारी को ? आर.डी.सी.को ? मैंने दौरे किए हैं लेकिन आपका यह पहला दौरा है। पाटणकर जब दौरे पर जाता है तब साहब के कान फूँक देता है। ऑफिस के घपले बता देता है। साहब दौरे से लौटने पर बिगड़ते हैं। मैं दौरे पर ऑफिस की बात नहीं करता। राजनीति की बातें करता हूँ। इधर-का-उधर नहीं करता।"

"मैं कुछ नहीं बताऊँगा..."

"यह दौरा पाटणकर का था। लेकिन आपको लगा लिया। वह हवाई जहाज का दौरा करता है और आपको रोड का दौरा देता है। इसकी चालबाजी को जान लो। कल उसकी पार्टी जानेवाली है इसलिए उसने इस दौरे को टाल दिया है।"

"मैं दौरा करना चाहता था। साहब अपने जिले में आ रहे हैं इसलिए मैं भी तैयार हो गया।"

"मेरा नासिकवाला दौरा आप करेंगे ? हमारे यहाँ सत्यनारायण की पूजा है।"

गौतम गांगुर्डे ने मेरा और पंडित कानड़े का परिचय मालवे से करवा दिया। मालवे ने बड़े विनय से कहा, "अरे, इन्हें कौन नहीं जानता ?"

अदब से मुस्कुराते हुए मैंने हाथ जोड़ दिए मानो पहचान बनाए रखने की बात हो। मालवे और भी खुल गया।

"परिचय तो है ही रे, लेकिन यह पार्टी किस बात के लिए ? मैं दोस्ती में तुमसे पार्टी ले रहा हूँ। कल मन्त्रालय में आकर कुछ काम करने को बोलोगे तो नहीं करूँगा। दोस्ती अपनी जगह, व्यवहार अपनी जगह।" मालवे पक्का घाघ और मँजा हुआ खिलाड़ी था। गौतम गांगुर्डे नौसिखिया था।

"मालवे साहब, मैं वी.आई.पी. लोगों को लेकर आया था। आपने पहचानने से इनकार किया। मेरा इन्सल्ट हो गया।"

"मन्त्रालय में आनेवाला हर कोई वी.आई.पी. ही होता है।"

"ऐसी बात नहीं। हम पार्टीवालों को इसलिए ले आते हैं कि मिनिस्टर से जान-पहचान है। मन्त्रीजी काम की हड़बड़ी में होते हैं, इसलिए आपके पास चले आते हैं। आप कहते हैं परिचय है, लेकिन आपका बिल्कुल ही दबाव नहीं है। मामूली पी.ए. भी अपने साथ ठीक से बात नहीं करता।"

"देखिए मिस्टर, मन्त्रीजी तो नाम मात्र के होते हैं, सारे काम पी.ए. ही करता है। आपको ढंग से बात करने की तमीज सीखनी होगी।"

"मैं शिकायत नहीं कर रहा हूँ। हम एक साथ बैठे हैं इसलिए बोल रहा हूँ।"

"बोल लो आज की रात आपकी..."

"हम पैसा खर्च करके फोन करते हैं। साहब को सीधा फोन भी नहीं दिया जाता। फोन करने पर घिसे-पिटे जवाब मिलते हैं। दूसरे फोन पर बात चल रही है, पत्रकारों

से बात हो रही है, अन्दर फोन नहीं दिया जा सकता, रिंग अन्दर नहीं जा सकती। बाद में फोन करना...''

''देखिए मिस्टर, साहब अगर सबके फोन लेने लगे तो काम कैसे कर सकेंगे ?''

''जनता को इज्जत देनी चाहिए। भले ही कार्यकर्त्ता को न दे, चलेगा। जनता बाबासाहब के नाम पर आती है। उसे परेशान नहीं करना चाहिए।''

''आप बोलते रहो, लेकिन खाने के लिए कुछ मँगाओ...''

''आप ही बताओ...''

''मुझे चिकन तन्दूरी चाहिए...''

''कानड़े ऑर्डर देना...''

''गाँव से कितनी रकम लेकर आए हो ? जेब भरी हुई लगती है।''

''आपको कम नहीं पड़ेगी। आप बस, काम करो...''

''हम तो काम करने के लिए ही बैठे हैं...''

''आपके साहब के पास बड़ी भीड़ रहती है। बात जब तक समझ में नहीं आती लोग गालियाँ देते रहते हैं। एक बार समझ में आ जाती है, तो कोई शिकायत नहीं करता...''

''साहब के सत्ता में आ जाने से काफी बदलाव आ गया है। पहले अपने कामों के लिए मोर्चे निकालने पड़ते थे, अब वही काम एक फोन के घुमाने से हो जाता है. ..''

हम होटल के बाहर चले आए। नशा सितार के तारों की तरह शरीर को छेड़ रहा था। आकाश में धीमे से तैरनेवाले पंछी की तरह मन मुग्ध होकर आराम से खेल रहा था।

मैंने और कानड़े ने पान ले लिया। मालवे ने भी चार पान मसाला बँधवा लिए। दो बिरयानी और पाँच आइसक्रीम के पार्सल भी। कानड़े ने टैक्सी को पुकारा। मालवे को टैक्सी में बिठाकर। टैक्सीवाले को सौ का नोट थमा दिया। ''साब को बान्द्रा ले जाना। गवर्नमेंट कॉलेनी में। ईस्ट में। ओ.के.।'' टैक्सी चली गई। हमारी जेबें आधी खाली हो गई थीं। पैसे खरचने का दुख नहीं था बल्कि सन्तोष ही था। मालवे और गांगुर्डे के साथ बैठना हुआ, अच्छी पहचान बन गई।

10 मार्च

निकम मामा, सीताफले और कानड़े निकम मामा की गाड़ी में जा चुके थे। मैं, गांगुर्डे और रोहिदास शाम को ट्रेन से जानेवाले थे। साहब के लिए फर्स्ट क्लास कूपा बुक किया हुआ था। मुझे रेलवे स्टेशन पर ही इन्तजार करना था। साहब कार्यक्रम पूरा करके स्टेशन आनेवाले थे।

मैं स्टेशन पहुँच गया। वहाँ अम्भोरे और कानड़े पहले से ही मौजूद थे। मुझे देखकर

उनके माथे पर बल पड़ गए। मैं जाकर उनसे मिला।

"दो दिन क्या करते रहे ?"

"कुछ नहीं...."

"कुछ-न-कुछ काम जरूर लाए होगे !"

"मैं बैठक के लिए आया हुआ था..."

"हमें सब पता है। कौन क्या करता है, सब मालूम हो जाता है।"

"आप नेता लोग हैं।"

"मैं सीनियर था, साहब जूनियर, बस लक फैक्टर काम कर गया इसलिए वह मन्त्री है।"

"साहब की पात्रता बड़ी है।"

"दौरे पर कौन पी.ए. आनेवाला है ?"

"गौतम गांगुर्डे।"

"अच्छा हुआ। गौतम को आन्दोलन की जानकारी तो है। कार्यकर्त्ताओं को जानता-पहचानता है। ये दूसरे पी.ए. लोगों को लूटते रहते हैं। मालवे कभी भी कुर्सी पर नहीं होता। बकरा मिलते ही होटल में ले बैठता है। पाटणकर भी उसी थैली का चट्टा-बट्टा है। उसे निकालना होगा।"

लाल बत्ती की गाड़ी आ जाती है। पुलिस की भागदौड़ शुरू हो जाती है। साहब गाड़ी से उतरते हैं। गौतम गांगुर्डे हड़बड़ी में उतर आता है। बॉडीगार्ड कवड़े साहब के पीछे-पीछे चलने लगता है। ड्राइवर मोहिते गाड़ी लगाकर मेरे पास खड़ा हो जाता है।

"गाड़ी वक्त पर ले आए..."

"साहब जानते हैं कि स्टिअरिंग पर मेरा हाथ है। साहब इतना ही कहते हैं, कि इस कार्यक्रम के बाद मुझे गाड़ी पकड़नी है। बस मैं बराबर गाड़ी निकालता हूँ। बॉडीगार्ड कवड़े अच्छा है। लेफ्ट टर्न लेते ही बॉडीगार्ड को चाहिए कि वह हाथ का इशारा करे। बॉडीगार्ड को होशियार होना चाहिए।" ड्राइवर मोहिते अपनी खासियत बयान कर रहा था।

साहब के आगे-पीछे पुलिसवालों का हुजूम था। प्लेटफॉर्म की भीड़ दोनों तरफ से हट रही थी। लोगों की नजरें हमारी तरफ मुड़ रही थीं। मैंने सोचा था यात्रा में साहब से घनिष्ठता स्थापित की जा सकेगी लेकिन अम्भोरे और कानड़े के अचानक दौरे में आ जाने से मैं बाजू में हो गया।

"पैसे खर्च करके कार्यक्रम करता हूँ। फिर भी किसी अखबार में अपनी खबर नहीं आती..." साहब झुँझलाकर अपना मन कुरेद रहे थे।

"पैसा खर्च करना, कार्यक्रम करवाना और खबरें नहीं...खर्च बेकार जाता है।" साहब पेपरवालों से नाराज थे।

"दूरदर्शनवालों को समाचार का कैसेट देना पड़ता है। कैसेट के साथ लिफाफे में पाँच सौ का नोट रखना जरूरी होता है। तभी तो समाचार दिखाते हैं..." गौतम ने अपनी

जानकारी सबके सामने खोल दी।

"पेपरवाले भी करप्ट हैं। फोन करते हैं। पैसे की माँग करते हैं। नहीं तो अपने खिलाफ समाचार छापने की धमकी देते हैं। पत्रकारों को खिलाना-पिलाना पड़ता है। कांग्रेसवाले विज्ञापन देकर पत्रकारों को खरीदते हैं। पत्रकारों को नाराज नहीं किया जा सकता। वह जो माँगते हैं वो देना पड़ता है।" अम्भोरे ने पत्रकारों के बारे में अपनी राय बताई।

अम्भोरे बोला, इसलिए कानड़े भी शुरू हुआ। हर कोई बोलने के अवसर का लाभ उठाकर अपनी चमक दिखाना चाहता था।

"अनुशेष की पूर्ति के विज्ञापन का पैसा अगर हमें दिया जाता तो हमारा कल्याण हो जाता। अब क्या हुआ, पेपरवालों की गरीबी हट गई। और क्या ?"

पत्रकारों के बाद साहब पी.ए. पर पिल पड़े—"एक भी पी.ए. ठीक नहीं है। किसी को भी डिपार्टमेंट की पूरी जानकारी नहीं है। इन्हें पता नहीं कि काम कैसे करवाए जाते हैं। आगे की बात सोचकर कोई काम नहीं करता। लोगों को पत्रों के उत्तर नहीं मिलते। दौरे की खबर नहीं पहुँचती। फोन पर ढंग से जवाब नहीं देते। जब मैं दौरे पर जाता हूँ, कोई ऑफिस नहीं आता। ड्यूटी भी समय पर नहीं आते। पी.एस. की भी नहीं सुनते।"

साहब का मूड ठीक नहीं था। उनके स्वर में कड़वाहट थी। मुझे बॉडीगार्ड ने बुलाया। लगा कि वह कुछ जरूरी बात कहनेवाला है, लेकिन उसने कहा—"बाहर रुक जाइए। हमारे साथ बातें कीजिए। साहब को जरा आराम फरमाने दीजिए।"

मैं चुप हो गया। कुछ देर बाद गांगुर्डे भी बाहर आ गया। टिकट सिर्फ मन्त्रीजी का था। हम सब तो विदाउट टिकट थे। बॉडीगार्ड ने पाखाने के पास लुंगी बिछाकर सोने की तैयारी की। मैं और गांगुर्डे डिब्बे के दरवाजे में खड़े होकर बातें कर रहे थे।

"जिला या तहसील के स्तर पर कार्यक्रम होने से भीड़ अपने आप आ जाती है। नेता बन जाना मुश्किल नहीं क्योंकि आधी भीड़ तो मन्त्री को निवेदन देने के लिए ही इकट्ठा होती है।"

"ग्रामीण क्षेत्र के दौरे नहीं होते। तहसील तक ही होते हैं।"

"दौरे से प्रशासन के अधिकारियों से परिचय हो जाता है। छोटे-मोटे काम हो जाते हैं। इसीलिए तो कार्यकर्त्ता दौरों का आयोजन करता है।"

"कार्यकर्त्ता अधिकारियों पर इम्प्रेशन मारने के लिए दौरे करवाता है।"

"साहब का बोझ मेरे कन्धे पर रहा। जांघिया, बनियान मैंने सँभाले। लेकिन अब तक कुछ नहीं माँगा। न मुझे कुछ मिला।"

"साहब से बात कर लेनी चाहिए।"

"किसी कमेटी में पद लेना चाहिए। पद मिल जाने पर पार्टी में भी विशेष स्थान मिल जाता है। कम-से-कम कार्यकारिणी में तो ले। मैं साहब के प्रति एकनिष्ठ रहा हूँ।"

"कार्यकर्त्ता अपने पद का गलत लाभ उठाता रहता है।"

टी.सी. आ गया। उसने टिकट पूछा। हमारे पास टिकट नहीं थे। टी.सी. उबल पड़ा।

"कल्याण पर उतर जाओ। दूसरे डिब्बे में जाओ। यह फर्स्ट क्लास का डिब्बा है। तुम लोग इस डिब्बे में सफर नहीं कर सकते। टिकट खरीदनी पड़ेगी।"

गौतम गांगुर्डे, टी.सी. को समझाने लगा।

"मैं पी.ए. हूँ। ये मिनिस्टर साहब के दोस्त हैं..."

लेकिन टी.सी. मानने को तैयार नहीं था।

ट्रेन तेजी से अँधेरे को चीरती हुई दौड़ रही थी।

रेल भी अजीब दिमाग का आविष्कार है। घड़ी, रेडियो, दूरदर्शन, हवाई जहाज सब आविष्कार विदेश में पहले हुए। अपने देश में हर रोज एक नए पत्थर पर सिन्दूर पोतकर नए भगवान का आविष्कार किया जाता है।

जाति व्यवस्था भी उसी तरह किसी अजीब दिमाग का आविष्कार है। किस विकृत बुद्धि ने इस जातिभेद का बीज बोया होगा ?

रेल की गति बढ़ गई थी। मैं सूनी नजरों से रेल की आवाज में विलीन होता जा रहा था।

बाहर घना अँधेरा था। ठंडी हवाएँ चल रही थीं। यात्री निद्रा के अधीन हो गए थे। गांगुर्डे बॉडीगार्ड पास में ही लेटा हुआ था। कूपे का दरवाजा अधखुला था और अम्भोरे की हँसी मेरे मानसपटल से टकरा रही थी। मेरे कान खड़े हो गए–"अरे, अगली सूची में तुम्हारा विचार किया जा सकता है। इस बार दलित मित्र सम्मान निकम मामा को दे देंगे..."

तितर-बितर हो गया मेरा मन। सुनकर भी मैंने अनसुना कर दिया, और बाहर दूर अँधेरे में संगीन की तरह नजर को गड़ाता रहा।

11 मार्च

रेलवे स्टेशन पर भीड़ उमड़ पड़ी थी। साहब के स्वागत के लिए भारी संख्या में कार्यकर्त्ता उपस्थित थे।

साहब को फूलमालाएँ पहनाई गईं। जयकार के नारे लगाए गए। साहब के पीछे अम्भोरे, निकम मामा, पी.ए. और बॉडीगार्ड कार में बैठे। गाड़ी तेजी से निकल गई। मैं पीछे रह गया। भीड़ लाल बत्तीवाली गाड़ी के पीछे चली गई। मैं अकेला रह गया। रुआँसा। रिक्शा पकड़कर रेस्ट हाउस पहुँचा।

मैं पी.ए. के कमरे में गया। पी.ए. फ्रेश हो रहा था। उसके बाद बॉडीगार्ड फ्रेश होनेवाला था। फिर मेरा नम्बर। बॉडीगार्ड ने चपरासी को अंडा आमलेट, ब्रेड और चाय का ऑर्डर दे दिया।

हम फ्रेश हो गए। नाश्ता आ गया। खानसामा भी आया। निकम मामा ने उसे

पचास लोगों के नॉनवेज खाने का ऑर्डर दिया हुआ था। खानसामा परेशान हो गया– "पहलेवाला बिल चुकाए बिना मैं खाना नहीं दूँगा। पहला तीन हजार रुपए का बिल है। ऑर्डर देते हैं, खाना खा जाते हैं, बिल कोई नहीं चुकाता। मैं सिर्फ मन्त्री जी के लिए खाना पकाऊँगा।" खानसामा शिकायत कर रहा था।

"तुम्हें पचास थालियों का ऑर्डर किसने दिया ?"

"निकम मामा ने।"

"तो दे देंगे ना वो बिल..."

"पहलेवाला बिल अभी तक किसी ने नहीं चुकाया। कार्यकर्त्ता नहीं चुकाते। अधिकारी भी नहीं चुकाते। अधिकारी कहते हैं हम सिर्फ मन्त्री जी का बिल चुकाएँगे। सबका नहीं..."

"मैं अधिकारियों से बात करके तुमको बताता हूँ..."

"बिल चुकाइए और खाने का ऑर्डर जल्दी दीजिए..."

"तुम ऐसा करो, विभागीय समाज कल्याण अधिकारी को इधर भेज दो। बोलना मैंने बुलाया है..."

निकम मामा ने खाने का ऑर्डर दिया था और खानसामा बेकाबू हो गया था। निकम मामा अपनी गाड़ी तो घर ही छोड़ आया था और लाल बत्ती की गाड़ी में बैठने का शौक पूरा कर रहा था।

समाज कल्याण विभाग का अधिकारी आया।

गांगुर्डे ने उससे खाने के बिल के बारे में पूछा। अधिकारी ने झुंझलाकर कहा, "मैं पचास लोगों को खाना खिलानेवाला नहीं हूँ। मैं बस मन्त्री जी के लिए राइसप्लेट मँगाऊँगा। बहुत हो गया तो ड्राइवर, बॉडीगार्ड और पी.ए. के लिए भी राइस प्लेट मँगवा दूँगा। लेकिन नानॅवेज खाना खिलाना सम्भव नहीं। मैं अपनी तनख्वाह से खर्च करता हूँ। मेरी ऊपर की कमाई नहीं है। बहुत हुआ तो क्या होगा, मेरा तबादला करेंगे। करने दो तबादला ! लेकिन मैं बिल चुकानेवाला नहीं..."

समाज कल्याण अधिकारी की बातें सुनकर मेरा माथा ठनका।

"समाज कल्याण अधिकारी तो कफनचोरों की औलाद होते हैं। उनसे तो गुंडा अच्छा..." मेरा गुस्सा बेकाबू हो रहा था।

"ये कौन मिस्टर हैं ?" अधिकारी ने टेढ़ेपन से पूछा।

"मैं साहब का कार्यकर्त्ता हूँ।" मैंने भी गर्म होकर कहा, अधिकारी ठंडा पड़ गया। फिर बड़ी संजीदगी से उसने कहना शुरू किया–"हर कोई ऐरा-गैरा आता है और कहता है कि मैं साहब का आदमी हूँ। यह कहाँ का कार्यकर्त्ता ! इसने एक बार साहब का पी. ए. हूँ, ऐसा बताकर डाँटा था। जबसे साहब मन्त्री बने हैं, हर कार्यकर्त्ता अपने आपको मन्त्री समझने लगा है। साहब का नाम लेकर कार्यकर्त्ता कार्यक्रमों के लिए पैसा वसूलते हैं। न दो तो अधिकारियों के खिलाफ झूठी शिकायतें करते हैं। रेस्ट हाउस का बिल संस्था चुकाती है। फिर उस संस्था की गलतियों को नजरअन्दाज करना पड़ता है। इससे

अधिकारी उलझन में पड़ जाता है। वह ढंग से काम नहीं कर पाता। साहब का खर्च एक बार किया भी जा सकता है लेकिन साहब दस बार दौरे पर आ जाते हैं। हर बार कौन खर्च करेगा ? दो बार तो मुझे हवाई जहाज का टिकट खरीदना पड़ा। उसके पैसे नहीं मिले। साहब की श्रीमतीजी ने अपने पचीस रिश्तेदारों को नॉनवेज खाना खिलाया, उसका बिल बकाया है। उसे कौन चुकाएगा ?''

समाज कल्याण अधिकारी की बातों पर सब खामोश हो गए थे।

''आप मिनिस्टर और मिनिस्टर के स्टाफ के खाने का इन्तजाम करो...'' गौतम गांगुर्डे ने प्रस्ताव पेश किया। अधिकारियों ने मान लिया।

मन्त्री कोई सर्वश्रेष्ठ शक्ति नहीं है। मन्त्री के अधिकारियों की भी सीमा होती है। कोई अफसर चाहे तो मन्त्री के आदेश को ठुकरा सकता है।

कानड़े दौड़ता हुआ आया—''साहब पी.ए. को याद कर रहे हैं...''

पी.ए., बॉडीगार्ड और मैं कानड़े के पीछे भागे। साहब कार्यक्रम पर जाने के लिए तैयार हो चुके थे। गाड़ी लग गई थी। साहब गाड़ी में बैठ गए। उनके पीछे निकम मामा, अम्भोरे, पी.ए. और बॉडीगार्ड भी बैठ गए। निकम मामा ने फुर्ती से गाड़ी में जगह पकड़ ली थी। वह हमेशा लाल बत्ती की गाड़ी में बैठने के लिए उतावला रहता था। अन्य कार्यकर्त्ताओं को नहीं बैठने देता था। मैं और कानड़े रिक्शा से कार्यक्रम स्थल पर पहुँच गए।

कार्यक्रम सम्पन्न हो गया।

साहब गाड़ी में बैठ गए, मैं और पंडित कानड़े भी बैठ गए। हमने जगह पकड़ ली इसलिए निकम मामा को जगह नहीं मिल सकी। हम दोनों बैठे रहे। निकम मामा नीचे ही रह गए।

साहब मुम्बई चले गए। हम उन्हें विदा कर स्टेशन के बाहर आ गए। निकम मामा ने पंडित कानड़े का कालर पकड़कर उसे खींच लिया।

''मादरचोद, तू गाड़ी में क्यों बैठा ? क्या तू नेता है ? कार्यक्रम हम करते हैं और तू मुफ्त में अकड़ दिखाता है ?''

निकम मामा बहुत गुस्से में था।

मैं बीच-बचाव करने पहुँचा तो निकम मामा और भी गुस्से में आ गया। उसने मेरा भी कालर पकड़ लिया—''तू साहब से क्यों चिपक रहा है रे ? तू कोई कार्यकर्त्ता है ? तेरा और पार्टी का क्या सम्बन्ध ? तुम दोनों उचक्के हो। लोगों के काम करवाने के वक्त कहाँ होते हो तुम ? लोगों के काम तो हम करें और तुम साहब के साथ घूमते नजर आओ ?''

निकम मामा की आवाज ऊँची हो गई थी। तमाशा देखनेवालों की भीड़ बढ़ने लगी। आखिरकार अन्य कार्यकर्त्ताओं ने हस्तक्षेप किया।

23 मार्च

''साहब आनेवाले हैं...''

''साहब आज होंगे न ?''

''साहब का क्या कार्यक्रम है ?''

''कैबिनेट के लिए कौन पी.ए. जानेवाला है ?''

''आप ही दौरे पर आ जाइए...''

''साहब आ गए...''

''कुछ काम है जो आप कर सकते हैं। करेंगे ?''

''आज रात का क्या कार्यक्रम है ?''

''बाहर मिल सकेंगे ?''

''थोड़े से सुधार हो गए, कुछ लोगों की सरकारी नौकरी लग गई, शिक्षा में कुछ सुविधाएँ मिल गई इसका मतलब सब कुछ नहीं हो गया...''

''साहब निकल पड़े...''

''बँगले पर ड्यूटी किसकी है ? फाइलें ले चलो...''

26 मार्च

''साहब ने चिट्ठी दे दी है...''

''मन्त्री जी का क्या है, जो भी आएगा उसे चिट्ठी दे देते हैं। रेल आरक्षण हो, रेस्ट हाउस बुकिंग हो, नया टेलीफोन कनेक्शन हो, गैस का नम्बर हो, स्कूल में दाखिला हो, साक्षात्कार का पत्र हो, हर बात के लिए चिट्ठी दे देते हैं। मन्त्री जी जनता का दिल नहीं दुखाना चाहते। समझ में आ गई बात ? मन्त्री की चिट्ठी लाए इसलिए तबादला नहीं होता...''

''मन्त्री जी की चिट्ठी है...''

''अरे भाई, मैं यही तो कह रहा हूँ। मन्त्री जी की चिट्ठी से कहीं काम होते हैं ? ऐसी कितनी ही चिट्ठियाँ आती रहती हैं। साहब से डी.ओ. लेटर लाने के लिए कार्यकर्त्ता लोगों से पैसा ऐंठते हैं। कुछ चिट्ठियों पर तो साहब के नकली दस्तखत मिलने लगे हैं। हमें साहब के दस्तखत की भी जाँच करनी पड़ेगी...''

''हम शासन में हैं। हमारा काम कैसे नहीं होगा ?''

''तुम शासन में हो तो हमारे पास क्यों आते हो ? खुद ही कर लो, सत्ता तुम्हारे हाथ में है !''

''साहब हमारे हैं इसके बावजूद हमारे काम नहीं होते...''

''नियम के अनुसार जितने होंगे उतने ही काम हो सकेंगे...''

''मैं कहाँ गैरकानूनी काम करने के लिए कह रहा हूँ ?''

"तुमने मुझे मन्त्री जी की चिट्ठी दे दी। तुम्हारा काम हो गया। मैं मन्त्री जी को उनकी चिट्ठी का जवाब दे दूँगा। तुम्हें मेरे साथ हुज्जत करने की जरूरत नहीं है..."

मैं गुस्से में कार्यालय के बाहर चला आया। मैं झुँझला रहा था। सूखे पत्तों की तरह उड़ रहा था। शासकीय कार्यालय की कुत्सापूर्ण नजरें मुझे ताक रही थीं। मुझे दुख पहुँचा था। अधिकारियों की घूसखोरी से मैं बेचैन हो उठा था। आज रात अधिकारी के घर जाकर 'राड़ा' (दंगा) करना चाहिए। उसे चाकू दिखाना होगा।

28 मार्च

गोपीचन्द और माणिकचन्द सुबह होते ही उदीयमान हो गए। उनके चेहरों पर दहशत थी। दोनों घर के अन्दर आए। लक्ष्मी के चेहरे पर चिन्ता छा गई। मैं भी चकरा गया। क्या हुआ होगा ?

"डिपार्टमेंट के लोगों ने ढाबे पर रेड डाली है। सामान पकड़ा गया है।"

"गोपीचन्द के बेटे को और ढाबे पर काम करनेवाले लोगों को पकड़ लिया है। आप थाने पर चलिए..."

"इतनी सी बात ?"

मैंने कपड़े पहन लिए। उनके साथ बाहर निकल पड़ा। वे गाड़ी लाए थे।

माणिकचन्द और गोपीचन्द को पार्टनरशिप में बिअर बार पाना था। पूरे एक साल तक मन्त्रालय के दरवाजों के चक्कर काटते रहे लेकिन मामले को मंजूरी नहीं मिल रही थी। सो, गोपीचन्द ने बिना परवाने के ही ढाबे पर शराब बेचना शुरू कर दिया था। पुलिस ने छापा मारा और माल पकड़ लिया। लोगों को कैद भी किया।

हम पुलिस थाने पहुँच गए।

मराठे हवलदार से परिचय था ही। उसने बैठने के लिए कुर्सी दे दी। मेरे साथ माणिकचन्द और गोपीचन्द को देखकर उसने मामले को भाँप लिया था।

"हमारे लोगों को छोड़ दीजिए।"

"ये लोग दलित नहीं हैं..."

"ढाबा मेरे दोस्त का है..."

"छोड़ देंगे। आप फिक्र न करो। आपने एक फोन भी घुमा दिया होता। हमें पता नहीं था कि ढाबा आपके दोस्त का है..."

"दोबारा ऐसा नहीं होगा। मैं सावधानी बरतूँगा। आप इन्हें छोड़ दें..."

"पन्द्रह मिनटों के अन्दर इन लोगों को छोड़ दूँगा। आप आधे घंटे बाद फोन पर पूछ लीजिए। आपके सब लोग छोड़ दिए गए होंगे'

मराठे हवलदार बेहद समझदारी से बात कर रहा था। उसकी बातों से मैं खुश हो गया। मुझे बड़ा फक्र हुआ कि पुलिस थाने पर अपनी बात को माना जाता है।

मैं थाने के बाहर चला आया। गोपीचन्द दौड़ते हुए मेरे पीछे आया।

"हवलदार ने सबको छोड़ देने की बात कही है। तुम रुक जाओ। छोड़ देने के बाद घर चले आना। मैं घर पर ही रहूँगा।"

"आपको घर तक छोड़ देता हूँ।"

"मैं रिक्शा से चला जाऊँगा। तुम अपना काम करवा लो..."

गोपीचन्द ने रिक्शा रोका। मुझे रिक्शा में बिठाकर हाथ जोड़ दिया। मैं हँस पड़ा।

घर जाकर कपड़े बदल रहा था कि दरवाजे पर आकर गाड़ी रुकी। माणिकचन्द और गोपीचन्द गाड़ी से उतरे। पुलिस ने सबको छोड़ दिया होगा।

"छोड़ दिया न ?"

"छोड़ तो दिया...लेकिन रुपए ले लिए..."

"कितनें ?"

"दस हजार..."

"दस हजार ले लिए ?"

"जी हाँ ! आपके कहने के बावजूद वह नहीं माना। रुपयों की माँग की। हमने पैसे दिए और बाहर चले आए। रुपए लेकर अगर पुलिसवाले हमें छोड़ देते हैं तो फिर आपकी क्या जरूरत ?"

"आपकी बात की कोई कीमत है या नहीं ? उस हवलदार का तबादला कराइए। कीमत हम चुकाएँगे।"

"तुम लोग चलो। मैं दारोगा से बात करूँगा..."

हम चौराहे पर चले आए। पी.सी.ओ. से फोन घुमाया। दारोगा घर पर ही था। मैंने फोन पर उससे बात की। मेरी आवाज में धार थी। मुझे गुस्सा आ रहा था।

"मेरे कहने के बावजूद उस हवलदार ने दस हजार ले लिए..."

दारोगा ने शान्त भाव से कहा।

"आप घर आइए और मुझसे दस हजार ले जाइए..."

मेरी समझ में नहीं आया कि क्या कहूँ...मैं सन्न रह गया।

क्या मुझे पुलिस के काम में हस्तक्षेप करना चाहिए ? मेरे जैसे और कितने लोग होंगे जो पुलिस के काम में हस्तक्षेप करते होंगे ? इस तरह तो पुलिस व्यवस्था ही कमजोर हो जाएगी। बेकार साबित होगी। लेकिन क्या पुलिस को पैसे लेकर अपराधियों को छोड़ देना चाहिए ? पुलिस की क्या गलती है ? पुलिस रुपए नहीं लेगी तो वकील लेगा और अपराधियों को मुक्त कराएगा। पुलिस कुशलता से अपराधी को पकड़ लेती है और कोर्ट अपराधियों को बरी कर देती है। फिर पुलिस काम करे तो कैसे करे ?

रुपए देकर ही अपराधी को छूटना है तो वह पुलिस को ही रुपए क्यों न दे ?

मैं अभद्र सोच रहा हूँ।

अरे, बुरे विचार आते कैसे हैं ? अपनी सारी व्यवस्था में ही घुन लगा है तो फिर क्या होगा ?

मैं चकरा गया। मैंने महसूस किया कि मेरे भीतर कुछ टूट रहा है, गिर रहा है।

मैं अपने आपको निहारता हूँ। मुझे भी घुन लगा है। मैं कब से घुन लगा शरीर हो गया ? मैं कैसे इतना कमजोर हो गया हूँ ? मैं हताश हो गया।

''आप तो मिनिस्टर के दोस्त हैं। मामूली हवलदार आपकी बात नहीं मानता। मैं गाड़ी निकालता हूँ। हम मुम्बई चलते हैं। साहब से उसके तबादले का आदेश दिलवाएँगे। बात बड़ी नहीं है लेकिन आदत बिगड़ जाती है।'' गोपीचन्द उत्तेजित हो गया है।

समूची साँकल ही सड़ गई है। एक आदमी के बदले जाने से क्या होगा ?

हमने मुम्बई जाने का निर्णय किया। मैं, माणिकचन्द और गोपीचन्द मुम्बई जानेवाले थे। मैं भी साहब को निकम मामा के स्टेशन पर झगड़ेवाला वाकया सुनाना चाहता था। मुफ्त में मुम्बई की तीर्थयात्रा हो रही थी।

''मिलिन्दजी, इस बार बीअर बार के परमिट की बात भी कर लेना। परमिट मिल जाएगी तो एक टेबल आपके नाम आरक्षित रहेगा।''

हम सब हँस पड़े।

29 मार्च

हम गौतम गांगुर्डे को बाहर ले आए। एम.एल.ए. हॉस्टेल के पास माणिकचन्द और गोपीचन्द कार लिए खड़े थे। हम गाड़ी में बैठे। गाड़ी कुलाबा की दिशा में चल पड़ी। माणिकचन्द और गोपीचन्द पहली बार गौतम गांगुर्डे के साथ बैठ रहे थे।

मैं शुरू में दो पैग लेता था। फिर दो के चार हो गए। मेरा काटा बढ़ गया था। पहले पैग का चिअर्स के साथ लिया हुआ पहला घूँट पूरे बदन में जोश के फव्वारे उड़ा देता है। बदन काँप उठता है। व्यस्तता, परेशानियाँ, वंचनाएँ, फ्रस्ट्रेशन, थकान सब कुछ भाग जाता है। बदन पंख की तरह हल्का हो जाता है।

एक-एक पैग चल रहा था। माणिकचन्द और गौतम गांगुर्डे के तार पहली ही मुलाकात में मिल गए थे। बातों में रंग भर आया था। गौतम गांगुर्डे को माणिकचन्द हित की चार बातें बता रहा था। गौतम इस धन्धे में नया खिलाड़ी था।

''हाथी जितना पैसा खाओ लेकिन चींटी जितना भी पता किसी को न लगने दो...''

''पैसा कौन देता है ?''

''लोगों के काम करो। लोग पैसा देने घर आएँगे। कतार लग जाएगी, कतार ! तबादले हैं, प्रमोशन हैं। किसी अधिकारी से कह देना कि तुम्हारा प्रमोशन है, वह नहीं होनेवाला, चाहते हो तो वह करो जो मैं तुम्हें बताऊँगा। वह अधिकारी तुम्हारे सामने झुक जाएगा...''

''नहीं, जी...''

''सच है। भरोसा रखो। प्रमोशन के लिए बड़े उतावले रहते हैं। अपने आप पैसा लाकर देंगे...''

''ऐसे में हम ट्रैप भी हो सकते हैं...''

"अजी, मन्त्री जी की बात कहते ही सामनेवाले की गाँड़ फट जाती है। वह हर हालत में पैसा लाकर देगा..."

"इसमें रिस्क है..."

"जिन्दगी में एक बार तो रिस्क भी लेनी चाहिए। दो-चार मौकों पर अच्छी-खासी कमाई कर लेने के बाद इस धन्धे से रिटायर हो जाना चाहिए। मन्त्रालय में आनेवाले खूब चोर होते हैं। किसी-न-किसी मामले में उलझे हुए होते हैं। फिर उससे बच निकलने के लिए मन्त्री जी के पास दौड़े चले आते हैं। तुम इतना कुछ मत सोचो। देश के बारे में सोचनेवाले लोग दूसरे हैं। वो ऊपर बैठे हुए हैं। हमें सिर्फ अपने बारे में सोचना चाहिए। हम गरीबों के गले तो नहीं काट रहे हैं न..."

"हम काम करना चाहते हैं और हमें पैसा चाहिए..."

"अवसर हाथ आने पर जो पैसा नहीं कमाएगा–वह आदमी बेवकूफ ही कहलाएगा। पहले केस में पैसा कुछ कम मिलेगा। लेकिन काम तो शुरू करो। चाहे तो तुम खुद पैसा मत लो, तुम्हारी तरफ से हम बात करेंगे। पार्टी को पैसे बोल देना। तुम्हें सेफ रहना चाहिए..."

"ऐसे लोगों पर भरोसा कैसे किया जा सकता है ?"

"काम के लिए आनेवालों का पोटेन्शियल देखो। कितना पैसा मिलेगा यह देखो। उनके चरित्र को मत देखो।"

"बात तो आपकी ठीक लगती है।"

"हाँ, लेकिन औरत के पास कभी मत जाना। खाओ, पीओ। पार्टी कभी ब्लैकमेलिंग भी कर सकती है। तुम्हें वरिष्ठों के पास जाने की धमकी भी दे सकती है। मुम्बई में कुछ ऐसे होटल हैं जहाँ से तुम्हारी ब्ल्यू फिल्म दो घंटे के भीतर मिल सकती है। होटल का मैनेजर ही आपको कैसेट लाकर देगा। वैसे, तुम कहाँ बैठने जाते हो ?"

"मैं अभी तक कहीं नहीं गया।"

"एक बार बाहर जाना शुरू हो जाता है तो घर की दाल-रोटी बेस्वाद लगती है। घर का खाना ही बन्द हो जाता है। रात देर से घर आने लगते हैं। रात में शराब पीकर देर से घर लौटनेवाला आदमी निश्चित रूप से भ्रष्टाचार और व्यभिचार में उलझा हुआ होता है।"

"मेरे पास दस हैं। और दस मिलेंगे तो कलर टीवी लेने का इरादा है..."

"अभी कुछ लेने की प्लानिंग मत करना। पहले अपने परिवार की स्टेबिलिटी को देखो। कुछ रकम फिक्स डिपोजिट में डाल देना। ऐसी रकमों का हिसाब नहीं रखा जाता। जितने मिलते हैं उतने लेते रहना। इन रकमों पर प्लानिंग नहीं करना..."

मैंने छह पैग खाली कर दिए थे। अब हर एक बूँद मधुर और प्यास बढ़ानेवाला लग रहा था। स्नायु ऐसे फूट रहे थे जैसे कोई बाँध टूट गया हो।

30 मार्च

हम मन्त्रालय चले आए। साहब दौरे पर थे। इसलिए भीड़ कम ही थी। साहब नहीं थे, इसलिए गांगुर्डे और मैं देर से मन्त्रालय पहुँचे थे। कार्यालय में लोगों की भीड़ थी। कार्यकर्त्ता कुर्सियों पर बैठे फोन घुमा रहे थे।

गांगुर्डे भीड़ पर झल्ला पड़ा। बेल दबा दी। चपरासी दौड़ता हुआ आया। गांगुर्डे ने चपरासी को गालियाँ दी–"मन्त्रालय पार्टी का कार्यालय नहीं है। कार्यकर्त्ताओं को कुर्सी पर क्यों बैठने देते हो ? सब बाहर निकल जाओ। कतार बनाकर एक-एक अन्दर आएगा। चलो।" एक चपरासी ने भीड़ को बाहर निकाल दिया। मैंने कार्यालय का बोर्ड पढ़ा–

सूचना फलक

1. *मन्त्री, कार्यालय के चीफ सहायक, लिपिक और टंकलेखक के आसनों पर बिना अनुमति के बैठना मना है।*
2. *कार्यालय की फाइलें, रजिस्टर या अन्य दस्तावेजों को कार्यालयी कर्मचारी के अलावा कोई हाथ नहीं लगाएगा।*
3. *इन बातों का उल्लंघन करनेवालों पर कानूनी कार्रवाई की जाएगी।*
4. *कार्यालय के दूरभाष का उपयोग यदि कार्यालयी अधिकारी के अलावा अन्य कोई करते हुए पाया गया तो उस पर कड़ी कार्रवाई की जाएगी।*

1 अप्रैल

साहब आज सुबह ही दौरे से लौटे थे, इसलिए मन्त्रालय भी देर से आनेवाले थे। सो हम बँगले पर पहुँच गए। बॉडीगार्ड कवड़े गेट पर ही मिल गया। उससे पूछा–'पी.ए. कौन है ?' उसने सहजता से कहा–"पाटणकर और मालवे दोनों हैं !" मैंने बॉडीगार्ड को चाय पिला दी। पान मसाला खिलाया। बॉडीगार्ड ने दिल से मेरी तारीफ की–"दौरे में साहब आपकी बहुत तारीफ कर रहे थे। वह आपको कमिटी में लेना चाहते हैं। आप उनसे जल्दी ही मुलाकात कीजिए। उनको पता है कि आप मुम्बई आए हुए हैं। सीधे जाइए। आपका इन्तजार कर रहे हैं।"

मैं फूला न समाया।

बँगले पर भीड़ नहीं थी। पुलिस के सिपाही अपने तम्बू में ताश खेल रहे थे। टेलीफोन ऑपरेटर फोन पर बोल रहा था। मैं सीधा साहब के केबिन में घुस गया। मालवे ने साहब के पाँव पकड़ रखे थे। साहब गुस्से में थे। मालवे रो रहा था। पाटणकर पास में ही चुपचाप खड़ा था। साहब ने झल्लाकर मुझे कहा, "तुझे किसने अन्दर आने

दिया ? चल, बाहर निकल !''

मैं बाहर चला आया। फिर बेल बज उठी। टेलीफोन ऑपरेटर ने चपरासी को पुकारा। चपरासी बँगले के रेस्टरूम में कार्यकर्त्ताओं द्वारा रात में चोरी-छिपे पी हुई शराब की खाली बोतलें इकट्ठा कर रहा था। वह भागता हुआ आया। फिर बेल बजी। चपरासी अन्दर चला गया। बाहर आ गया। उसके चेहरे पर हवाइयाँ उड़ रही थीं।

''आप अन्दर क्यों चले गए ?''

मुझे रोना आ रहा था।

मैंने कहा, ''मुझे बॉडीगार्ड ने बताया कि साहब से मिल लो।''

सुनकर टेलीफोन ऑपरेटर आपे से बाहर हो गया–''कवड़े साले को अकल नहीं है। एप्रिल फूल बनाया होगा। कहना, ढंग से नौकरी कर वर्ना...''

समझ में नहीं आ रहा था कि हँसूँ या रोऊँ ?

मालवे और पाटणकर एक के बाद एक बाहर आ गए।

मालवे की आँखें रो रोकर लाल हो गईं थीं। सिर झुकाकर वह बँगले के बाहर चला गया। पाटणकर भी सुन्न था।

चपरासी ने पाटणकर से पूछा, ''क्या हो गया ?''

''साहब ने मालवे को काम से निकाल दिया।''

तभी बेल बजी। चपरासी अन्दर चला गया।

टेलीफोन ऑपरेटर ने पाटणकर को पास बुलाकर पूछताछ की।

''मालवे ने साहब का नाम लेकर पैसे खाए। पार्टी ने साहब के पास शिकायत की।'' पाटणकर भावविहीन मुद्रा में बता रहा था।

''अच्छा हुआ। बहुत मस्ती चढ़ी थी। मिनिस्टर की तरह शान दिखाने लगा था।'' टेलीफोन ऑपरेटर ने अपने गुस्से का इजहार किया।

शाम को फिर से हम बँगले पर पहुँच गए।

मिलनेवालों की भीड़ लगी हुई थी। मुझे भीड़ पर गुस्सा आ गया। ऐसी भीड़ में काम की बातें कैसे कर पाएँगे ? शोरगुल मच गया। भीड़ बिखर गई। बॉडीगार्ड और चपरासी दौड़ पड़े। उनके पीछे दो-एक पुलिस के सिपाही भी आ गए। कतार में खड़ी एक गर्भवती महिला बेहोश होकर नीचे गिर पड़ी थी। उसकी गोद में एक छोटा बच्चा था। वह रो रहा था। लोगों ने उसे सँभाला। चपरासी ने पानी पिलाया। उसकी समझ में कुछ नहीं आ रहा था। वह बेहद कमजोर और थकी हुई लग रही थी।

पुलिस के सिपाही उसे बाहर ले गए। कोई दौड़ता हुआ गया और चाय लेकर आया। उसने आधी प्याली चाय पी और आधी बच्चे को पिला दी। भीड़ में से किसी ने पुकारा–''पहले इस महिला को साहब से मिलने दो।''

पुलिसवालों ने उससे पूछा, ''साहब के पास क्या काम है ?''

''मर्द अच्छी तरह रखता नहीं, मैं कैसे जिन्दा रहूँ ? मेरा कोई नहीं है इस दुनिया में।'' कहती हुई वह रोने लगी। सिपाहियों ने उसे सान्त्वना दी।

इस केस में मिनिस्टर क्या करेगा ? मैं सन्न हो गया। कतार फिर खड़ी हो गई, जैसे कुछ हुआ ही नहीं था। हर एक के हाथ में निवेदन थे। कुछ लोगों के हाथों में बुके थे। कुछ अपनी तस्वीर खिंचवाने के लिए कैमरे भी ले आए थे।

साहब को खुश करने के लिए मैंने दौरे की खबरों की कतरनें उन्हें दिखाईं। उन्होंने एक नजर में देखा। दौरे की तस्वीरें भी दिखा दीं। साहब का चेहरा खिल उठा। मैंने धीरे से अपनी बात कही–"आपके आने पर निकम मामा ने स्टेशन पर बड़ा हंगामा किया।"

सुनकर साहब नाराज हो गए। "निकम मामा का बर्ताव इधर कुछ ठीक नहीं हो रहा है।" उन्होंने कहा। निकम मामा ने लोगों से यह कहकर पचास-साठ हजार रुपए लिए थे कि उन्हें दस प्रतिशत के कोटे से मकान दिलवाएगा। इसकी शिकायतें साहब के पास पहुँच चुकी थी।

5 अप्रैल

मैं गांगुर्डे के साथ उसके घर पर बैठा हुआ था। उसे शासकीय निवास मिल गया था। वह घर पर अकेला ही था। अभी बीवी-बच्चों को नहीं लाया था। घर खाली ही था। फर्नीचर भी नहीं था।

"गांगुर्डे साहब, यह घर तो साहब का घर नहीं लगता। एक साल हो गया। कुछ भी नहीं कमाया ? एक बदली करवा देंगे तो सारा घर फर्नीचर से भर जाएगा।"

"मेरी ऐसी आदत नहीं है।"

"लेकिन ऐसा कहने से चलेगा नहीं।"

"हमें कसम खानी चाहिए कि मैं भ्रष्टाचार नहीं करूँगा और न ही भ्रष्टाचार करनेवालों की मदद करूँगा।" गौतम गांगुर्डे आवेश में कह रहा था–"जो काम जिले या तहसील के स्तर पर हो सकता है, उसे मन्त्रालय में नहीं कराना चाहिए। आम आदमी की अर्जी का जवाब तहसीलदार से महीने, कमिश्नर से दो महीने के अन्दर मिल जाना चाहिए। मन्त्रालय से तीन महीने के अन्दर जवाब जाना चाहिए। कागज रोकनेवालों की पूछताछ होनी चाहिए। बिना वजह लोगों को मन्त्रालय में बुलानेवाले अधिकारियों को सजा मिलनी चाहिए। मन्त्रालय के कर्मचारियों के पास मन्त्री और पी.ए. के बताए हुए कामों के लिए भी फुर्सत नहीं होती तो लोगों के काम वे कब कर सकेंगे ? लोग लायसन परमिट माँगने के लिए मन्त्रालय चले आते हैं। रिश्वत देते हैं। ऐसे काम खुलेआम नीलामी से होने चाहिए। जिसकी गाँड़ में दम होगा वह ले लेगा। पी.ए. और सरकारी कार्यालय के दरवाजे पर खड़ा चपरासी भ्रष्टाचार के मूल चेहरे हैं। सिक्रेटेरिएट भ्रष्टाचार की शतरंज है। बिना पैसे दिए एक कागज आगे नहीं बढ़ता।"

गौतम गांगुर्डे का मूड खराब था। कल जो मालवे का वाकया हुआ था शायद उसका पछतावा था।

"टाइपिस्ट से लेकर साहब तक सब भ्रष्ट हैं। क्या यह टेबल क्या वह टेबल, पैसे के बिना फाइल चलती नहीं।"

"पहले भूखे रहकर काम करते थे। उसमें गर्व महसूस होता था। आज आन्दोलन की बदनामी न हो, आन्दोलन खतम न हो, इसलिए सब चुपचाप सहन करना पड़ता है।"

8 अप्रैल

मैं सीताफले के बेटे के नामकरण समारोह में गया हुआ था। सीताफले को दस वर्ष बाद सन्तान हुई थी। पंडित कानड़े भी आया था। सब हँसी-माजक में डूबे हुए थे। तभी निकम मामा और उसके कार्यकर्ता आ पहुँचे। मेरा सीना धड़कने लगा। हाथ-पाँव फूल गए। निकम मामा ने मुझे 'जय भीम' कहा। मैंने भी 'जय भीम' कह दिया। मुझे अच्छा लगा। लेकिन उसके मूड का अन्दाजा नहीं हो रहा था। उसकी फितरत बेमौसमी बारिश जैसी थी। वह कब कैसे बरस पड़ेगा, कुछ कहा नहीं जा सकता था। धीरे-धीरे वह खुलने लगा–

"कौन चोर है और कौन ईमानदार इस बात पर बहस करने का यह अवसर नहीं है। आज यह जान लेना जरूरी है कि हम सब दलित हैं और सब एक हैं। आज शान्ति के प्रचार की जरूरत नहीं है। अशान्ति, बेचैनी और विद्रोह का प्रचार होना चाहिए। हमें आग की तरह धधकते रहना चाहिए।" निकम मामा आवेश के साथ बोल रहा था। हम सब आज्ञाकारी की तरह सुन रहे थे।

"अपने आन्दोलन के एक-एक कार्यकर्त्ता को बदनामी के हथियार से खतम किया जा रहा है। हम खुद ही अपने कार्यकर्त्ताओं को बरबाद कर रहे हैं। कार्यकर्त्ता के पास अपनी खुद की बुद्धि होनी चाहिए। अनुशासन के नाम पर कार्यकर्त्ता का मुँह बन्द नहीं किया जाना चाहिए। नेताओं को ईमानदारी और अनुशासन की बातें नहीं करनी चाहिए। जब तक स्वार्थ सुरक्षित है तब तक ईमानदारी का पालन होता ही है। जब स्वार्थ पर आँच आती है तब दगाबाजी शुरू हो जाती है। नफा-नुकसान में मेरा हिस्सा क्या है इसका पता मुझे चलना चाहिए। नेता माल लूटते रहे और उनके चमचे पूरे आन्दोलन को अपने स्वार्थ के लिए इस्तेमाल करते रहे, यह नहीं चलेगा। इसे रोकना होगा।"

निकम मामा का मूड बदल गया था। मैं उठा और चल पड़ा। तभी निकम मामा के कार्यकर्त्ताओं ने मेरे पैरों में आड़े पैर डालकर मुझे गिरा दिया। मैं मुँह के बल गिरा। वे जोर से हँस पड़े। बिना बोले मैं सीताफले के घर से बाहर चला आया।

12 अप्रैल

"फाइल क्यों देखी ?"

"फाइल क्यों नहीं दिखाते ?"

"फाइलें दे दो, मैं ऑफिस चलता हूँ..."

"फाइल देखनी होगी..."

"फाइल में यथार्थ का उल्टा होता है। सवर्ण अधिकारियों की टिप्पणियों से वह गन्दगी भरा डबरा बन जाती है..."

"आज चार फाइलें निकालीं। एक 'पेटी' तो मिल ही गई होगी..."

"तड़ीपार की फाइल आ गई है। मैंने वैसे ही लौटा दी।"

"कई फाइलें ऐसी ही पड़ी हुई हैं। मन्त्री जी को फुर्सत नहीं है। इसीलिए वापस भेज दी।"

"जिनका काम होनेवाला है ऐसी फाइलों को दिखा दिया जाता है..."

"गोपनीय फाइलें पढ़ने के लिए दी जाती हैं..."

"राज्यमन्त्री जी के पास फाइल पड़ी हुई थी। उससे सीधे पूछ लिया, तुम कितना चाहते हो ?"

"हर फाइल का पैसा लेता है।"

मैंने फाइल उसके मुँह पर दे मारी।

14 अप्रैल

चौदह अप्रैल। हमारे जीवन का एक अनन्य दिन !

हम सुबह ही बाबासाहब की प्रतिमा को पुष्पमाला अर्पण करने के लिए गए थे। लोगों के झुंड आ रहे थे और बाबासाहब को पुष्प मालाएँ अर्पण कर रहे थे। बाबासाहब की जय-जयकार कर रहे थे। प्रार्थनाएँ हो रही थीं। तस्वीरें खींची जा रही थीं। चारों ओर जोश भरा माहौल था।

प्रतिमा के पीछेवाली हरियाली पर हम बैठे थे। मैं, पंडित कानड़े और चन्द्रकान्त अम्भोरे बातें कर रहे थे।

"अपना कार्यकर्त्ता दस रुपयों के वास्ते तहसील, कचहरी के पास दिन गुजार देता है।"

"सत्ता में होने के कारण कार्यकर्त्ताओं में शिथिलता आ गई है।"

"शिवसेना का राज आ गया तो कोई हत्याकांड नहीं होनेवाला। लेकिन वह शर्मिन्दगी का गठबन्धन नहीं चाहिए।"

"गठबन्धन से तात्पर्य यही है कि गाँव के मुखिया के घर की लकड़ियाँ तोड़ते रहे, आखिरी पाँत में वही परोसा जाता है जो बचा रह जाता है।"

"संघर्ष का सामना करने के बदले सुविधा की राहें क्यों ढूँढ़ी जाती हैं ?"

"नेता को वॉर्ड में लेकर सम्मान समारोह करने के अलावा क्या किया है इन लोगों ने ?"

"पोस्टर लगानेवाले नहीं रहे। वर्ना रात में दीवारें रँग दी जाती थीं।"

"हिजड़ों के जत्थे से लोग डर जाते हैं, फिर अपना तो कार्यकर्त्ताओं का जत्था है।"

दो कार्यकर्त्ता रिक्शा में आए। उन्हें वॉर्ड के कार्यक्रम के लिए वक्ता की जरूरत थी। उन्होंने हमसे निवेदन किया और हमें भाषण के लिए ले गए।

9 मई

मैं, गोपीचन्द और माणिकचन्द गौतम गांगुर्डे के निवास पर पहुँच गए थे। गांगुर्डे ने मुझे पच्चीस हजार दे दिए।

"काम नहीं बना तो रकम वापस मिलनी चाहिए, वर्ना हम बर्बाद हो जाएँगे..."

"आजकल कीमत की गिनती नोट रखने के काम आनेवाले सूटकेसों के आकार के अनुसार की जाती है।"

हम मन्त्रालय आ गए।

साहब आज जल्दी ही मन्त्रालय पहुँच गए थे। साहब से मिलने दलित लेखक दयानन्द किणीकर आए हुए थे।

पाटणकर साहब के हस्ताक्षर लेने के लिए अन्दर चला गया। गौतम गांगुर्डे कुर्सी में बैठा नहीं कि उसके चारों ओर भीड़ लग गई।

"साहब, मेरा फोन कीजिए..."

"जरा दबकर बात कीजिए..."

"आप अभी बताइए अभी रकम हाजिर..."

"काम तो आपसे करवाना है..."

"हम तो आपको ही पैसा देंगे ! हमारा भरोसा है आप पर।"

"एक बरस में कितना कमाया ?"

"पी.ए. बन जाने के बाद तो तुम बिगड़ गए।"

"तुम्हारे केस का क्या हो गया ? कितने मिल गए तुम्हें ?"

"मेरी सूची में आप गड़बड़ मत कीजिए..."

"दौरा बनाया ? कल के एन्गेजमेंट टाइप हो गए ? कल मीटिंग है, चाय, बिस्कुट और कागज तैयार रखिए।"

"कैबिनेट आगे बढ़ा दी गई है।"

"साहब कार्यक्रम के लिए चले गए।" भीड़ बाढ़ की तरह घट गई। मैं अम्भोरे और कानड़े के साथ हाल में बैठा बातें कर रहा था। माणिकचन्द और गोपीचन्द खरीदारी के लिए चले गए थे। उनके आने तक मुझे टाइमपास करना था।

"हाउस सबसे अहमियत रखता है। वहाँ घेरने की ताकत होनी चाहिए।"

"बिल आता है तब हम वहाँ नहीं होते..."

"समस्याएँ उठाने के लिए अपनी लॉबी होनी चाहिए..."

"हमारे पास इतनी चिट्ठियाँ, अर्जियाँ आती हैं। उनमें से महत्त्वपूर्ण विषयों को पटल पर रखना चाहिए।"

"सभागृह में जाकर बैठना चाहिए। हम लोग अधिवेशन के अवसर पर कार्यक्रम करते रहते हैं।"

"सही जानकारी के न होने पर हमारे प्रश्नों को मुल्तवी कर दिया जाता है।"

"हमने कितने प्रश्न सामने रखे हैं ?"

हम हाउस पर बहस कर रहे थे तब गौतम गांगुर्डे एक अन्तर्देशीय पत्र लेकर आया। उसमें साहब को बहुत-सी गालियाँ दी गईं थीं। सबने पढ़ा और मुझे दे दिया। मैंने उसे फाड़ दिया। सब मुझ पर झल्ला उठे।

हमारी बातें चल रही थीं कि विनया प्रधान और प्रवीण कोकिल आ गए। हमने विषयान्तर कर दिया।

गौतम गांगुर्डे विनया की तारीफ करने लगा–"आज आपने अच्छा समाचार दिया है। समाचार का अच्छा परिणाम हुआ। साहब ने पढ़ा समाचार..."

"विशेषांक के लिए साहब का साक्षात्कार करना है। उनकी कुछ तस्वीरें भी चाहिए। अलग-अलग पोज में..."

"इस अंक के लिए दस हजार का विज्ञापन भी चाहिए..."

"हम दोनों एक विशेषांक सम्पादित कर रहे हैं..."

"मैं साहब को बता दूँगा।"

"हम बँगले पर आ जाएँगे। कल साहब होंगे न...?"

"हाँ, होंगे।"

"मैडम, आपकी रिपोर्टिंग बहुत बढ़िया होती है।"

"अरे काहे का बढ़िया ? नए पत्रकारों को पुराने पत्रकार सताते हैं। मन्त्रीजी से सवाल ही नहीं करने देते। पत्रकार कक्ष में बैठने नहीं देते। मेरे पास अभी परिचय पत्र नहीं है। साहब की चिट्ठी चाहिए। नए पत्रकार को मन्त्रालय कक्ष के पत्रकार हरास करते हैं और फिर भी हम काम तो करते ही हैं।"

"आज शाम को आ जाइए। साहब का कोई कार्यक्रम नहीं है। साक्षात्कार भी होगा। मैं अलबम देता हूँ, उसमें से चाहे जो तस्वीरें चुन लेना..."

"शाम को आ जाएँगे। अभी हमें राजस्व मन्त्री को पकड़ना है। ओ.के. !"

विनया प्रधान और प्रवीण कोकिल जल्दी-जल्दी चले गए।

"इसकी शादी हो गई ?" अम्भोरे ने व्यंग्य से पूछ लिया।

"अब तक तो चार-पाँच हो गई होंगी।" कानड़े ने नटखटपने से जवाब दिया।

कानड़े और अम्भोरे चले गए। मैं हॉल में बैठा रहा। गांगुर्डे हाल में बैठकर डाक पढ़ रहा था। पाटणकर भी चुपके से आ गया। वह गांगुर्डे के पास बैठ गया। मैं ऊँघने लगा।

"साहब का मूड अच्छा नहीं है। आज मुस्कुराए भी नहीं। आपके साथ कैसा बर्ताव रहा ?"

"अगली बार साहब हमें रख लेंगे ?"

"मेरी चार-पाँच मन्त्रियों से पहचान है। यह मन्त्री नहीं तो दूसरा मन्त्री। पी.ए. बनाकर कोई भी रख लेगा।"

"इस बार भी कांग्रेस ही आएगी। बहुमत नहीं मिलेगा। हंग गवर्नमेंट होगी..."

"मन्त्रिमंडल बदलने पर सरकारी ढाँचा तो नहीं बदलता..."

"जो भी हो, पी.ए. शिप नहीं छोड़ेंगे..."

"आपकी पहचान हो तो मुझे भी ले लेना। मुझे मिल गई तो मैं आपके लिए कोशिश करूँगा।"

"पाटणकर आपका दोस्त है, फिर भी कहता हूँ, उसको मत लीजिए। आपको क्रॉस करके आगे बढ़ जाएगा।"

गोपीचन्द और माणिकचन्द आ गए। उनका खरीदारी का काम हो गया था। उन्हें तुरन्त निकलना था। गोपीचन्द की माँ की तबीयत बिगड़ गई थी। हमने चाय ले ली। गांगुर्डे ने मुझसे मुकाम करने के लिए अनुरोध किया।

माणिकचन्द और गोपीचन्द चले गए। जाते हुए बार-बार जताते गए–"काम करवा लीजिए, भूलिए मत..."

मैं और गांगुर्डे साहब के बँगले पर पहुँच गए। साहब ने गांगुर्डे को तहसील और जिलावार पार्टी के कार्यकर्त्ताओं के पते लिखने का काम दिया हुआ था।

"अधिकारियों से कोई काम बोल दो तो कहते हैं कि नियम के अनुसार नहीं किया जा सकता। मन्त्री को प्रचलित रिवाज बताने की अपेक्षा यह सोचना चाहिए कि काम कैसे किया जा सकता है। लेकिन इस तरह मन्त्री जी की सहायता नहीं करते। साहब भी अधिकारियों को नहीं डाँटते। उन्हें फटकारना चाहिए कि शाम तक अमुक काम होना ही चाहिए। तभी काम हो सकेगा। दूसरे मन्त्री तीन बार फोन करके अपने काम करवा लेते हैं।"

1 जून

हमारी गाड़ी तेज गति से दौड़ रही थी। हाईवे पर वाहन तेजी से आ-जा रहे थे। हमारा ड्राइवर ओवरटेक कर रहा था। हाईवे का मतलब दुर्घटनाओं का मृत्युघर ! स्थान-स्थान पर दुर्घटनाएँ नजर आ रही थीं। कहीं लॉरी पलट गई थी। कहीं टेम्पो चकनाचूर हो गया था। कहीं ट्रक पेड़ से टकरा गया था। कहीं दो लॉरियाँ आपस में टकरा गईं। दूर दर्रे में गिरी लॉरी देखकर कलेजा धड़क रहा था। हम जैसे मौत को साथ लेकर यात्रा कर रहे थे।

हमारे ड्राइवर ने ओवरटेक करके गाड़ी आगे निकाल दी। अगले मोड़ पर अभी-अभी दुर्घटना हो चुकी थी। लॉरी से ट्रैक्टर टकरा गया था। लॉरी का ड्राइवर भाग गया था। गम्भीर रूप से घायल लोग चीख रहे थे। लोग इकट्ठा थे।

तमाशा देखने आए लोग लॉरी के फलों पर टूट पड़े थे। दुर्घटना की ओर किसी का ध्यान नहीं था।

हमें अगले मुकाम पर पहुँचना था। हम भी बिना रुके आगे बढ़ गए। सारी दुनिया की संवेदना ही भोथरी हो गई है। किसी के पास समय नहीं है। हर कोई दौड़ रहा है।

मोड़-दर-मोड़ हमारी कार भागी जा रही थी। हिन्दी फिल्मों के गाने गाड़ी में गूँज रहे थे। मैं ड्राइवर के पास बैठा हुआ था। सामने से तेज गति से वाहन आ रहे थे। पीछे से आनेवाले तेज गति से ओवरटेक कर रहे थे।

फिर एक दुर्घटना !

एक साइकिलवाले को लॉरी ने उड़ा दिया था। लॉरी तेजी से निकल गई थी। साइकिल सवार के सिर को कुचलकर लॉरी का चक्का आगे भाग गया था। उसका चेहरा कुचला गया था। साइकिल बाजू में गिरी पड़ी थी।

आसपास के खेत से चार-पाँच कुत्ते लाश को घेरे खड़े थे। कुत्तों ने आदमी की लाश को फाड़ना शुरू किया था। एकदम अभद्र दृश्य !

हमारी कार तेजी से भागी जा रही थी।

10 जुलाई

माणिकचन्द आपे से बाहर हो गए थे।

"पैसे तो ले लिए, हमारा काम कब करोगे ? काम करने के लिए क्या इतने दिन लगते हैं ?" गोपीचन्द आगबबूला हो गया था।

माणिकचन्द ने कल गांगुर्डे को फोन लगाया था। गांगुर्डे ने फोन पर बात करने से इनकार किया था। इसीलिए माणिकचन्द और गोपीचन्द गुस्से में थे।

"पार्टियाँ खाता है। पैसे लेता है और फोन पर बात नहीं करता। मैं उसे नंगा कर दूँगा !" गोपीचन्द क्षुब्ध था।

"हमने गिन-गिनकर पैसे दिए हैं। काम भी ऐसा ही होना चाहिए। पैसे मुफ्त में नहीं आते..." माणिकचन्द भी गुस्से से लाल हो रहा था।

मैं अफसोस व्यक्त कर रहा था। काम नहीं हुआ तो क्या होगा ? मैंने अकारण ही पैसे ले लिए। अब पैसे कहाँ से लौटा सकेंगे ? पार्टी जब पैसा देती है तब काफी समझ से काम लेती है। बाद में वह आक्रामक बन जाती है। पीछा करती है। गला पकड़ लेती है। गर्दन पर सवार हो जाती है। समय-असमय आकर पूछती रहती है। इससे आदमी का दम घुट जाता है।

"कल मुम्बई जाएँगे। गांगुर्डे से मिलेंगे। या तो उसे काम करना होगा या पैसे लौटाने होंगे। अगर उसने पैसे नहीं लौटाए तो तमाशा करूँगा।" गोपीचन्द अनाप-शनाप बोल रहा था।

मैं उनको समझाने की कोशिश कर रहा था लेकिन उनकी मनोदशा कुछ सुनने की नहीं थी।

17 अगस्त

लक्ष्मी के साथ मेरा जोरदार झगड़ा हुआ। गांगुर्डे न पैसे लौटा रहा था, न काम कर रहा था। मैंने भी तो पैसे खाए थे इसलिए शिकायत भी नहीं कर सकता था। माणिकचन्द और गोपीचन्द हाथ धोकर पीछे पड़े थे। घर की शान्ति नष्ट हो गई थी। मेरा अपना मानसिक सन्तुलन बिगड़ गया था। उस पर लक्ष्मी परेशान कर रही थी–"आपने लोगों से पैसे लिये ही क्यों ?" इसी बात पर मुझसे झगड़ रही थी। मेरे पास उसके प्रश्नों का उत्तर नहीं था।

मैंने उसे लातों-मुक्कों से मारा, पीटा और घर के बाहर निकल पड़ा। लेकिन उसका विलाप मेरा पीछा कर रहा था।

27 अगस्त

निर्वाचन की घोषणा हुई और आचार संहिता लागू हो गई।

28 अगस्त

साहब पिंजरे के बाघ बन गए हैं। उन्हें त्यागपत्र देकर बाहर निकलना चाहिए। जिससे डर लगता है, सत्ता उसे अपना बना लेती है। सत्ता में जो शख्स जाता है वह खत्म हो जाता है। इतिहास यही कहता है। साहब भी खत्म हो जाएँगे। वह दिन कितना दूर है किसे पता ?

कोई सिरफिरा बाबासाहब की प्रतिमा की बेइज्जती करता है, तब हम सुलग उठते हैं। लेकिन हमारे नेता जब बाबासाहब के विचारों की बेइज्जती करते हैं तब हम कुछ नहीं कर पाते ? हम हिजड़े हैं। रिपब्लिकन पार्टी-एक जाति की पार्टी। इस पार्टी को सारी दलित जातियों और जमातों की पार्टी होना चाहिए। मुट्ठी-भर जाति के चार गुटों में विभाजित स्वार्थी नेता, समूचे दलितों के नेता कैसे हो सकते हैं ?

30 अगस्त

आज मन्त्रालय में साहब से मिलने दलित लेखक दयानन्द किणीकर आया हुआ था। मेरी भी दयानन्द किणीकर को देखने की इच्छा हो आई। मैं दौड़कर गया और झाँकने लगा। पी.ए. दयानन्द किणीकर को साहब के पास ले गया। मैं भी उनके पीछे हो लिया।

पुलिस ने नहीं रोका।

दलित लेखक त्रिशरण की मृत्यु हो गई थी। उसके पीछे पत्नी और दो बच्चे थे। दवा-दारू न होने से वह चल बसा था। त्रिशरण के बेटे को सरकारी नौकरी में ले लिया जाए और उसकी पत्नी को मुख्यमन्त्री कोष से सहायता मिले, यही कहने के लिए दयानन्द किणीकर साहब से मिलने आया था।

दयानन्द किणीकर ने साहब को अर्जी दे दी।

"मैं सी.एम. से बात करूँगा। हम कुछ-न-कुछ करेंगे।"

साहब ने दयानन्द को आश्वासन दिया। दयानन्द की अर्जी पी.ए. के पास दे दी–"इसे कैबिनेट फाइल में रखना।"

पी.ए. ने अदब से गर्दन हिलाई।

11 सितम्बर

गोपीचन्द और माणिकचन्द के साथ मैं मुम्बई आ गया हूँ। कल रात गोपीचन्द ने गौतम गांगुर्डे के साथ बड़ी बहस की। गांगुर्डे ने ध्यान नहीं दिया, और आज गांगुर्डे का कहीं पता-ठिकाना नहीं है। लापता हो गया है। मेरे तो पाँव तले की जमीन खिसक गई।

मैं बँगले पर चला गया। जो कुछ हुआ उसे साहब को बता देना चाहता था। साहब ही कोई रास्ता निकाल सकेंगे।

बँगले पर कार्यकर्ताओं की भीड़ थी। हर कोई टिकट की माँग लेकर आया हुआ था।

"गठबन्धन के विरोध में पत्रक निकालिए। कांग्रेस टाल-मटोल कर रही है। स्थानों के बारे में बात नहीं हो रही है।"

"विरोध के पत्रक पर हमारे हस्ताक्षर नहीं होंगे..."

"आपके निर्वाचन क्षेत्र की क्या हालत है ?"

"आपकी कौन सी टर्म है ?"

"जिनके ज्यादा टर्म हुए हैं, उन्हें टिकट नहीं मिलेगा..."

"कांग्रेसवाले हमारी मदद नहीं करते। बल्कि उनकी तो यही कोशिश रहती है कि हमारा उम्मीदवार किसी तरह हार जाए..."

"हमारे आदमी को हरा देंगे तो आपके आदमी को भी हरा दिया जाएगा। हमें एसी ही नीति अपनानी चाहिए..."

"बागियों को खड़ा कर देना चाहिए। उन्हें पार्टी से निकाल देने का नाटक करना चाहिए। अपनी शक्ति दिखा देनी चाहिए..."

"आज का निवेदन काम आ गया वर्ना बातें करके भेज देते..."

"पार्टी की शक्ति के प्रदर्शन का अवसर आया है, ऐसे में हमें सारी शक्ति दाँव पर लगा देनी चाहिए।"

"जिसके पीछे माल हो उसे टिकट देना चाहिए..."

"हम अपने विभाग में काम करते हैं। हमें टिकट देना होगा। हम चुनाव जीत सकते हैं।"

"वो काम नहीं करते। सिर्फ आपके पास आकर बैठ जाते हैं।"

"हमारे क्षेत्र का माहौल अच्छा है। विरोधी भी मेरा समर्थन कर रहे हैं। मुझे टिकट दीजिए। मैं जरूर चुनाव जीत जाऊँगा।"

"फार्म तो भर दो। आगे की फिर देखेंगे।"

टिकट की माँग को लेकर विविध क्षेत्रों से कार्यकर्त्ता आ गए थे। निकम मामा बिल्डरों की गाड़ियाँ लेकर आया हुआ था। अम्भोरे टिकट प्राप्ति हेतु मोर्चा ले आया था। टिकटेच्छुओं की भीड़ लगी थी। हर कोई फॉर्म भरने की तैयारी में था। डिपाजिट के लिए पैसे नहीं हैं। चुनाव कैसे लड़ेंगे ? किसी को भी हिन्दी या अंग्रेजी नहीं आती। हर कोई मन्त्री बन जाने के सपने देख रहा है।

"चरित्र नहीं, बुद्धि नहीं फिर भी लोग चुने जाते हैं।"

"दीवारें रँगने जाने पर ही उम्मीदवार की जानकारी मिल पाती है।"

"जन प्रतिनिधि बन जाने पर अपने कामों का हिसाब देना चाहिए। जनता गिरा देती है तो उसमें उसका क्या कसूर ?"

कार्यकर्त्ता गुटों में उल्टी-सीधी बहस कर रहे थे। साहब कांग्रेस के नेताओं के साथ बात करने के लिए चले गए थे। आज गठबन्धन होनेवाला था। स्थानों का बँटवारा होनेवाला था। हर किसी के मन में गठबन्धन का अरमान था।

साहब आ गए। गठबन्धन का समाचार चारों ओर फैल गया। कार्यकर्त्ताओं में खुशी की लहर दौड़ गई। आज रात सब खुशियाँ मनाएँगे। चिअर्स करेंगे। किसी के बटन खोल देंगे। किसी का चेन खींच देंगे। किसी की पैंट उतार देंगे। रात-भर मजे लूटेंगे।

मेरे काम का क्या होगा ?

17 सितम्बर

इस दुनिया में पाप-पुण्य कुछ नहीं है। स्वर्ग, नरक, ईश्वर कुछ नहीं है।
यह सारी बाँझ धारणाएँ हैं।
गरीबों की गर्दनें मरोड़कर कुछ लोग अमीर बन जाते हैं।
हम तो अमीरों से पैसे लेते हैं।
गरीबों से तो नहीं लेते।
जो कुछ रुपए इस तरह देने को तैयार होता है।
उसके वे रुपए दो नम्बर की कमाई के होते हैं।
वह चोर होता है।
चोर का पैसा लेने में क्या बुराई है ?

देनेवाले से लेने की *कुव्वत* मुझमें हो।
देनेवाले को दगा देने की बुद्धि मुझमें बारम्बार पैदा हो।
मुझमें देनेवाले से झूठ बोलने की हिम्मत आने दो।
देनेवाले ने दगा दे दिया तो उसे जिन्दगी से महरूम करने की हिम्मत
मुझमें आने दो।
हे ईश्वर, मैं जानता हूँ कि तुम नहीं हो।
फिर भी तुम मेरे लिए इतना करो
देनेवाले की बीवी, बहू-बेटियों के मन में
मेरे लिए जरा सा सेक्स जगा दो।

21 सितम्बर

टिकट नहीं मिला इसलिए कार्यकर्त्ताओं ने बागियों की स्वतन्त्र पार्टी बना ली। अम्भोरे अपने कार्यकर्त्ताओं को लेकर बँगले पर आया हुआ था। उसे टिकट नहीं मिला था। उसने बँगले के सामने शोर मचाना शुरू किया।

"कांग्रेस के हुजूरियों को टिकट दिए गए। हमारा दल कोई भेड़-बकरियों का झुंड नहीं है। हमारे वॉर्ड में प्रचार करने के लिए कैसे आते हैं, मैं देखूँगा। हमारी कार्यकारिणी बरख़ास्त की गई है।"

पुलिस ने कार्यकर्त्ताओं को बँगले से बाहर निकाल दिया।

ऐसी हालत में मैं साहब से कैसे मिल सकता था ?

27 सितम्बर

"चुनाव के सामने जबान को सँभालना होगा।"

"अपने कार्यकर्त्ता जिन्दगी-भर खपते-मरते हैं और चुनाव के वक्त बिक जाते हैं।"

"गठबन्धन की जरूरत कांग्रेस को है या रिपब्लिकन पार्टी को ?"

"भाजपा, शिवसेना से इतना डर क्यों हो ?"

"जहाँ भाजपा की सरकार है वहाँ के दलित अच्छे-खासे जिन्दा हैं।"

"दलितों को चाहिए कि वह शिवसेना, भाजपा को नकारात्मक वोट दे। इससे दलित नेताओं की अक्ल ठिकाने आ जाएगी।"

"शिवसेना के अधिवेशन में दो लाख लोग आए हुए थे। अपने पाँच लाख आने चाहिए। शक्ति प्रदर्शन पर ही अपना भविष्य निर्भर है।"

"दीवारों को रँग देने से लोग नहीं आते। वह सिर्फ प्रचार होता है।"

"सत्ता की धारा में कितनी संस्थाएँ बन सकीं ?"

"साम्प्रदायिक ताकतों को हटाने के लिए कांग्रेस का समर्थन करना चाहिए।"

“सभी सेकुलर पार्टियों को एक साथ आना चाहिए।”

“एक जमाना था जब कार्यकर्त्ता अत्याचार की वारदातें बताने के लिए फोन करते थे।”

“आन्दोलन में काम करनेवालों के पैर खींचे जा रहे हैं।”

“कार्यकारिणी के बावजूद दूसरे कार्यकर्त्ता बैठकों का आयोजन करते हैं। कोई भी उठता है और पत्रक निकाल देता है।”

18 अक्टूबर

प्रचार के दौरान कार्यकर्त्ताओं ने विधायक को पीटा। दस वर्षों में क्या सुधार हुआ ? हमारी याद चुनाव के वक्त ही आती है ? उन पर पुलिस केस हो गया।

19 अक्टूबर

सीताफले मुझसे बाहर कह रहा था, “मेरी बदली नहीं करवा सके। मेरे पैसे खा गए। मेरे साथ धोखा हुआ।”

मैं भी अब बेशर्म हो गया था।

“मैंने किसी से कोई पैसे नहीं लिए। तुम्हारे पास क्या सबूत है ? मैं पुलिस में शिकायत करूँगा।” मैंने जोर से कह दिया।

मुझे लगा, सीताफले चुपचाप खिसक जाएगा। लेकिन सीताफले शरारत से मुस्कुराया। लिफाफे से कुछ तस्वीरें निकालकर मेरे हाथ में थमा दीं।

मेरी और रश्मि की नंगी तस्वीरें थीं।

मेरा चेहरा एकदम काला पड़ गया। आँखों में पानी भर आया। सीताफले ने मुझसे तस्वीरें ले लीं और लिफाफे में रख दीं।

“पैसे का दूना जमा कर दो। वर्ना जिन्दगी से बेदखल कर दूँगा !”

सीताफले की धमकी से मैं बुरी तरह टूट गया था। मैंने उसके पाँव पकड़ लिए।

“मुझे पैसे चाहिए !”

उसकी आवाज मेरे कलेजे को छुरी की तरह काटती चली गई।

26 अक्टूबर

मन्त्रालय में गौतम गांगुर्डे को पकड़ा। कल अधिसूचना जारी होगी। नए मन्त्रिमंडल का शपथ समारोह होगा। आज कार्यालय को खाली करना पड़ेगा। सब लोग कागज फाड़ रहे थे। लोगों की अर्जियाँ फाड़ी जा रही थीं। डाक रद्दी में डाली जा रही थी।

अब चाहे जो हो, गौतम गांगुर्डे के पीछे ही पड़ेंगे। छोड़ेंगे नहीं। वह जिस तरफ

जाता था मैं भी उसके पीछे-पीछे हो लेता था। वह परेशान हो गया। लेकिन मैं बाज नहीं आया।

गौतम गांगुर्डे कागज फाड़ रहा था। मैं समाचार-पत्र पढ़ रहा था। समाचार-पत्र में अम्भोरे का समाचार बड़ी-बड़ी सुर्खियों में छपा था। शिवसेना और भीमसेना को एक हो जाना चाहिए। कांग्रेस ने हमें हिन्दुत्ववादियों का खौफ दिखाकर अपने अधीन रखा था। अम्भोरे ने हवा का रुख देखकर पीठ फेर ली थी।

27 अक्टूबर

एम.एल.ए. हॉस्टल के सामने अम्भोरे और कानड़े मिल गए। मैंने उन्हें 'जय भीम' किया। "बँगले पर चलते हो ? चलो।" मैंने उन्हें यूँ ही कहा था लेकिन वे आपे से बाहर हो गए।

"बँगले पर क्या काम है ?" उनकी आवाज में व्यंग्य था।

"साहब से मिल लेंगे।" मैंने भोलेपन से कह दिया।

"अब साहब को कौन पूछता है ? जब सत्ता हाथ में थी तब हमारे काम नहीं किए। अब सत्ता में नहीं तो वह क्या काम कर पाएगा ? उससे कौन मिलने जाएगा ?" कानड़े झुँझलाकर कह रहा था।

"बँगले पर जाओ। साहब के आँसू पोंछ लेना।" अम्भोरे की आवाज में तेज तीखापन था।

"तुम भी हमारे साथ क्यों नहीं चलते ? चलो ! हम भाजपा में प्रवेश करनेवाले हैं। बाबासाहब ने कांग्रेस को जलता हुआ मकान कहा था। जिधर लाभ होगा उधर जाना चाहिए। राजनीति में कहाँ से आ गई साधनशुचिता ?" कानड़े बोले जा रहा था।

मैं अवाक् रह गया। कोई भी सत्ता ग्रहण करे, काम तो उसे संविधान के अनुसार ही करना पड़ेगा, फिर डर काहे का ?

"हम आज ही भाजपा में प्रवेश करनेवाले हैं। शाम को दूरदर्शन पर समाचार सुन लेना।" अम्भोरे अपनी योजना विस्तार से बता रहा था।

जीप आ गई। जीप में भाजपा के कार्यकर्त्ता थे। और ऊपर भाजपा का ध्वज फहरा रहा था। उन लोगों के गले में गेरुए रूमाल बँधे हुए थे।

कानड़े और अम्भोरे को गेरुआ गुलाल लगाया गया। वे जीप पर सवार हो गए। जीप तेजी से निकल गई।

मैं भीतर-ही-भीतर डूबता जा रहा था। जो लोग चौबीस घंटे साहब के पास-पास मँडराते रहते थे, जो साहब के भरोसे के आदमी थे उन्होंने ही आज साहब से पीठ फेर ली थी। उनके मन में कड़वाहट थी। साहब ने अपना काम नहीं किया, सिर्फ बहकाते रहे। यही नफरत की वजह थी।

मेरा साहब से मिलना जरूरी था। साहब से मिलकर गांगुर्डे की शिकायत करनी

थी। उसने काम करने का आश्वासन देकर पैसे ले लिए थे। पैसे लौटा नहीं रहा है। टालमटोल कर रहा है। आज तो उसने धमकी दी है। "मैंने पैसे लिए ही नहीं। क्या सबूत है ? फिर मेरे पास नहीं आना। वर्ना पुलिस में दे दूँगा।" मैं पलट गया।

मैंने गांगुर्डे का भरोसा किया था। लगा नहीं था कि वह दगा देगा। लोगों के पैसे हैं। लोग मेरे पीछे हाथ धोकर पड़ेंगे। मुझे खाना नहीं सूझता। नींद नहीं आती। लोगों का काम नहीं हुआ तो उनके पैसे वापस करने चाहिए। मैं बिचौलिया हूँ। लोग तो मुझे ही पकड़ेंगे। मुझे अपना घर-बार बेचना पड़ेगा। मैंने अपने आप को बेच दिया तो भी इतनी रकम नहीं ला सकता। मुझे भी गांगुर्डे की तरह लोगों से दगा करना पड़ेगा। पलटना होगा। लेकिन अगर उनके पास सबूत हो तो ? वे मुझे जिन्दगी से महरूम कर देंगे। मुझे कैद किया जाएगा। मैं जेल में सड़ता रहूँगा। फिर मेरे बीवी बच्चों का क्या होगा ?

मैं बँगले पर पहुँचा।

बँगले पर कोई नहीं था। पुलिस फोर्स निकाल लिया गया था। लाल बत्ती की गाड़ी वापस चली गई थी। बँगला वीरान लग रहा था। मिलनेवालों की भीड़ नहीं थी। पुलिस का जत्था नहीं था। पी.ए. नहीं थे। बॉडीगार्ड नहीं था। ऑपरेटर नहीं था। सब सूना-सूना लग रहा था। नारे नहीं थे। भीड़ नहीं थी। कैमरेवाले नहीं थे। चारों ओर उजड़ी हुई खामोशी अजगर की तरह पसरी हुई थी।

मैं धीरे से गेट के अन्दर दाखिल हो गया। मुझे किसी ने नहीं रोका।

साहब अकेले ही कुर्सी पर बैठे हुए थे। उन्हें बँगला खाली करना था। सामान खाली करना था। लॉरी किराए पर मँगानी थी। सामान भरना था। एक बार फिर भीमनगर की दिशा में यात्रा शुरू होनेवाली थी।

साहब किराए के मकान में रहनेवाले थे। हर किसी को किराए का कमरा ढूँढ़ने के लिए कह रहे थे। अब उन्हें किराए पर एक कमरा मिलना भी मुश्किल हो गया था।

साहब अकेले ही बैठे हुए थे। नितान्त अकेले।

मैं अन्दर चला गया। उनके चेहरे पर भग्नरात्रि का भाव था। मेरी समझ में नहीं आ रहा था कि क्या बोलूँ ? मैंने उनकी तरफ देखा। उनकी नजरों-से-नजरें मिलाई। उनकी नजर उग्र, उदास और पाषाणवत् प्रतीत हुई। उनकी नजरों में मन्त्रालय दिखाई दिया। मन्त्रालय की नाँद में बँधे हुए हजारों चीतों का झुंड दिखाई दिया। मैं डर गया। सारे चीते मरे पड़े थे।

6 दिसम्बर

मैं आज मूर्ति की ओर नहीं गया। घर में बाबासाहब की तस्वीर के दर्शन कर लिए।

"आज मूर्ति के दर्शन के लिए नहीं जाओगे ?" लक्ष्मी ने पूछा।

"नहीं..." मैंने अधूरा सा जवाब दे दिया।

निकम मामा ने भी भाजपा में प्रवेश किया था।

आन्दोलन कहाँ गया ? हम आन्दोलन के रथ को खींचकर कहाँ ले गए ?

शाम को दूरदर्शन पर समाचार सुन रहा था। सारे देश ने आज बाबासाहब को श्रद्धांजलि अर्पित की। चैत्यभूमि पर अपार जनसागर उमड़ पड़ा था। अम्बेडकर नाम का तूफान समूचे देश में फैल गया था। क्रान्ति भागती नहीं है, वह लम्बी अवधि की लड़ाई है। मेरे मन में उथल-पुथल मची हुई थी।

चन्द्रकान्त अम्भोरे के कार्यकर्ताओं ने रोहिदास को चैत्यभूमि पर आने से मना किया। उसे लौट जाना पड़ा। दूरदर्शन पर वह दृश्य दिखाई दिया जिसमें चन्द्रकान्त अम्भोरे के कार्यकर्ता रोहिदास नागदेव के साथ धींगामुश्ती करते हुए उसे नीचे गिरा रहे थे। रोहिदास के कपड़े फट गए थे। हाथापाई और कुछ मारपीट भी हो गई थी। उसके सिर पर नीली टोपी थी जो भीड़ में नीचे पड़ी थी। पुलिस ने भीड़ से रोहिदास को बचा लिया। रोहिदास उल्टे पाँव चला गया।

एक छोटे बच्चे ने नीचे गिरी हुई नीली टोपी को उठाकर अपने सिर पर रख लिया। उसकी माँ ने उसे उठाकर अपनी गोद में ले लिया। मेरे अणु रेणुओं में नीला तूफान उठा और मैं सीधे बाबासाहब की मूर्ति की ओर चल पड़ा।

●●●